西北地区特色文化产业发展研究

XIBEI DIQU TESE WENHUA CHANYE FAZHAN YANJIU

吕文涓　著

人民出版社

目　　录

序　言

　　"文化产业"一词,来源于以阿多诺和霍克海默为代表的法兰克福学派对发达资本主义社会中文化工业现象的激烈批判和悲观主义态度。在《启蒙辩证法》中阿多诺和霍克海默率先使用了"文化产业"(Culture Industry)一词,认为"文化产业的大规模发展使审美的商品属性昭然若揭"。这一理论批判虽然具有其深刻的社会生成语境,但今天看来,这种批判仍然是深刻的,有一定的警醒作用。

　　立足新发展阶段,要贯彻中国特色社会主义文化建设的新发展理念,构建文化建设新发展格局。西部地区文化产业发展,要在尊重区域文化的独立性、民族文化的独特性、文化产业发展道路的多样性以及产业发展水平非同步性等诸多差异的基础上,围绕"举旗帜、聚民心、育新人、兴文化、展形象"的新发展阶段新的使命任务,坚持把马克思主义文化基本原理同中国文化建设的具体实践相结合,同中华优秀传统文化相结合,把新发展理念贯穿到中国特色社会主义文化强国建设的全过程和各领域。准确把握社会主义文化发展的现实挑战,坚持以人民为中心的文化发展理念,高度认识国家文化安全的战略地位,坚持以社会主义核心价值观为引领,坚定文化自信,探寻如何将满足人民对美好生活的精神文化需求、增强中华民族凝聚力、提升中华文化影响力的目标任务,与新时代中国文化建设深度契合,走一条中国特色社会主义文化强国之路。

发展民族特色文化产业是民族地区建设中国特色社会主义文化强国的必然要求,是在社会主义市场经济条件下满足各族人民对美好生活的精神文化需求的重要途径,是推动民族地区贯彻"五位一体"总体布局,推进经济结构转型的重要途径。"文化+"视阈下,民族地区文化产业转型升级,要大力推进"文化+科技""文化+金融""文化+旅游"的融合创新;要坚持推进文化产业与实体经济的跨界融合;要深化文化体制机制改革,激发民族特色文化产业市场活力;要加强统筹规划和分类指导,完善文化产业政策法规体系;要发展新型文化企业和文化业态,促进传统文化产业转型升级,构建现代文化产业体系;要加快发展新型文化消费模式,建立扩大多民族共同的文化消费需求长效机制;要把握"一带一路"重大发展机遇,全方位开放促进文化产业对外贸易发展。

站在新的历史起点上,西北地区文化产业发展要树立文化产业一体化、合作共赢发展的理念,在不同地域间、不同民族特色文化间展开互相之间的学习、交流、借鉴和合作,从而扬长避短、取长补短。共同促进社会主义文化产业的大发展大繁荣。同时,要在区域一体化发展规划和政策上保持必要的适应性,对西北地区文化产业发展过程中出现的具体问题、特殊情况进行具体分析和调整,从而实现西北地区特色文化产业的创新发展,为地区特色文化产业发展提供范本,为社会主义现代化强国建设、实现中华民族伟大复兴打下坚实基础!

第一章　西北地区特色文化产业
发展的理论基础

文化是一个复杂的综合体,特色文化是"文化的一个重要子系统,又不同于一般文化,它以文化的多样性、特殊性和差异性为基本依托和本质特征,其特色建构包括地域特色、民族特色、历史特色等"。①

民族特色文化产业,是我国文化产业系统的重要组成部分之一,民族特色文化产业发展,同样应当在我国文化产业政策框架的指导下获得发展。

一、产业链理论与西北地区的文化发展

我国文化产业,经过数十年的发展演变,已经初具规模,尤其是近年来,文化产业所产生的经济效益日益凸显,如何促进文化产业向更高质量、更大规模发展,已经成为了现阶段文化产业进一步发展的重中之重。西北地区的文化有着民族性、独特性和地域性等特征,充分发挥西北地区的优势,打造完整的文化产业链体系势在必行。西北地区的特色文化产业链虽然发展进度较迅速,但是起步较晚,总体规模小,要打造具有高质量的文化产业链,必须对文化

① 丁智才:《边疆民族地区民族文化产业发展与少数民族特色文化保护研究》,厦门大学出版社 2020 年版,第 11 页。

产业链有深入的了解。

(一)产业链理论

在产业经济学中,关于产业链理论有着明确的定义:各个产业部门之间立足于密切的技术以及经济关联作用,并依据特定的逻辑关系和时空布局关系客观形成的链条式关联关系形态。产业链包含五大重要的内涵:供需链、价值链、产品链、技术链、空间链。"文化产业链"这一理论缘起于"价值链"理论。20 世纪 80 年代,哈佛大学的迈克尔·波特认为,每一个企业都是在设计、生产、销售、发送和辅助其产品的过程中进行种种活动的集合,所有这些活动都可以用一个价值链来表明。[①] 文化产品也和其他产品一样,从生产环节直至消费活动的所有过程,都存在一条精细化的价值链流水线。"价值链"理论应用到文化领域中,将与价值链类似的文化产品的"生产——消费"过程称为文化产业链。将这一理论引入到文化产业的发展中来对促进文化产业的进一步发展有着十分重要的意义。

在文化产业链中,"强调文化创意驱动文化产品开发生产,拉动市场推广营销,带动后续产品延伸开发,形成了上下联动、左右衔接、一次投入、多次产出的经济循环链条"。[②] 在这一理论下,文化产业链的"链条"长度则直接反映了对资源加工的深度,换句话说:对文化资源加工的程度越深,则所形成的文化产业链的"链条"就越长。在文化产业快速发展的今天,由于技术的提升和劳动者素质的提高,文化产品在生产的过程中呈现出精细化与专业化的特点,分工协作、精益求精是文化产业组织生产的基本要求。文化产品的生产早已告别了"单兵作战",越是好的文化产品,越是众多部门集体合作的结晶。文化产业的生产过程越是复杂,各文化企业之间的联系也就越紧密,因为没有

---

① 参见杨公遂、杨若谷、尉可超:《高级管理会计理论与实务》,东北财经大学出版社 2019 年版,第 56 页。

② 尹泓:《文化产品管理》,电子科技大学出版社 2019 年版,第 51 页。

哪个或者哪几个文化企业可以单独完成一系列知识密度高、创作精度高的文化产品的生产，只有相互合作，才能实现"双赢"，甚至是"多赢"。随着文化产业的经济循环链条日益紧密，文化产业链日益不断延伸，呈现出量变叠加的累计增值作用，促成了让人意想不到的规模效应以及互动效应。① 因此，只有做好文化产业链的打造和管理，才能进一步促进西北民族地区的文化产业发展。

文化产业链不是单一的文化生产，还可以融合其他产业，与其他产业优势互补，融入其他产业的优势，形成一条新的完善的产业经济链条，从而摆脱传统文化产业发展的困境。

（二）西北地区的文化产业链发展存在的问题

西北地区文化产业链的发展过程中存在着以下几个问题：

1. 无法突出具有较强吸引力的本土文化内涵，整体文化实力较弱

就目前来看，西北地区的文化产品的内容呈现单一化，文化产品处于较低层次且加工质量不高，模仿雷同产品较多且不具有自有品牌优势，没有能凸显本土化文化内涵的特色文化产品品牌。例如，甘肃兰州新区建设的长城旅游文创园，投资了 30 亿元到 50 亿元，打造出将动漫城、影视城、游艺乐园、综艺表演等内容融为一体的大型文化旅游主题公园等项目，其中还有狮身人面像、希腊神庙等旅游景点。这些都无法突出西北民族特色，只是简单的模仿建设，在交通和信息便利的今天，对人们的吸引力十分有限。没有深入挖掘西北民族地区的文化特色而仓促推出的文化产品，不仅不能给人们留下深刻的印象，反而会降低这些地区对人们的吸引力，从而使这些地区的文化产品缺乏长久的竞争力。

---

① 参见马峰：《浅析文化产业链打造与管理的形式与问题》，《新疆艺术学院学报》2012 年第 1 期。

2.文化宣传力度不足,产业链中各企业没有彰显协同配合

首先,西北地区有着十分丰富且多样的民族文化资源,但是西北民族的很多原生文化资源,在国内外的知晓度并不那么声名远扬,这与西北各省域政府的宣传力度、宣传方式、宣传手段、宣传重点有着密不可分的关系。以旅游资源为例,西北地区的旅游资源十分丰富,有一些旅游资源在国际和国内都享有盛名,但是还有很多其他的旅游资源却"默默无闻"。绝大多数的旅游文化宣传模式,只是将单一的旅游景点、旅游特色信息逐一传递转发,宣传的重点仅仅落脚于旅游资源简单的介绍,而没有真正将牵涉文化旅游资源背后的自有隐性文化内涵展示给大众,进而没能彰显出西北地区文化旅游资源较深层次的独到特色,使得西北地区的文化旅游缺乏竞争力。宁夏银川镇北堡的西部影城因为周星驰执导的电影《大话西游》而变成了国内知名的旅游景点,每年来这里感受《大话西游》中的那份至美爱情的人络绎不绝,这也成了当地宣传的重点。但是单一的宣传,也使很多人带着期望而来,却悻悻而归。要是在"爱情"这一主题之外,再加上"民族"这一主题,无论是在宣传方面,还是游客的感受方面都会有所不同。

其次,西北地区的文化本身就具有很多的相似性,可以将这些视为一大优势,打造一条跨区域的文化产业来吸引人们的视线,但是这也是西北地区文化产业链发展的一大难题。各区域之间缺乏合作意识,无法协同发展,导致无法形成这样一条跨区域的文化产业链。就旅游文化来看,同一省份之间的各景区之间,甚至是景区与旅行社之间,尚且存在恶性竞争的不良行为,何况是跨省份之间存在复杂的利益交错合作问题。如何将这项优势充分利用起来,打造一条具有竞争力的文化产业链,是西北地区文化发展需要攻克的重要难题。

(三)西北地区文化产业链发展对策

针对上述问题,提出以下几种对策:

1. 依托地域文化优势,提升文化竞争力

地域文化差异是西北地区打造文化产业链的显性优势。这些自有的特色文化要想彰显文化内涵,使其内涵得到外在化、显性化,需要通过其他媒介才能实现,以更好地满足消费者在文化精神层次的多样性需求。旅游、文艺作品等都是重要的载体,最重要的是将这些文化载体与当地特色的文化相对接。独特的文化资源,是西北地区打造文化产业链的优势之一,因为文化资源的优势在很大程度上对文化产业链竞争力的强弱起着决定性作用。依托西北地区独特的文化优势,打造一条或者多条具有强大竞争力的文化产业链,必须对西北地区最具代表性的文化进行准确、深入的挖掘。

2. 加强文化产业链中各方面的合作,提升整体实力

文化产业链包含有多个产业,与其他产业优势互补,要想释放文化产业链的潜力,必须有效整合产业链中的各行各业。西北地区文化产业的发展离不开旅游文化这个载体,因为旅游文化既属于文化的一种,又属于经济产品,是文化与经济最有效的结合方式。旅游本身也是一个综合性很强的行业,具有规模大、功能全、品质高、环境优、服务好等特点。文化旅游不仅是向游客推销旅游产品,更重要的是让他们亲身实地感受当地的风土人情。文化旅游行业的发展不是一个企业或者地区政府单独就能完成的,这往往需要与之相关或相近的多个部门或行业密切合作,在相互合作中补齐文化旅游业发展的短板。旅游产品在开发的过程中,不仅仅需要独特的文化资源,还需要有完善的交通运输、周到的旅游服务和完备的公共基础设施,这些都需要各部门的支持。文化旅游产品越丰富,对人们的吸引力就越大,就更能促进当地经济的发展,带动当地其他产业的发展。经过通力合作,能提升各行各业的竞争力,进而提高文化产业链的竞争力。

3.拓展文化市场,加大宣传力度

文化产业链的打造同样也需要广阔的市场。西北地区主要的文化市场集中在当地,对东南沿海地区等距离较远的地区辐射较小。要想使西北地区的文化产业链获得进一步的发展,首先就得突破地域限制,拓展文化市场。在拓展文化市场的过程中,必要的宣传必不可少。西北地区必须通过有效的宣传,树立起良好的文化形象。在宣传的过程中,要注意融入特色的文化内涵,突出西北地区的文化特色,从而吸引人们,提高文化产业链的吸引力与竞争力。

(四)产业链理论应用的典型模式

文化产业化的趋势已经不可阻挡,而如何促进文化的产业化、提高文化产业化的质量和规模,是目前需要解决的一大关键性问题。在文化产业化趋势的大背景下,打造一系列具有深度文化内涵的文化产业链,加强对优秀传统文化的深度挖掘,不仅可以带动区域经济的整体发展,而且在对文化进行挖掘的过程中树立了文化自信,这对文化产业的发展具有十分重要的现实意义。

在我国推进"一带一路"建设的历史机遇下,甘肃敦煌利用自身独特的文化资源优势,将文化产业链理论运用到其文化产业的建设中去,不仅进一步加强了对敦煌文化的深度挖掘,而且结合先进的科技,打造了具有高附加值的文化产业链条,促进了敦煌区域经济的腾飞,还带动了周边经济的发展,取得了良好的社会经济文化效益,是产业链理论在西北地区运用的成功范例。

1.敦煌文化产业链的发展模式

敦煌地区有着十分丰富的文化资源,包括自然旅游资源和人文旅游资源。在此基础上发展起来的敦煌文化产业园区,具有十分强劲的市场竞争力。其以传统文化资源为依托,发展起来了一条文化产业链,并创造出了以传统文化产品为基础的各类文化产品。在国家"西部大开发"战略的指导下,敦煌地区发展文化产业获得了大量的资金和优惠政策的支持，促进了文化产业的进一步发展，也带动了当地经济的崛起。近年来，随着"一带一路"建设的推进，敦煌地区再次迎来了新的发展机遇。敦煌抓住这一历史性的机遇，大力发展文化产业，取得了十分显著的成绩。

（1）以各种方式来保障敦煌文化产业自营发展的资金需求。

在解决文化产业园区融资难的问题上，敦煌地区对外引资对内融资，从两方面入手，取得了很好的效果。在解决敦煌地区的招商引资问题方面，敦煌市政府牵头设立敦煌文化产业有限公司，并且同步协办国家级文化产业示范园区管理委员会，来为该示范园区的商业管理保驾护航，帮助实施招商引资的相关事宜。在对内融资和支持企业发展方面，设立敦煌文化产业发展基金，该项目由敦煌市国家级文化产业示范园区管理委员会管理。这样既可以作为担保资金，来调动小微企业、其他项目融资的积极性，也可以采取贴息奖励资助等多样化的手段，筹措公共服务平台建设，发展扶持重点项目建设，鼓励奖励优秀企业设立。

（2）发挥政府为文化企业服务的职能。

在市场经济体制下，政府的职能开始由管理型政府向服务型政府转变，政府开始由管理者转变为服务者。在文化企业发展的过程中，政府作为服务者，充分发挥其服务的职能，为文化企业的经营发展服务。一是在税收上给予优惠政策，扶持文化企业的发展，减少其税收压力；二是政府在文化企业发展所需要的各项基础设施上加强投资，使文化企业的发展具有良好的发展环境。敦煌文化产业园区的建设，得益于政府所给予的各项优惠政策和良好的发展环境；文化产业园区的发展也促进了相关产业的发展，带动了地区经济的发展，也增加了政府的税收，真正实现了"双赢"。

（3）产、学、研的密切联合。

文化企业的发展需要强大的人才队伍支持、别具一路的创意理念支撑和先进科学技术的保障等等，这些都要求文化企业与高校和科研院所加强合作，充分利用它们的人才优势和技术优势来提高文化产品的竞争力,实现文化产业"高、精、尖"的发展。在敦煌研究院的不断研发下,敦煌莫高窟等遗迹为了加强保护和对外展示效果,率先引进了高新科技,并利用高新技术这一手段,力争打造领先的数字化敦煌资料库。① 数字资料库的出现,解决了敦煌文化长期面临的难以保护、难以向世人展示的关键性问题,为敦煌文化走向大众、走向世界开辟了新的方式。

2. 敦煌文化产业发展的成效

敦煌打造的文化产业链不仅十分完善,上、中、下游齐全,而且还包含丰富的内容,既有敦煌莫高窟、鸣沙山、月牙泉等具有丰富历史内涵的历史遗迹,还有本土培育或外部引入的文化创意公司、文艺演出公司等。在政府主导的各类项目上,沙洲夜市、敦煌风情城等颇具地域特色;在全息投影技术助力下建设的球幕影院,为敦煌文化影片的放映提供了新的形式……这一条完整的产业链为敦煌地区文化产业的发展提供了强劲的动力,产生了良好的经济、社会效益。

(1)文化旅游业发展成效显著。

文化旅游业与旅游业既有联系,又有区别。文化旅游业是旅游业在文化产品或文化理念的共同作用下形成的一种能够体现文化内涵的旅游方式,其产业核心是文化与旅游的深度融合;而单纯的旅游业由于缺乏文化内涵,其价值与吸引力正在逐渐下降。敦煌利用其丰富的文化资源和发达的旅游业,在发展的过程中,不断促进其融合,建立起了全新的文化旅游方式,为敦煌经济的发展带来了新的动力。第三产业对于敦煌经济的贡献巨大,在当地 GDP 总量中有超过六成是由第三产业发展所提供的。据统计,2016 年敦煌市经济增速达 7.00%,其中第三产业拉动了 GDP 总额增长 4.33%。第三产业中又以文

---

① 参见张忍:《敦煌文化产业链开发与区域经济发展的互动模式研究》,《中国商论》2018年第 8 期。

化旅游业为支柱,2016年敦煌市旅游总收入达78.36亿元,增长22.89%,连续6年旅游总收入增速超过20%,在2012年增速甚至高达52.94%。近年来,敦煌国民经济得到持续稳步增长,在这过程中,文化产业的发展功不可没。

(2)文化产业园区的发展势头良好。

在有些地区,文化产业示范园区的发展情况并不乐观,有些呈现中低增长态势,甚至有些还是负增长的情况。与这些地区不同,敦煌地区的文化产业园区发展势头良好,不仅保持了持续的增长,且增长的速度很快,增长的趋势也很稳定。该地区文化产业园区获得持续高速增长的原因在于敦煌地区注重利用丰富的文化资源,打造了一条完整的文化产业链。

(3)其他相关产业获得了发展。

在文化产业链条的牵引下,不仅文化旅游业发展异军突起,这条产业链上的其他环节也受到了推动,例如科技产业、文化体育产业、零售贸易业等行业。文化产业链是一个整体,在同一链条上的各产业之间联系紧密,往往一个产业获得很快发展的同时,也会牵引其他产业获得发展。每年来这里旅游的游客除了去莫高窟、月牙泉、鸣沙山等著名景点外,还会感受一下这里不一样的文化氛围。这里举办的第六届中国民族声乐敦煌奖、全国沙滩排球锦标赛、丝绸之路国际汽车拉力赛等10项重大品牌文体赛事活动,对文化旅游业的发展起到了推动作用。据统计,截至2016年12月,敦煌市有文化产业法人单位405个,比2015年全年增加6.58%,增幅小幅提升;文化产业资产为30.59亿元,比上一年度增长47.92%,增幅接近50%;文化产业增加值是10.95亿元,增长幅度较为明显,多达16.12%;文化产业在GDP中所占比重上升至10.3%,增长势头迅猛。

二、区位布局理论与西北地区的文化发展

西北地区文化产业的发展,离不开西北地区独特的区位优势。在推动

"一带一路"建设的大背景下,西北地区的区位条件更加突出,有利于西北地区的文化产业发展,也为该地区的经济发展注入了新的活力。如何利用好各方面的条件,打造出西北地区独特的文化产业,是目前西北地区需要着重考虑的问题。区位布局理论为西北地区的文化发展提供了新的思路。

(一)区位布局理论

区位布局理论也被称为区位经济学、空间经济学,是研究人类经济行为的空间区位选择及空间区域经济活动优化组合的理论。它研究人类社会经济活动的空间分布规律,揭示了各区位因素在地理空间形成发展中的作用机制。在区位布局理论中,"区位"是关键,主要由区位主体、区位选择、区位优势、区位因素、区位条件这五个部分组成,既包括地理要素,也包括经济要素和社会要素等。构成"区位"的五部分联系紧密,相互作用。

区位条件、区位因素呈现显著优势,会为区位整体优势加分。区位条件是由区位本身所涵盖的独特特点、稀有资质、本质属性等构成的,区位条件通常由下列区位因素构成,即区位因素涉及地理因素(地理位置因子、自然资源因子、地形地貌因子、气候水文因子)、社会经济因素(人口因子、市场因子、文化因子、政策因子、交通因子、教育因子)、技术因素(科技水平因子)等。如若拥有利好的区位条件以及区位因素,势必会形成有优势的区位。例如在自然资源丰富、交通便利、劳动力充足等条件下,往往会形成资源性区位优势。区位优势不是一个单一化的概念,单一的区位条件和区位因素,是不可能形成区位整体优势的。同样,区位优势不是永远不变的,而是随着区位条件、区位因素潜移默化的变化而发生动态变化。在长期的开发过程中,有些区位条件和区位因素的消失,可能使原本的区位优势丧失;相反在长期的发展过程中,有些区位条件和区位因素得以进一步加强,也可能使区位优势进一步扩大。

区位优势影响区位主体和区位选择。区位主体泛指个人活动和企业经营活动等与人类相关的经济和社会活动。区位优势明显的地区会对投资者和使用者有强大吸引力,从而吸引他们在该地区进行投资、经营。只有成本最小的区位,才能成为投资者和使用者的区位选择。例如,同样拥有丰富资源的两个地区,一个交通便利,一个交通不便,投资者们往往会倾向于选择交通便利的地区,因为这里的投资成本低,能给他们带来更大的利润。

在文化产业发展的过程中,同样可以运用区位布局理论。文化产业在进行区位选择时,要遵循因地制宜和动态平衡原则,根据文化产业的内容和地点,综合考虑各种因素,例如市场、交通、政策、技术等因素,在这些不断发展变化的动态因素中找到平衡,充分利用当地的各种资源,降低成本,提高效益。在文化产业发展的过程中,也要兼顾经济、社会和文化效益,促进区域协调发展。

(二)西北地区文化发展的区位优势与劣势

西北地区的文化发展潜力巨大,这得益于其所具有的独特的区位优势;同时,这里的文化发展也面临着多种制约,这又与区位劣势息息相关。

1. 区位优势

(1)历史文化和民俗文化资源储量丰富。

在几千年的历史演进过程中,多种民族文化在这里碰撞交融、发展演变、逐渐沉淀,最终形成目前可开发的和待开发的西北民族特色文化资源。这些文化资源是西北地区发展文化产业的资源基础,也是该地区天然的文化品牌,文化产业在西北地区发展,有利于将得天独厚的西北文化资源优势充分发挥好。例如,《格萨尔》、土族的"纳顿节"、穆斯林的"古尔邦节"、青海同仁的"六月会"等,都是这里多姿多彩历史文化资源的代表。各族人民在不断继承优秀传统文化的同时,还为古老的传统文化增添着新的文化元素,使其符合现代人的审美需求,这不仅丰富了传统文化的内容,还增强了文化的活力。

（2）自然景观和人文景观魅力无穷。

西北地区有着多种地形，由此诞生了众多的自然景观。祁连山地、河西走廊、河套平原、塔里木盆地、青海湖、塔克拉玛干沙漠等大自然赐予的山川景观各具特色。这里生活着众多民族，塔尔寺、敦煌莫高窟、喀什艾提卡尔清真寺、西宁东关大寺、白云观、嘉峪关等建筑景观魅力无穷。这些雄浑壮阔、底蕴丰富的自然景观和人文景观同样也是西北地区发展特色文化产业不可或缺的重要资源。

（3）地理位置优越。

西北地区是古丝绸之路的必经之路，也是中国与中亚和俄罗斯交流的前沿口岸。在"一带一路"建设的带动下，西北地区依托其重要的地理位置，牢牢抓住这一历史性机遇，积极利用"一带一路"的相关优惠政策，大力发展文化产业，使其成为西北地区经济发展的新引擎。在国家大力发展文化产业的相关政策的推动下，努力构建西北地区丝绸之路特色文化产业带，不断突出西北地区在丝绸之路的区位和资源优势，依托"一带一路"建设推动西北地区文化产业的转型与升级，实现各民族的共同繁荣与发展。

2. 区位劣势

（1）文化资源的创新水平低。

西北地区大多是经济发展水平较低的地区，这里长期落后的思想观念及固化的发展理念限制着文化创意产品的开发，缺乏必要的创新意识和创新人才。在开发与利用模式上，仍然沿用传统的模式，这种开发利用模式不仅技术落后，而且形式十分单一，使得这些地区空有一些独特的文化资源，却难以转化为发展文化产业的优势条件，在很大程度上影响了这里的特色文化产业的发展。很多文化产业还停留在传统产业生产过程中，产品附加值低，缺乏创意。

（2）政策不配套，人才匮乏。

文化产业的发展不仅仅需要充足的资金支持，还需要有相关的政策来保障。在西北地区,很多文化企业不仅缺乏资金扶持,还缺乏针对文化产业发展的配套扶持政策。在人才方面,既缺乏本土培育的人才,对外来人才也缺乏吸引力;既缺乏管理人才,也缺乏研发人才,文化产业从业者的专业化程度不高。政策和人才制约了西北地区文化产业的发展。

(3)缺乏具有知名度与国际影响力的品牌。

首先,西北地区虽然处在丝绸之路经济带上,但是没有充分发挥出位于"一带一路"沿线的地理优势,与沿线国家缺乏必要的文化贸易交流机制,使得地区文化产业及文化产品的知名度不高。其次,在相关制度层面上也尚未建立起一套完善的保障体系,使得文化产业"走出去"面临着缺乏保护的状况。最后,很多文化企业存在着恶性竞争的行为,使得各种优势资源分散,没有得到整合,拉低了品牌影响力,阻碍了文化产业开拓国际市场。

(三)西北地区弥补区位劣势的发展对策

西北地区文化产业的发展有着多种制约因素,实现区位劣势向区位优势的转化,必须做好以下几方面的工作:

1.制定合理的特色文化产业带规划

在"一带一路"建设布局中,西北地区发展文化产业有着得天独厚的区位优势,但是如何合理利用这一优势,实现文化产业的可持续发展是一个难题。为了避免该地区文化产业的发展陷入以往那种盲目和粗放式的发展模式,首先就是要制定出合理的产业规划。制定产业规划之前要做前期的调研工作,为产业规划的制定提供完整可靠的数据参考。在做好调研的基础上,再聘请相关专家团队根据西北地区的特点抓紧制定适合该地区发展的丝绸之路特色文化产业带规划。从各省、各地区的实际情况出发,既要实事求是,又要体现特色,同时也要突破区域局限,加强丝绸之路经济带沿线各省份之间的连接、资源配置和协同发展,积极推动成立西北地区文化产业联盟,实现共同发展。

2. 整合区域各类资源,打造具有较大影响力的特色文化品牌

西北地区包含了 4 个省,国土面积占中国陆地面积的 1/3,在这样广阔的地域里生活着众多的民族,各地的情况往往也是不同的。在发展文化产业时,需要因地制宜,不能"一刀切"。既要做好统一规划,又要因地制宣制定相关的发展政策,充分利用各地域之间的差异性优势,激发各文化企业的创新、创意活力,吸引外地或国外的文化企业前来投资。要充分有效地利用两个市场和两种资源,进一步加大对区域内外资源的整合开发力度,构建特色文化产业发展体系。在整合各地文化资源的基础上,开发出一个甚至多个具有区域特色及知名度和国际影响力的特色文化品牌。利用品牌效应,不断开拓文化市场。

3. 创造出具有生活气息的文创产品,吸引消费者

文化产品的市场拓展在很大程度上依赖其创意和创新的力度。传统文化产品千篇一律,早已使得文化产品的消费者出现了审美疲劳,销路在很大程度上受到了影响;一些不具有生活气息的文化产品也脱离了消费者的审美范围,其发展前景往往也不明朗。只有创造出具有生活气息的文创产品,才能更好地满足消费者的消费需求。这类文化产品既要求具有创意,又要求贴近生活实际,注重实用与审美的结合。这对文创产品的开发者来说是充满挑战的,这也是为什么文化产业的从业者需要由具有专业素养的人员从事的原因所在。由于设计与制作之间的技术含量不同,可以根据这两道工序不同的特点,实行分工协作,提高工作效率与生产效率,从而满足市场的需求。

4. 优化政策环境,引进与培养专业人才

政策的支持是文化产业发展中的重要影响因素,只有不断优化政策环境,

才能实现政策为文化产业的发展"推波助澜"、保驾护航。例如,文化产业需要通过招商引资来注入活力,同时欢迎社会资本加大投入;文化企业发展更需要政府资金的扶持、政府政策的引导。① 在人才队伍的建设方面,需要注意处理好育才、引才、用才、留才之间的关系。在育才方面,注重和各高校或者大型文化企业进行合作,培育一批本土性的专业技术人才;在引才方面,充分利用各种优惠待遇和政策条件,吸引外地或者其他国家的文化类型的人才进驻,以完善人才结构;在用才方面,对于真正优秀的人才,要大胆起用,在适合他们的岗位委以重任,发挥其专业化的优势,保证发展过程中不会出现技术性失误;在留才方面,政府或企业应该对优秀人才进行政策或薪酬的倾斜,使他们获得实实在在的好处,例如薪酬丰厚、职业发展前景通畅等,使人才引得进,也留得住。通过政策优势,吸引外地文化企业入驻,扶持当地文化企业的发展壮大。通过这些政策或措施,为西北地区的文化发展储备人才,打造专业化的人才队伍。

通过以上几种措施,充分实现西北地区文化发展的区位劣势向区位优势的转化,助推西北地区文化产业发展更上一层楼。

(四)区位布局理论应用的典型模式

2014 年 3 月,文化部和财政部发布了《藏羌彝文化产业走廊总体规划》的通知,加大了对西部地区文化产业的支持力度。该《规划》所要求建设的"羌藏彝文化产业走廊"辐射区域包含了甘肃省的临夏、武威、张掖、陇南以及青海省的果洛、海北、玉树、海南、海西等地区。青海省位于羌藏彝文化产业走廊这一地区的要塞上,且青海位于丝绸之路北道,区位优势明显。在中央部委的支持下,青海省极大地发挥了自身丰富的文化资源资质的优势,加大基础设施的投资建设,为文化创意园区的建设做好相应的基础准备;同时还加大对文化

---

① 参见申红兴:《建设丝绸之路青海道特色文化产业带研究》,《青海社会科学》2016 年第2 期。

创意企业等产业的扶持力度,促进相关文化产业的深度融合,努力促进文化产业的聚集,力争打造富有独一无二竞争力、深远影响力传播力的文化产业集群,取得了十分显著的成绩,值得西北地区其他具有相似区位优势的地区借鉴。

1.青海利用区位优势的发展模式

(1)充分利用丰富多元的文化优势。

青海的文化资源丰富多样,这里在几千年的历史发展过程中,形成了中原儒释道文化、西藏佛教文化、西北伊斯兰文化、北方草原萨满文化交融发展的状况,多元的文化在青海汇集,多个文明在青海融合,使得这里的文化资源异彩纷呈,构成青海文化产业发展中必不可少的独特的文化资源。

(2)充分利用青海在藏羌彝文化走廊中的地理位置优势。

在藏羌彝文化走廊的规划中,涉及青海、四川、贵州、云南、西藏、陕西和甘肃省7个省区,而青海省在其中占有重要位置。青海与西藏同位于青藏高原上,地理位置临近,文化资源趋同,可以相互借鉴交流;青海与甘肃有着很长的边界线,距离近,且文化资源有一定的差别,可以实现互补;青海的东南是四川的藏羌民族集聚区,可以吸收和借鉴该地区的发展经验,也可以与该地区实现协同发展;其西北与新疆紧密相连。藏羌彝文化走廊规划的7个省区,青海与其中的三个地理位置都十分接近。在地理位置上,青海既可以承东启西,又能联通南北。在历史上,青海与内陆交流的古道四通八达,例如"羌中道""吐谷浑道""唐蕃古道"等。这些古道虽然在历史的发展过程中已经失去了原有的作用,但是这些古道就像一条条链条,将沿线的文化资源串联在一起,形成了具有丰富历史内涵和文化底蕴的文化联结区域。除此之外,青海还是除西藏之外,藏族人民集聚最多的地区,也是连接西藏和祖国内地经济文化的必经之路。

（3）利用文化旅游开发的优势。

青海作为藏羌彝文化走廊的要塞，在财税、项目、人才、服务平台、政策环境等方面都得到了大力支持。在"十三五"期间，青海利用与甘川新藏等周边省区的临近优势，积极开展合作，实行区域经济的协同发展，在西宁、海东、格尔木建立了省级的对外开放经济合作区，吸引国内和国外资本前来投资；推进西宁和兰州的经济合作，建设兰西经济区；加强与成渝经济区的交流合作。青海尝试推进"青藏旅游"一体化建设，共建"川滇甘青"四省国际旅游线。共建三江源、黄河上游大草原、大九寨、大香格里拉、大年保玉则旅游经济圈。

（4）利用交通建设的优势。

青海省位于高海拔的青藏高原上，交通不便成为这里发展经济的主要制约因素。在国家的不断建设下，其交通条件得到了极大的改善。青藏铁路西格段增建二线，正式宣布建设完工，铁路运输量和运输速度得到了大幅度的提高，"兰新客运"专线列车，建成并交付投运，青海也真正意义上迈入"高铁时代"；在公路建设方面，全省范围内的高速公路运营里程大幅度增加，首府至各市州的高速公路基本上都实现了通车，县城通二级及以上公路，全省公路网的通畅度和通达水平得到极大的提升。据统计，"十三五"期间，青海新增综合交通网9600公里，总里程超过9.3万公里，基本形成了"两横三纵两枢纽"的综合交通网络格局。在民用机场的建设上，先后建成并交付使用的有"德令哈和花土沟机场工程""西宁机场二期工程""果洛机场成功校飞工程"，同时，2014年开工建设的祁连机场已于2018年全面通航，使得青海形成"一主六辅"民用机场建设格局。在国家和青海省的大力建设下，青海的基础交通设施情况得到了极大的改善，这为文化产业未来在青海的发展，提供了崭新的发展跑道。

青海依靠丰富的文化资源和重要的地理位置，在文化产业的发展方面获得重要的区位优势；抓住旅游开发和交通设施的建设机遇，完善了文化产业的基础设施投建,为文化产业的发展夯实了基础。在大力开发特色文化产业带的同时,注重发挥产业的聚集效应,促进了文化产业的快速发展。①

2.青海文化产业的发展现状

目前,青海省文化创意产业在政府的大力支持下获得了极大的发展,特色文化产业的布局初步完成,文化产业生产总值占国民经济的比重稳步上升,产业聚集效应的优势逐步显现。这些发展成就反映出青海省文化产业发展的良好势头。

(1)文化产业项目数量稳步上升。

在一系列政策的支持下,青海省在项目方面得到了极大的支持。例如,国家特色文化产业重点项目中"青海省互助土族纳顿特色文化产业发展示范项目"等7个项目入选;国家丝绸之路文化产业带重点项目中"热贡龙树画苑唐卡加工项目"等17个项目入选;国家藏羌彝文化产业走廊重点项目中"城南文化产业聚集区丝路创意产业园项目"等6个项目入选。文化产业项目的不断增加,为青海文化产业的发展注入了大量资金和政策保障、引进了高端技术和人才、完善了文化产业基础设施等。据相关数据统计,"2015年中国省市文化产业发展"指数中,青海省"文化产业驱动力指数"在全国排行榜中居第五名,位列西部第一,也是西北五省唯一进入榜单前十名的省份,这反映出青海文化产业的发展取得了巨大的成效,竞争力不断增强。从发展前景来看,青海省的文化产业在未来有巨大的发展潜力和空间,完全有可能成为青海国民经济发展的支柱型产业。

(2)文化产业集聚效应的优势初步显现。

青海省充分利用自身丰富的文化资源优势,加大对文化创意产业的培育力度,使青海的文化产品摆脱了以往制造粗糙、形式单一的不利影响,尤其是

---

① 参见陈玮、鄂崇荣:《藏羌彝走廊视野下青海文化创意与相关产业融合发展研究》,《青海师范大学学报(哲学社会科学版)》2016年第5期。

青海民族服饰、唐卡、昆仑玉、奇石等具有青海地域特色的文创产品,在文化产业博览会上大放异彩,吸引了文化消费者的目光,成了青海文化产业的一张张靓丽的名片。除了培育文化创意产业外,青海的文化企业也获得了发展,以藏羊、伊佳、天地人缘等为代表的文化企业作为青海的明星企业开始开拓外地市场和国外市场,积极地"走出去"。青海文化相关主管部门,也日益加大对文化企业的直接帮扶力度,积极地为文创产品的销售搭建各类平台,为文化产业的发展营造出了良好的环境。据统计,2019 年青海省拥有的文化产业法人单位已经达到了 2800 余家,文化产业营业收入 43.7 亿元。[①] 除此之外,文化产业要素也在不断增强,相关配套设施与产业也逐步发展完善,文化产业小规模聚集效应所引起的带动作用不断凸显。

(3)政府管理引导机制逐步完善。

为了进一步推动文化产业的发展,青海省政府加大了对体制机制的改革力度,使相关部门由管理型向服务型转变。为了使各单位权责明晰,更好地为文化行业的发展服务。青海省政府牵头分别成立了文化产业工作领导小组、文化产业相关主管部门。文化产业领导小组从宏观层面研究相关的指导性措施,政府应在文化产业的发展中起到不可或缺的调控作用;文化产业主管部门从微观层面出发,具体管理政策落实的各项工作,加强对文化产业发展的方向性引导,做好日常的协调工作。伴随着国家大力支持、扶植文化创意产业跨界的融合发展,青海省也积极响应国家文创号召,对文化产业中的文创和设计十分重视,并且积极促进文化产业与相关行业的融合发展。为此出台了《青海省推进文化创意和设计服务与相关产业融合发展行动计划(2015—2020 年)》。青海省逐步完善现存文化产业管理引导机制,为文化产业中的文创、设计之发展以及积极促进文化产业与相关行业的融合发展,同步实施一系列政府主管部门的动态指导,为文化产业保驾护航。在贷

---

① 参见靳艳娥:《2020 年青海文化与旅游产业融合发展报告》,《新西部》2020 年第 Z2 期。

款投放方面,注重向文化产业倾斜,支持特色文化产业的发展。据有效数据显示,截至 2015 年 4 月,文化产业贷款已累计发放 14.49 亿元,文化产业发展投资基金账户中的贷款余额显示为 11.61 亿元、直接融资额为 2 亿元。文化产业发展投资基金主要资助了"青藏高原自然博物馆""黄南热贡艺术及非物质文化遗产保护项目""贵德地址公园""中国土族非物质文化遗产传承保护中心"等 57 个文化项目。

区位布局理论对于分析西北地区文化产业发展的优势与劣势有着十分重要的作用,并有利于通过分析研究,采取针对性的措施,实现劣势向优势的转化或进行合适的区位选择,因地制宜发展西北地区的文化产业。

三、场景理论与西北地区的文化发展

纵观西北地区文化发展的脉络,遇到的最大阻碍就是知识技术、人才以及政策环境等,如何借鉴其他地区的先进经验,加强知识技术的创新、人才队伍的吸引以及政策环境的优化是解决这类问题的重中之重。场景理论充分回答了这方面的问题,并提出了相应的解决措施。

(一)场景理论

"场景"一词最初是在电影领域中应用,主要是用来描述电影中的各种要素向观众传达的一种视觉或心理的感受。芝加哥大学社会学教授特里·N.克拉克将这种电影领域的现象引入到城市发展中的研究中来,从而形成了场景理论。场景理论在文化领域的应用表述为:在城市以科技创新、文化创意、休闲娱乐等为主的新兴产业基础上所建立起的娱乐设施促成了特定"场景"的形成,在一定程度上孕育出了以文化消费为导向的价值取向,成了吸引文化创意阶层的首要因素。而文化创意阶层聚集也促进了文化创意产品的不断涌现,进而促进了文化生产消费。文化产业的兴起,促进了经济的发展,也进一步抵消了第一产业在城市的衰落所带来的负面影响,促进了城市向更高层次发展,具体如图1-1所示。

图1-1　场景理论的逻辑表示①

场景理论所提出的理论范式与其他城市发展的理论范式有所不同,打破了过于强调以土地、劳动力、资金和管理等要素来推动城市发展的传统研究角度,从文化消费与娱乐活动、创意阶层、市民参与等因素,来分析城市转型升级过程中的新经济增长模式。一个区域的人文景观、文化活动、人口特征等蕴藏了当地的文化和价值观,并转化成为外在可直观的该区域内的各种设施的布局样式、结构样式、功能样式、多样的种类等,这一现象我们称之为"场景"。为了加快城市文化产业的增长发展,促使文化生产以及文化消费等实践活动蓬勃发展,急需吸引不同的创意阶层集聚。这一场景理论,为文化产业的发展,提供了崭新的视角。

场景理论在文化产业发展方面的作用主要是指导公共文化空间的建构、创意社区的建立、区域文化消费的提升以及城市转型发展等。场景理论在研究城市转型升级方面主要强调生产获得的物质性、生活方式的文化性以及产业发展的社会性,与文化产业的发展具有很强的共通性。

场景理论对文化产业的影响主要体现在:第一,场景理论对文化产业空间布局的影响。场景理论主要探求城市中的市民文化消费、娱乐活动等对城市经济形态转变的影响。文化产业需要以城市为依托,在一定的范围内形成文化产业聚集群,这对城市中各种公共服务设施有一定的要求。文化产业的区位选择主要以城市为中心,为周围的市民提供文化服务,这在一定程度上受场

———————

①　参见詹绍文、王敏、王晓飞:《文化产业集群要素特征、成长路径及案例分析——以场景理论为视角》,《江汉学术》2020年第1期。

景理论的影响。第二,场景理论对地区文化认同感的影响。克拉克认为,文化这一元素,作为一种传导性较强的媒介,塑造可视化文化场景,为引导人们直接感触地域人文特征所散发的无形魅力熏陶,形成抽象的符号载体,便于人类直观感知文化信息,有助于形成对城市的文化认同。文化认同提升有助于提高城市竞争力,推动城市人才聚合、流动、发展。① 当地文化资源要素,会成为文化产业发展的重要支撑,在发展文化产业的过程中往往会形成本土文化价值观,打造区域文化品牌,这与场景理论的观点不谋而合。第三,场景理论强调各文化主体的参与。场景理论认为各文化主体需要参与到文化生产生活的方方面面,只有他们不受限制,自由参与到文化生产生活中,文化产业才能得到良性的发展。西北地区的文化产业受地域、资金、政策等的限制较大,限制了文化产业的发展。文化产业的发展亟须打破各方面的限制,积极地吸引公众和创意阶层的参与,建设出一个开放包容的文化创意空间。

运用场景理论剖析西北地区文化产业的发展,可以得到两点启示:一是上级政府公共政策的运用,从资金投入、战略制定等方面营造良好的文化产业发展氛围;二是地方政府以当地文化产业发展的实际情况,制定切实有效的政策,对症下药、就地取材,发展地区文化产业,营造独特的文化氛围。

(二)西北地区文化产业聚集群发展的问题

西北地区发展文化产业在借鉴场景理论时,着重强调文化产业的聚集性效应,因此产业的发展必须是集群式发展。在推动文化产业建立一定规模的聚集群时,出现以下三个方面的问题:

1. 忽视了知识技术等无形要素对文化产业发展的影响

首先,西北地区发展文化产业主要依靠的是文化资源的独特性和差异性

---

① Cf. Daniel Aaron Silver,& Terry Nichols Clark,*Scenes Capes:How Qualities of Place Shape Social Life*,Chicago and London:The University of Chicago Press,2016,p. 22.

的优势,在第一印象上给人眼前一亮的感觉,例如民族文旅业、演艺业、工艺品制造业等都十分具有特色。但是过于依赖这种天然优势,使得部分文化产业长期得不到发展,仍然处于原地踏步的阶段,不仅生产出来的是低端产品,而且产品的质量也达不到消费者们的预期。其次,在西北地区文化产业发展时,过多强调了传统要素对文化产业发展的作用,例如土地、管理、劳动力等,而忽视了科技的力量,使得文化产品的科技含量低。最后,在文化产业门类中,产业结构极不合理,传统文化产业占据了主导地位,而一些新兴的文化产业占比不足。由此导致了文化产品的市场主体实力较弱,缺乏一定的竞争力。

2. 没有解决吸引人才的问题

优秀人才对于技术创新和经济增长有着十分重要的作用,这是毋庸置疑的。但是西北地区的整体经济实力较弱,没有配套的措施来吸引人才,使得这里人才匮乏,没有专业化的人才队伍为文化产业的发展出谋划策,也没有技术型的人才对文化产品进行创意研究。只有将人才引进来、留下来,才能解决文化产品附加值低、缺乏创意等问题。文化产业方面的人才有着流动性强的特点,同行"挖墙脚"现象较为普遍。没有更吸引人才的优惠条件,往往难以留住高素质的人才,这也导致了西北地区的人才匮乏问题。

3. 忽视制度环境中的组织的力量

文化产业也属于经济领域中的一种产业,在发展的过程中需要必要的组织化力量。首先,文化产业聚集群的建设缺少战略性的规划。很多文化企业都是自发式的发展,没有统一的发展方向,缺乏必要的方向指导,导致其发展缺乏整体性、有序性,导致了盲目开发,无序竞争。其次,文化企业之间没有组成统一的联盟,资源、技术、人才等都难以实现交流,使得文化企业故步自封,陷入僵局。最后,没有统一的制度文件。在缺乏统一管理制度的情况下,发展地方特色的文化必然会出现削足适履的窘境。每个地区的情况不同,其相应的本土公共政策就应该在高层公共政策允许的范围内,做一些适当的调整,以适应当地特殊的情况。

(三)西北地区推动文化产业聚集群的对策

1.继续深化文化体制改革,制定文化产业政策,建立健全现代化文化市场体系

加强新时代中国特色社会主义文化建设是"五位一体"总体布局中的重要内容,推进文化体制改革是建设社会主义文化强国的总体要求。在继续深化文化体制改革时,要真正做到"简政放权、放管结合、优化服务"。首先必须进行审批制度的改革,尽快简化文化类行政审批项目,对于必须招标的项目可以试行"一站式"审批、让文化企业可以享受到"一条龙"服务,减少企业的运营成本。其次,对于政府不该管的,要大胆放手,让市场起到资源配置的决定性作用;对于应该管的,一定要管到位,不能出现监管缺位。最后,政府应该由管理型政府向服务型政府转变,为文化企业的发展提供服务,营造良好的营商环境。要进一步制定完善的文化产业政策,健全现代化文化市场体系。相关政策、法规的滞后,对文化产业的发展有着十分不利的负面影响。只有进一步完善政策、法规,优化政策环境,使各类企业都能平等享受政府提供的各项优惠待遇,才能使多种所有制文化企业迸发活力,形成文化企业的大发展、大繁荣。

2.加强资金支持,完善人才培育体系

低端的文化产业投入低,带来的效益也不高,高端的文化产业资金的投入高,带来的回报也是十分丰厚的。进入新时代,我国经济的发展已经迈向了高质量发展的新阶段,文化产业也要向中高端迈进,这就要求我们必须加大对文化产业的资金投入。在文化产业发展的初期,文化企业自身的资金不足,必须

积极争取各类资金的支持,除了积极争取各类项目的支持外,还要争取银行对文化企业的贷款,扩大文化产业的融资规模,只有在多项资金的共同支持下,才能为文化企业的发展提供充足的资金保障。

党的十九大明确了高质量发展战略,我国经济增长也将逐步由要素驱动转为创新驱动。人才是创新的核心支撑力,要促进文化产业的创新,必须注重对人才的培养。2020年党的十九届五中全会提出,要在2035年建成"人才强国"的目标,要坚持创新驱动的核心地位,激发人才创新活力,造就更多国际一流的科技领军人才和创新团队,培养具有国际竞争力的青年科技人才后备军。西北地区发展文化产业最大的不足就是人才的缺乏,文化产业的劳动者素质普遍较低,这严重阻碍了文化产业的转型升级。据相关资料显示,世界上文化产业发达的国家,其文化产业方面的专业人才队伍在整个行业的比重都比较高,例如美国纽约文化产业的专业人才占比达到了12%,英国伦敦为14%,而韩国、日本等国的文创类的人才队伍也十分庞大。这些数据都充分显示出,从事核心内容创意和文化产业经营管理方面的人才积淀是其文化产业腾飞的关键所在。① 日本、韩国更是有着十分完善的人才队伍培养体系,这些都是值得我们借鉴的。我们不仅要加大引才的力度,更要加大育才的力度,与相关的高校、文化企业等合作,建立起一套符合西北地区文化产业发展所需人才的培养体系,这样才能使我们文化产业的发展不受刽于"人"。

3. 结合西北地区特色文化资源,推动产业特色化发展

西北地区古往今来就是多民族聚居地区,多民族文化经过历史的更迭融合,遗留下的历史文化资源呈现鲜明特色。不仅有着民族特性鲜明的文化遗产,而且还有着地域色彩浓郁的民俗文化。以这些文化资源为基础发展起来的传统文化产业深度植根于人们的日常生活,具有广泛的消费基础。结合各

---

① 参见李垚、夏杰长、刘奕:《文化产业人才的培养:需求分析与政策建议》,《经济研究参考》2018年第54期。

地特色的文化资源,推出传统文化振兴项目,在此基础上,推动文化与科技、文化与旅游、文化与非物质文化遗产三者之间生产性保护融合发展。将传统文化行业的特色元素与文化旅游、创意设计、动漫游戏等近几年占据翘楚的新兴文化行业结合起来,传播浓郁的古典文化底蕴,展现原土原味地方风情。

4.利用独特的文化优势,促进文化产业由生产导向朝着消费导向的转化

文化产品的根本属性是消费品,只有实现消费的目的,才能实现其最终价值。西北地区的文化资源不仅十分丰富,还具有独特性,将这些丰富且独特的文化资源通过创新创意的方式,开发成新型的文化产品,在文化市场上打通销售渠道,实现文化产品的消费属性。

(四)场景理论应用的典型模式

场景理论对文化产业的发展颇具启迪价值,也是文化产业发展的一种全新思路。场景理论不仅是一种理论,还具有很强的实践性,对推动文化产业的发展具有重要意义。

1.宁夏文化产业化的发展模式

(1)充分发挥政府职能,为文化产业的发展搭建平台。非遗文化作为文化资源中的重要组成部分,必须做好传承、保护、开发等工作,而要实现非遗文化的产业化,政府必须发挥其职能,为文化产业的发展做好引导、搭建平台。在宁夏非遗文化产业化的发展过程中,各地根据自身实际,加强对非遗传承人的扶持和引导,使文化资源逐步转化为各类文化产品。例如,隆德县委县政府打造"五个一"工程,打造出了六盘山文化城,这里集旅游、古玩交易、文创产品销售等为一体,成了当地以非遗文化资源传承、挖掘、保护、开发为主要功能的综合性文化产业基地和平台。通过走非遗文化产业化的

道路,这里已经打造出了以"六盘人家"为品牌的非遗产品 20 多个系列,160 多种文化旅游小商品。①

(2)推动文化与科技的融合,提高文化产品的附加值。首先,深化文化体制机制的改革,培育市场主体。通过一系列的转企改制,组建一些国有重点企业,使文化市场迸发出新的活力;引入社会资本,支持骨干民营企业和小微企业的发展,使得一些缺乏资金的文创企业获得了资金支持。其次,宁夏为文化与科技的融合搭建了众多平台,使得产业融合的阻力大大降低。在各方的共同努力下,宁夏的国家级文化产业示范基地、自治区级文化产业示范园、文化产业试验园区等都逐步建立起来,并形成了一定的规模,为产学研共同推动文化产业的发展搭建了很好的平台。例如,银川动漫产业基地和银川 iBi 育成中心的建立,为文化产业创意企业的聚集提供了载体,使得文化创意产品的生产有了聚集性的发展效应,极大地改善了文化产业的结构。最后,不断优化产业融合的发展环境。为了使文化创意产业能够掌握具有自主知识产权的核心技术,自治区政府出台了一系列相关政策,例如《加强金融支持科技与文化产业发展的指导意见》《关于加快文化产业发展的若干政策意见》等的出台,极大地优化了产业融合的发展环境。通过这些措施,使得文化与科技逐步融合发展,文化产业链进一步延长,同时也提高了文创产品的附加值。②

(3)探索"研学游"模式,为文化产业的发展找到新出路。在世界文化产业发达的国家,都十分重视产学研的融合,使得文化产业有着充足的智力支持。宁夏在借鉴国外先进经验的基础上,推出了"研学游"的模式。为了加强对文化遗产的传承、保护和开发利用,宁夏创造性地探索出了学术研究与研修学习、文化旅游的融合。以宁夏岩画的保护、开发利用为例。首先,通过组织

---

① 参见仪秀江:《宁夏非遗产业化发展刍议——以隆德县六盘山文化城为例》,《参花(下)》2020 年第 12 期。
② 参见程建鹏、张静:《宁夏科技与文化产业融合发展现状及路径选择》,《宁夏社会科学》2017 年第 S1 期。

参加国内外的专题学术研讨会和举办各种展览等方式,扩大影响力,经过不懈的努力,这里逐渐建立起了研究中心。其次,与各科研院所及高校展开合作,为他们提供研究、实习的基地。这种做法不仅扩大了影响力,而且使更多人接触到岩画,进而热爱岩画,并投入到岩画的行业之中。最后,推动与文化旅游的融合。随着文化旅游的热度不断提高,宁夏积极抓住这一机遇,适时地推出了"岩画修学之旅",并举办各种艺术节、展览会等,使得岩画走进人们的生活之中。2016 年,贺兰山岩画遗址成为全国首批研学旅游示范基地之一。"研学游"的模式,不仅使文化产业的发展有了新的出路,并且在潜移默化之中为相关产业的发展储备了一些潜在人才,尤其是对青少年来说,通过这些活动,会有一部分人加入文化产业的队伍之中。

2. 宁夏文化产业发展的成效

(1)宁夏文化产业发展的总体成效。

总体来看,近年来,宁夏文化产业发展的成效是有目共睹的。就 2019 年 1 月至 9 月,宁夏的文化企业实现主营业务营业收入高达 31.07 亿元,发展势头总体良好。其中,以文化制造业、文化批发与零售业、文化服务业为代表的传统文化产业的营业收入分别为 16.06 亿元、3.83 亿元和 11.18 亿元,都有所突破;以文化消费终端生产、创意设计服务、文化娱乐休闲服务、文化装备生产、为代表的新兴文化产业,营业收入分别为 0.27 亿元、0.10 亿元、4.09 亿元、3.53 亿元,较上年同期水平都有较大幅度的增长。① 从以上数据可以看出,传统文化产业在宁夏文化产业中仍然占据着主导地位,要继续深化供给侧结构性改革,优化产业结构,促进文化产业的高质量发展;而新兴文化产业虽然占比较小,但是发展势头迅猛,有良好的发展前景,需要继续加大对新兴文化产业的支持力度。

---

① 参见鲁忠慧:《宁夏文化产业发展报告及发展趋势》,《新西部》2020 年第 Z2 期。

(2)"文化+旅游"融合发展成效显著。

随着文化旅游热度的提升,宁夏抓住机遇,大力推动文化与旅游的融合,打造了一批具有地域特色的文化旅游区,例如银川都市圈文化旅游核心区、贺兰山东麓生态文化旅游廊道、黄河文化旅游带、大六盘红色生态度假板块、大沙坡头休闲度假旅游板块、宁夏东部旅游环线。以特色文化资源为依托,宁夏文化旅游业发展势头良好,取得了显著的成效。据统计,2019 年,宁夏接待国内外游客 4011.02 万人次,同比增长 19.92%;实现旅游总收入 340.03 亿元,同比增长 15%;在文化旅游产业项目对接大会上,与其他地区的文旅企业签署了 50 亿元的合作项目。

(3)宁夏文化产业发展指数有所提升。

"中国西部省市文化产业发展指数"是文化产业领域比较权威的指导性数据,主要包含以下 3 种指数,即产业生产力指数、产业影响力指数、产业驱动力指数。根据"2019 中国西部文化产业指数"数据显示,在西部地区范围内,生产力指数维度,宁夏位列第七;综合指数维度,宁夏位列第六;影响力指数维度,宁夏位列第七;驱动力指数维度,宁夏位列第三。"中国西部文化消费指数"详细分为 5 个维度,即文化消费环境维度、文化消费能力维度、文化消费水平维度、文化消费意愿维度、文化消费满意度维度,用于全面测算整个西部地区文化消费发展的实际情况。根据"2019 中国西部文化消费指数"数据显示,宁夏在西部地区文化消费能力位列第五,文化消费水平位列第四,而其他三个方面的指数都位列第五名之后。从这些指数型排名来看,排名居中的指数相对较少,而排名靠后的指数较多,但是较以往排名来看还是有所提升的。在新时代经济发展的新形势下,要进一步提升文化产业发展的质量,将文化产业的发展由要素驱动转到创新驱动上来,促进文化产业的高质量发展。

产业链理论、区位布局理论、场景理论等理论都从不同角度强调了人才、政策等要素对文化产业发展的重要性,这对西北地区文化产业的发展具有十分重要的启示意义。产业链理论着重强调打造一条完善的产业经济链条;区位布局理论着重强调综合考虑影响区位选择的各类因素来发展区域文化产业;场景理论着重强调文化产业的政策制定,营造良好的文化产业发展氛围。这些理论都属于经济领域的范畴,与文化产业的发展关系密切,充分利用这些理论,可以促进西北民族地区文化产业的高质量发展。

四、创新理论与西北地区特色文化产业发展

创新(innovation)是熊彼特经济理论的核心概念,他的各种经济理论几乎均以"创新观"为核心。熊彼特认为,创新是"当我们把所能支配的原材料和力量结合起来,生产其他的东西,或者用不同的方法生产相同的东西"时,即实现了生产手段的新组合,产生了"具有发展特点的现象"。也就是"企业家把一种从来没有过的生产要素和生产条件实行新的组合(a new combination),从而建立一种新的生产函数(the setting up of a new production)"。熊彼特赋予其"创新"概念以特殊内涵,主要包括以下5种情况:(1)生产一种新产品;(2)推出一种新的生产方法;(3)开发一个新市场;(4)获得原材料的新来源;(5)实现一种新的组织方式。① 总体来说,是指企业家对新产品、新市场、新的生产方法和组织的开拓以及对新的原材料来源的控制。

文化产业是一个知识密集型产业,其主导因素是人力资本,支持要素是技术,这客观上也表明了创新是其核心的发展动力。虽然其他产业也需要创新,但同文化产业相比,其他产业对创新的需求就显得没那么急需。文化产业从生产要素、生产过程到产出都以文化为对象,是以人的知识、智力等对文化内容和形式进行创造、生产的过程。创造力是文化产业的"生命力",是文化产业能够快速发展的根本动力。文化产业发展快的地区和国家,都是文化产业

---

① 参见王浩:《区域产业竞争力的理论与实证研究》,吉林大学出版社2011年版,第43—44页。

人才特别是创造性人才集聚的地方。

（一）创新对文化产业内部劳动分工的影响

创新可以推动西北地区特色文化产业内部劳动分工发生变化。"产业的向前发展所造成的不变资本的这种节约，具有这样的特征：在这里，一个产业部门利润率的提高，要归功于另一个产业部门劳动生产力的发展。生产力的这种发展，归根到底总是来源于发挥着作用的劳动的社会性质，来源于社会内部的分工，来源于智力劳动特别是自然科学的发展。"①"坚持创新发展。适应社会主义市场经济和高新技术发展要求，体现文化例外要求，加大改革力度，全面推进文化内容形式、方法手段、载体渠道、体制机制、政策法规等创新，激发动力、增强活力、释放潜力，推动出精品出人才出效益。"②西北地区特色文化产业可以通过与经济社会各领域的融合创新，使文化生产过程不断受经济社会各领域的影响，进而使得文化产业内部劳动分工发生变化，大量的资本和劳动力不断从一个生产部门转换到另外的生产部门，从而促进西北民族地区特色文化产业发展方向的更新变动。

（二）创新与西北地区特色文化产业转型升级

创新可以助推西北地区特色文化产业转型升级。2017 年的政府工作报告中指出，以创新引领实体经济转型升级。实体经济从来都是我国发展的根基，当务之急是加快转型升级。要深入实施创新驱动发展战略，推动实体经济优化结构，不断提高质量、效益和竞争力，加快培育壮大新兴产业。

一般而言，新兴产业在发展最初就往往表现出发展速度快和产出效率高等特点，并促使其成为推动经济持续增长和向前发展的重要推动力量。此外，

---

① 参见葛树澎：《关于会计基本理论与方法问题》，经济科学出版社 2004 年版，第 223 页。
② 参见高国庆：《2012—2017 年历史性跨越文化改革发展这五年》，中国言实出版社 2017 年版，第 186 页。

新兴产业还能够通过前向或者后向的关联带动作用促进上下游新的产业形成和发展。新兴产业往往通过扩散、渗透和诱导作用促使传统产业发生革命性变革,从而实现传统产业的转型升级。创新往往诱使产业结构向着以技术密集型产业为主和以知识密集型产业为主的方向发展。总体而言,产业整体总是朝着高端化的方向发展,进而带动经济的快速持续增长。

五、"文化+"理念与西北地区
特色文化产业转型升级

产业发展到一定阶段,不同产业领域的资源和要素就会发生整合与聚集效应,文化产业集约发展的一大趋势就是集聚化。各种类型的文化产业园区、文化产业基地、文化小镇、文化产业街区逐渐关联互动和空间聚集,大型文化产业集团兼并收购中小型文化企业并实现扩张,出现环球影城、迪士尼,还有中国的方特等一些竞争力强的文化产业巨头。"十四五"时期是开启全面建设社会主义现代化强国新征程,向第二个百年奋斗目标进军的新阶段。"文化+"是当前文化产业发展的又一个重要特点,标志着文化发展达到了一个新高度。"文化+"行动是指推动文化创意与相关产业有机融合。研究"文化+"视域下的西北地区特色文化产业发展问题必须结合文化产业发展的相关理论,进而探讨"文化+"是如何驱动西北地区特色文化产业发展的,以及影响西北民族地区特色文化产业发展的主要因素等。

(一)"文化+"理念内涵

"文化+"是以文化为内涵和基础的跨业态交融,是将文化与经济社会各领域的不同业态进行融合创新。"文化+"以文化为核心生产资料,主要依赖特色文化、知识、创意、商业模式等再生性资源和轻资产。如果在文创产业加工生产的各个环节当中产生的污染少,那么既能保证加快西北未来经济发展的同时，又能减轻文创产业加工生产链对生态环境的压力，具有低能源消耗与低生态污染、高知识附加与高增值空间特性。更为重要的是，以此来破解西北经济发展与生态保护之间的矛盾，在一定意义上能够实现区域协调共生，人与自然的和谐发展。"文化+"与不同业态的相互交融，既为产业转型升级拓展空间，注入活力，还可以催生创意、创新、创造，各类新业态不断萌生。"文化+"融合发展，将为文化产业带来质的飞跃。

（二）"文化+"产业融合实践

"文化+"产业融合，这种多模式的跨界融合不是简单的线性相加，而是成体系的复杂有机的整合。"文化+"产业融合是一种联袂并驾的动态过程，二者在本过程中是交融存在、互动发展的。从广义的角度讲，人类所创造的一切，都是人类文化的范畴，人类全部精神活动及其活动产品都属于文化。马克思主义政治经济学认为，文化是上层建筑，是建立在一定的经济基础之上的，换言之，经济基础决定着上层建筑。文化在自身的传承和发展过程中，需要不断地吐故纳新，将新的人类文明纳入其中是文化自我发展的必然属性。产业融合需要文化的跨界融入，同样，经济社会各领域或不同产业基于自身发展，需要借以文化的力量或者在文化领域中寻求上升空间。"文化+"融合发展能够产生两个方面的效果，一是可以为经济社会各领域或传统产业注入活力，提供新的发展空间，从而实现素质提升和转型升级；二是通过创意、创新、创造，催生各类新业态，从而推动经济社会各领域或传统产业的结构性调整。我国现阶段的文化产业布局，纵观全局来看，整体产业规模覆盖面还不够大，自主创新创意能力和产业、行业之间的竞争力还不强劲。因此，文创产业的结构布局急需作全盘优化的安排，主要可以从以下几方面来考虑，即加速文化产品和服务品质提升、力争留得住高端人才、政策精准吃稳落准、清扫扰乱市场秩序的不良行为。西北地区"文化+"融合发展的具体实践，主要表现在"文化+科技""文化+金融""文化+旅游"等方面的融合创新，同时，还需关注文化产业与实体经济的跨界融合、文化体制机制改革对民族特色文化产业市场活力的激发作用、完善文化领域政策法规体系、构建现代文化产业体系、建立扩大多民族共同的文化消费需求长效机制，以及全方位开放促进文化产业对外贸易发展等方面。

第二章 西北地区特色文化产业
发展条件的评价

　　西北地区文化资源丰富，具有地域特色鲜明的自然生态文化和民族民俗文化，为文化产业的发展提供了优良的文化基础和文化资源，这是该地区所具有的优势文化资源禀赋。西北地区的特色文化具体包含有哪些内容？这些文化资源在西北地区特色文化产业的发展中起到了什么样的作用？又遇到了哪些瓶颈？这些都需要具体详细地分析。

　　西北民族文化可以从两个方面来认识：从文化构成来看，一是具有西北地域性的文化特征，二是具有民族特色的文化内容；从文化内涵来看，西北特色民族文化既包括优秀的民族传统文化，又包括在此基础上各民族在适应现代生活过程中传承繁育、创造共享的各种现代文化因子，中国特色社会主义文化是最新成果。西北地区发展文化产业有着天然的优势，同时也面临着困境。

一、西北地区特色文化产业发展的优势条件

　　西北地区大力发展文化产业，有效助力了深度贫困地区摆脱贫困，实现可持续发展。对西北地区文化产业发展进行深入研究，必须了解其所具有的优势条件。充分利用这些丰富的文化资源，发展西北地区特色文化产业，并使其

成为经济发展的"新引擎"与"新动能"。

（一）得天独厚的自然条件

在漫长历史时期的自然环境演变过程中，在西北广大的区域内，形成了别具一格的自然风貌。这些独特的自然风貌，孕育出了西北地区特色的民族文化，而且这些自然风貌在一定程度上，也是一种特色的文化资源，对西北地区文化产业的发展起着十分重要的推动作用。

1. 丰富多样的地貌景观

西北地区主要的地貌景观有山体景观、沙石地貌景观、冰川景观等，这些地貌景观共同构成了西北地区独特的自然风光。

山脉纵横、连绵起伏，是西北地区典型的地貌特征。这些连绵起伏的山脉，勾勒出西北地区壮美的自然风景。神秘绚丽的阿尔泰山、美丽多姿的天山、巍峨壮丽的昆仑山、壮阔雄奇的祁连山、层峦叠嶂的六盘山、崖谷险峻的贺兰山……各具特色、壮丽雄奇，它们像是祖国母亲的脊梁，支撑起了一片绚丽多彩的天空。其中，昆仑山被誉为"天下之良山，瑶玉之所在"，是中国古代神话传说的摇篮，这里孕育出了多姿多彩的民族文化；各拉丹冬峰是长江源头，巴颜喀拉山脉是黄河的源头，唐古拉山脉是澜沧江的源头……正是这些雄奇的山脉，孕育出了华夏大地上的无数大江大河，哺育了亿万华夏儿女。这些著名的山脉或奇特、或壮美、或雄险，不仅具有极强的观赏价值，还具有极大的科研价值。西北名山以其丰富的历史人文内涵和独具特色的自然风光，成为享誉国内国外的著名景点。

西北地区属典型干旱、半干旱地区，这里常年降水少，在自然因素与人为活动的双重影响下，沙漠纵横也成了这里的一大特色。这些沙漠对人们的生产生活造成了极大危害，但是从地理学和旅游学的角度来看，它又有着十分重要的地理考察价值和旅游价值。新疆塔克拉玛干沙漠，有"死亡之海"之称，不仅因为它是中国境内最大沙漠，还因为其极度恶劣的自然环境而闻名。这里几乎寸草不生,但是也成就了它一望无际的沙漠奇观。乌兰布和沙漠,位于黄河沿岸,呈现出河沙共存的奇观,"大漠孤烟直,长河落日圆"大概就是这样的奇景吧,展现出独特的塞上风景。柴达木盆地沙漠位于青藏高原,是分布在海拔最高地区的沙漠,与其他地区的沙漠有着截然不同的风景。宁夏中卫沙坡头和银川沙湖罕见神奇的响沙景观,这是大自然赐予的宝贵财富。西北地区戈壁景观丰富,由于干旱和少雨,大面积地区虽然地势相对平缓,但缺少水分,密布大片砾石,植被稀疏罕见,显得极其荒凉。

除此之外,冰川景观也是西北地区独特的地貌景观之一,备受青睐,具体如表 2-1 所示。在甘肃、青海、新疆境内分布着大量的冰川遗迹。其中以昆仑山脉、祁连山脉等分布最广。根据《中国冰川目录》记载,新疆共发育有冰川 18311 条,面积为 24721.93 平方公里,冰储量 2623.4711 立方公里,约占全国冰川总储量的 43.7%,位居全国第一,其中一号冰川最为著名,该冰川位于乌鲁木齐市区西南 125 公里的天格尔山,冰川地貌和沉积物非常典型,古冰川遗迹保存完整清晰,有"冰川活化石"之美誉,成为我国观测研究现代冰川和古冰川遗迹的最佳地点,也是世界上离大都市最近的冰川。[1] 这些冰川融水滋润着西北干旱的自然环境,形成了无数的绿洲。储量丰富的冰川资源,是西北地区的"造血干细胞",十分珍贵。近年来,冰川的融化速度加快,也唤起了人们保护自然环境的意识。

表 2-1　西北地区冰川及冰川融水径流量表[2]

省区	冰川面积（km^2）	占全国冰川面积（%）	冰川融水径流量（$10^8 m^3$）	占全国冰川融水径流量（%）	河川径流量（$10^8 m^3$）	冰川融水补给比重（%）
甘肃	1596.04	2.7	9.99	1.8	299	3.3

---

① 参见赵江洪、孙悦铭、董岩:《新编中国旅游地理》,旅游教育出版社 2020 年版,第146 页。

② 杨针娘:《中国冰川水资源》,甘肃科学技术出版社 1991 年版,第 117 页。

省区	冰川面积 （km²）	占全国 冰川面积 （%）	冰川融水 径流量 （10⁸m³）	占全国冰川 融水径流量 （%）	河川径流量 （10⁸m³）	冰川融水 补给比重 （%）
青海	3442.94	5.9	22.14	3.9	622	3.6
新疆	25639.22	43.7	187.74	33.3	793	23.7

2. 绚丽多彩的水体景观

西北地区地处中国内陆,这里与湖泊纵横、河网密布的江南地区不同,水资源是稀缺资源,很多地区因为水资源缺少,生产生活用水十分困难,使得当地经济发展水平低下。正是由于水资源的稀缺,使得这里的水体景观别具风味。

西北地区虽然十分干旱,但是这里是很多大江大河的发源地,有着众多著名的河流湖泊,构成了独具特色的自然风光。黄河从这里流过,在不同地形的影响下,形成了不同的景色;湟水发源于青海祁连山,流域内植被茂盛,特别是湟水谷地生态环境良好,在这里孕育了辉煌的多元民族文化;塔里木河,中国最长的内陆河;伊犁河位于新疆北部,在古代,这里活跃着月氏、乌孙、突厥人等众多少数民族;额尔齐斯河发源于新疆富蕴县,流淌了数千里后汇入北冰洋,它不仅滋养了两岸人民,还有十分壮美的景色,有"银水"之称。这些河流养育了沿岸的人民,也孕育出了丰富多彩的民族文化。

湖泊景观是西北地区又一特色的自然景观。在西北地区有着众多的湖泊,这些湖泊因其纯净、美丽而享誉国内外,代表性的湖泊有青海湖、茶卡盐湖、宁夏沙湖、天池、赛里木湖、哈纳斯湖、艾比湖、巴里坤湖、博斯腾湖、巴音布鲁克天鹅湖等。青海省虽然位于青藏高原上,但是因为丰富的冰川资源,这里湖泊众多,星罗棋布,点缀在青藏高原上,显示出无限的魅力。青海湖,意为"青色的海",像一块绿宝石镶嵌在青藏高原上,是中国最大的内陆湖泊和最大的咸水湖,这里野生动物繁多,是它们天然的栖息地,很多濒危物种都能在这里看到;新疆天池位于博格达峰脚下,是中国"四大天池"之一,湖面海拔1900多米,湖畔云杉高耸入云,湖边绿草如茵,湖光山色,水天相接,就像是一幅山水画;巴音布鲁克天鹅湖,风景秀丽,是避暑胜地;博斯腾湖有着"戈壁明珠"的美誉,古称"西海",在茫茫戈壁之中,显得格外美丽;赛里木湖是新疆海拔最高、面积最大的高山冷水湖,湖区自然景观神奇,文化遗存和底蕴丰厚,因位于大西洋暖湿气流所能影响到的最远的地方,而被称为"大西洋的最后一滴眼泪",吸引了不少游人前来参观;茶卡盐湖位于青海省,因其湖面平静,湖水清澈,晴天时湖天一色,就像一面巨大的镜子映照天空,有着"天空之镜"的美誉,慕名而来的游客络绎不绝。

3. 自然景观的人文内涵

西北地区丰富多彩的民族文化资源有着鲜明的特征,这与其他地区的文化资源有着明显的区别,有着自然神韵与民族风情完美结合的特点。一方面,从自然地理资源来看,西北地区地域广大,广袤的高原、山地、河谷、盆地造就了西北地区奇峰峻岭、沙漠戈壁、火山天池以及飞泉流瀑等各具特色的自然景观。例如新疆昌吉回族自治州天山天池,位于博格达峰北坡,是我国西北干旱地区典型的山岳型自然景观。天池景区具有完整的山地垂直自然景观带,既有高山湖泊密布,又有雪山冰川相映,2013年申遗成功,成为中国第44处世界自然遗产。平凉崆峒山,自然风景优美,地理位置险要,相传黄帝曾在这里问道广成子,虽然这是神话传说,但给崆峒山蒙上了一层神秘的面纱;不仅如此,这里还是儒释道三教共融之地,"三教洞""三教禅林"体现了多种文化的交流、交融。天池还是以西王母为背景的道教文化之地,相传三千多年前穆天子与西王母曾在这里欢筵对歌,留下千古佳话,从而赢得"瑶池"美称。公元1218年,一代天骄成吉思汗西征时邀请全真七子之一的丘处机前来"天池论道",依据民间传说修建了"西王母祖庙",自此,"西王母祖庙"就成为中国西部道教文化的传播圣地。

人与自然是相互影响的,人对自然产生影响的同时,自然也在塑造着人。自然对人的影响可大可小,既可以影响一个地区的人文精神,也可以影响一个群体的日常生活。自然环境对人的影响不仅直接体现在生活方式、生产方式上,而且也间接地、潜移默化地陶冶人的性格、情操等。西北地区的很多自然景观,作为各民族人民共同生活的家园,在漫长的历史发展中逐渐形成了具有西北地方特色的人文品格与精神。从认识西北地区的自然环境出发,可以认识到该地区的人文风俗、历史文化,可以更深刻地去理解西北地区人民的人文精神。西北地区的很多自然景观,就像天池一样,作为人的生存环境的一个有机组成部分,往往会被生活于此的人们赋予人的性格禀赋,并且将其神化、体系化甚至制度化,逐渐积淀叠加从而形成厚重的人文内涵。

费孝通先生在数次考察西北地区后感触颇深,他深刻认识到,西北地区的民族研究不但大有可为,而且可以为学术界撰写许多民族研究的重要著作,为科研发展留下浓妆淡抹的一笔财富。更重要的是,费孝通先生的理论极具前瞻性,预见了居住在这片广阔的土地上的许多少数民族,如何在 21 世纪发展成“现代民族”,和其他民族一样平等地生活在这个地球上。① 费孝通先生看到,这些自然景观对于当地百姓来讲,往往是自然禀赋与生态脆弱并存,高山峻岭与沙漠戈壁意味着优质耕地少坡地陡,水土保持困难、墒情低、自然灾害频发。这些因素的叠加,形成的是阻碍和限制西北地区发展的多重困扰。改革开放以来,西北地区经济社会已经取得了巨大发展,但仍与全国总体水平存在较大的差距。今天的西北地区,仍然处于历史与现实、地区与国家、边疆与内陆的多重滞后发展之下,“现代化民族”任重道远。

现代城市生活的喧嚣与繁杂对都市人造成了不小的精神压力,很多人都想要寻求一片心灵的净土。在这一背景下,基于情感联系与社会归属感的需要,休闲和旅游开始从单纯的观光消费转向在回归自然中追求身心放松,在异

---

① 参见费孝通:《青春作伴好还乡——为〈甘肃土人的婚姻〉中译本而写》,《读书》1997 年第 7 期。

文化体验中发现和释放自我。自然风光独特、民族风情浓郁、生活节奏缓慢的西北民族地区,发掘自然景观的人文内涵,以深厚的人文底蕴,吸引都市人的目光,是十分有效的,正好迎合了现代城市人远离喧嚣、回归自然的需求。在文化休闲与旅游业的带动下,民族民俗特色手工业产品、歌舞表演、餐饮住宿等相关产业也得以发展和繁荣。西北地区独特的自然风光和原生态、民族民俗文化逐渐从过去发展的"困扰",转变为发展的自身优势和脱贫的良好契机,和西北地区转型发展、绿色崛起的"新引擎""新动能"。因此,具有深厚人文内涵的自然景观成了吸引现代都市人的"圣地"。

(二)底蕴丰富的人文基础

西北民族文化记录着西北各少数民族的发展历程,承载着西北各少数民族的智慧和思想,具有顽强的生命力和丰富的文化内涵。但是民族文化资源要能够被现代工业和产业化发展所运用,则需要通过深入分析民族文化资源的内涵特点,通过深入挖掘其艺术价值和商业价值在内的多元价值效益,使文化优势转化为现代产业化发展所能够利用的资源优势,才能具备产业化的核心竞争力。

1.独具特色的地域文化

西北民族文化的地域性,体现在特色民俗文化与生计方式相互叠加的特点上。西北地区地处内陆,地形复杂多样,黄土高原、青藏高原、内蒙古高原、帕米尔高原等高原横卧,将整个西北地区包裹其中;昆仑山、天山、祁连山、贺兰山、六盘山等山体耸立,将该地区分割成不同的地理单元;柴达木盆地、塔里木盆地镶嵌其中;除此之外,这里还有戈壁、沙漠、湖泊等。正是这种复杂多样的地形,使得各个地理单元都形成了不同的文化。河西走廊自古以来就是中原王朝与少数民族政权必争的战略要地,而且这里还是古丝绸之路的必经之路,使得这里文化碰撞、交流激烈,因而形成了丰富多样的多元文化。兰州以东地区中原文化浓厚;而青藏高原与新疆、河套地区等都有着浓厚的游牧文化的氛围。

在多民族文化形成的过程中,文化交流碰撞最激烈的地区往往具有十分明显的多民族文化特点。甘肃省位于丝绸之路的关键地带,处于多民族文化交融的中心地区,这一特点更加鲜明。甘肃民族地区文化交融,形成了四个文化单元或区域:陇东、陇中黄土高原区农耕文化区、陇南山地文化区、河西走廊文化区、甘南高地文化区。每一块区域文化的形成,都源自地理与历史的共同交汇。在经历了复杂曲折的历史变迁的青海、新疆等地,则保留着较为单一的民族文化。青海的藏文化气氛浓厚,新疆的伊斯兰文化气息比较明显。

不同的生产生活方式也会形成不同的文化。农耕与游牧有着很大的区别。农业发展需要稳定的生存环境,在这种环境里,人们的血缘意识和地缘意识比较强,社会关系也趋于稳定,基本的生活可以得到保障,但是也会产生"守业"思想,导致封闭保守的小农意识,形成视野狭隘、故步自封的特点。种植业与畜牧业也是相互补充的,当种植业发展受到制约时,发展畜牧业可以作为种植业的补充,给人们的生活提供充足的食物。河西地区的畜牧脱胎于游牧,随着社会的发展,逐渐依附于农业,成为农业的补充。在这种"亦农亦牧"的经济形态下,西北地区的先民们磨砺了他们的性格和品行。

正是因为有这样的经济形态,西北地区的文化中既包含农业民族的文化,也包含游牧民族的文化;既有稳定和睦的文化,也有善于应变的文化,这两种文化互相吸收、相互借鉴,从而形成了独特的民俗文化。还有很多艺术体现出农耕文化与游牧文化的结合,体现出各民族文化的交流、碰撞与结合。

2. 储量丰富的文化资源

西北地区具有储量十分丰富的文化资源,主要表现在种类多、分布广、价值高、特点鲜明、保存完好等方面。在历史文化遗产方面,主要有寺院佛塔建筑、石窟洞穴、古城遗址等。

　　从文化形成的时间看,甘肃历史形成的四个文化单元可以具体划分为:一是形成于公元前大约 2000 年,包括今天兰州、定西、庆阳等以高天厚土、沃野弥望为标识的陇东、陇中黄土高原区农耕文化区;二是形成于公元前 890 年前后,涵盖今天渭水以南,临潭、迭部以东,陇南、天水等地,以"民间信仰"和"民俗文化"为文化标识的陇南山地文化区;三是形成于西汉时期,以"张国之臂腋、凿空西域"为标识的河西走廊文化区;四是形成于公元 1200 多年,走出青藏高原,开始向蒙古高原乃至中原腹地扩张,以藏传佛教为文化标识的甘南高地文化区。每一块区域文化的形成,都源自地理与历史的共同交汇。

　　西北地区的寺院佛塔众多,且具有鲜明的民族特色与宗教特色。寺院佛塔建筑方面,其中具有代表性的有塔尔寺、拉卜楞寺、郎木寺、艾提尕尔清真寺、瞿昙寺、海宝塔寺、承天寺、回族大寺、卡孜汗大寺、青铜峡 108 塔等。这些寺院佛塔建筑历史悠久,人文内涵丰富。位于甘肃夏河县的拉卜楞寺,距今已有三百多年的历史,是我国著名佛教寺院之一,保留有全国最好的藏传佛教教学体系,已被列入全国重点文物保护单位,有"世界藏学府"之称;位于青海省湟中县的塔尔寺,距今已有四百多年的历史,是藏传佛教格鲁派黄教创始人"宗喀巴"大师诞生之地,其中的酥油花、壁画和堆绣被称为"塔尔寺三绝",具有独特的民族风格和很高的艺术价值。其他的寺院佛塔建筑也是各具特色,体现出这些地区独特的地域文化,彰显出其丰厚的文化底蕴。

　　西北地区的石窟洞穴也是久负盛名,每年吸引了大量的游客前来一睹其雄伟壮观的景色。除了我们所熟知的敦煌莫高窟、麦积山石窟外,这里还有克孜尔千佛洞、须弥山石窟、玛扎伯哈石窟、克孜喀拉罕石窟、苏巴什石窟、库木吐拉石窟等。位于宁夏固原市的须弥山石窟,被誉为"宁夏敦煌",是中国十大著名石窟之一;位于新疆拜城县克孜尔镇的克孜尔石窟,又称克孜尔千佛洞,有"中国第二敦煌"之称,已有一千七百多年的历史,是龟兹古国辉煌文化的见证之一;位于新疆巴音郭楞蒙古自治州库车的库木吐拉石窟,保留有大量描绘大乘佛教内容的壁画和古代少数民族文字题记,具有很高的艺术和学术价值。这些洞穴石窟不仅是佛教艺术的结晶,还是古代西域诸国辉煌历史的见证,体现出古代西域少数民族的思想与智慧。

古代丝绸之路沿线分布着众多的小国,他们为东西方文化的交流作出了突出的贡献,但是随着生态的恶化与历史的变迁,这些少数民族建立的国家逐渐退出了历史舞台,融入各民族之中,他们曾经居住与生活的城池被掩埋在了黄沙之下。在西北地区保留有众多古代故城遗址,如楼兰古城、交河故城、高昌故城、米兰故城、尼雅故城等。这些古城遗址不仅具有极高的旅游价值,而且还有着十分重要的考古价值。

除了这些历史遗迹之外,还有很多民俗风情也是西北地区宝贵的文化资源,如表 2-2 所示。其中,民族服饰、饮食、音乐、舞蹈、节庆等民俗文化别具特色,带有强烈的西北民族特色。

表 2-2 西北地区国家级非物质文化遗产一览表

省域	少数民族	项目数量	项目类别
甘肃	保安族、裕固族、回族、藏族、蒙古族、哈萨克族、东乡族	19	民间文学;传统音乐;传统舞蹈;传统戏剧;曲艺;传统美术;传统技艺;传统医药;民俗;传统体育
宁夏	回族、藏族、蒙古族	8	民间文学;传统音乐;传统医药;传统技艺;传统美术;民俗;传统戏剧;曲艺;传统体育;传统舞蹈
青海	藏族、土族、蒙古族、回族、撒拉族	52	民间文学;传统音乐;传统舞蹈;传统戏剧;传统美术;传统技艺;传统医药;民俗;曲艺;传统体育
新疆	维吾尔族、哈萨克族、满族、塔吉克族、藏族、锡伯族、蒙古族、柯尔克孜族、乌孜别克族、达斡尔族、塔塔尔族	78	民间文学;传统音乐;传统舞蹈;曲艺;传统体育;游艺与杂技;传统美术;传统技艺;传统医药;民俗;传统戏剧

这些文化资源在西北地区分布广泛,而且大多保存完好,这对于发展民族特色的文化产业来说,是天然的优势,也是取之不尽、用之不竭的宝贵资源。

通过选择和创建适当的发展模式,发展起具有强大竞争力的文化产业,带动当地经济文化的发展,带领当地群众实现共同富裕。

3.包容与开放的文化性格

从中华文化的发源地沿河西走廊向西的沿线及周边辐射地区,自古就是一个多民族生活和迁徙往来之地,这一地域不是一条线,而是一个空间片带,这个片带覆盖了今天所定义的包含西北地区的甘青宁新等地区。西北民族地区地理位置特殊,丝绸之路贯彻整个西北地区,是连接东西方的纽带,是东西方文化交流、融合的桥梁。数千年来,各民族在这片土地上共同生活、取长补短,各种文化相互交流、融合、渗透,共存共荣。正是不同文化的相互包容激发了文化自觉和文化创新。包容和开发的文化性格是各民族人民在漫长历史文化的发展中形成的一种品格,让他们可以相互借鉴,互相交流。在不断融合与交流中,黄河文化、伏羲文化、丝路文化、西夏文化、敦煌文化、五凉文化等不断涌现。这些文化体现出各西北各民族包容和开放的胸怀,并将这一优良的特性渗透于人们的生活,流转于每个人的血脉之中。

时至今日,西北地区依旧是一个多民族聚居的家园,生活着50多个民族,是藏、回、蒙古、维吾尔、哈萨克等二十多个少数民族的主要聚居区。在共同生活的环境里,不同文化不断交融,和谐共生,却富有各自特色,为西北地区发展文化休闲产业提供了独特的比较优势。

一方面,相对于东部和中部地区来说,西北民族地区文化古老而神秘,传统却新奇,极具个性又展现共性。西北地区文化产业起步相对较晚,并且很多文化资源具有原生性,与耽于城市生活和现代生活的人们日常接触到的文化迥乎不同。因诧异于异文化的新鲜,从而产生猎奇和求异的心理需求,实现自由轻松、放飞自我与发现自我、认识自我相融合的目的。西北地区文化的这一特色,也使其成为发展文化产业的宝贵资源。

另一方面,西北地区处于中国同中亚及俄罗斯等地区和国家交往的关键位置,这里的文化既有中华民族优秀传统文化的特征,又有受到外国多元文化影响的痕迹。正是由于这一特殊的地理位置,古代东进西出、南下北上的一些少数民族或起步、或停歇、或迁徙、或定居,使这一地区成为中原文化和少数民族文化、中华文化与外来文化的交相融汇之地。因而,这一地区的文化并不像外来者看到的那样因循守旧、传统保守,由于长期处在自觉的开放与融合过程中,其文化特性具有天然的吸引力与包容性,对外部新鲜文化因子的承受能力反而更强,这就必然孕育出产业融合发展所需要的优良的嫁接土壤。

(三)产业发展的现实基础

西北少数民族地区主要指宁夏、青海、新疆三个民族省(区),以及甘肃省的临夏回族自治州、甘南藏族自治州、张家川回族自治县、天祝藏族自治县、肃南裕固族自治县、肃北蒙古族自治县、阿克塞哈萨克族等少数民族自治州县,总面积约为306.58万平方公里,约占全国总面积的31.8%。基本概况及主要少数民族分布如表2-3所示。

表2-3 2020年西北少数民族地区概况

地区	面积 (万平方公里)	人口 (万人)	主体少数民族	民族人口 占比(%)
宁夏	6.64	720.27	回	35.95
青海	72.23	592.40	藏、回、土、撒拉、蒙古	49.47
新疆	166.49	2585.23	维吾尔、哈萨克、回、柯尔克孜、蒙古	57.76
甘肃	42.59	2501.98	回、藏、东乡、保安、裕固、蒙古、撒拉、哈萨克	10.62
总计	287.95	6399.88	——	——

数据来源:2021年各地政府门户网站公布数据。

1.西北地区文化产业发展成果

我国文化产业发展潜力巨大。准确认识西北地区文化产业发展状况,要结合当前全国文化产业的发展状况进行横向的省域间相互比较和纵向的发展历程观察和衡量。

从全国范围来看,2017年,全国文化及相关产业增加值为34722亿元,占GDP比重已达到4.2%。随着各省文化产业利好政策的不断推进,全国文化产业大格局逐步形成。从文化产业增加值的分布来看,北京、上海、广东、江苏、浙江等东南沿海诸省、市的文化产业年增加值均在3000亿元以上,而陕西、内蒙古、甘肃、新疆、宁夏及青海各省的西部各省份文化产业增加值不足1000亿元,东、中、西部的文化产业阶梯化发展趋势更加明显。

文化产业是文化经济属性的直接表现,是所有围绕为公众提供的文化及相关产品和服务的生产活动的总称。文化产业作为现代人类社会的重要经济生产方式,其独有的生命力和创造力,正在深刻地影响和改变整个人类社会的社会生产组织形式和文化结构。

表2-4 2016年全国主要省份文化产业发展情况比较

地区	文化产业增加值（亿元）	占GDP比重	地区	文化产业增加值（亿元）	占GDP比重
北京	3570.5	14.3	陕西	802.52	4.14
广东	4256.63	5.26	内蒙古	525.5	2.82
浙江	3200	5.8	贵州	398	3.39
山东	2481	3.94	甘肃	181.17	2.8

表2-4数据显示出,从全国范围来看,以北京、广东、浙江为代表的全国文化产业第一方阵,不论从文化产业增加值还是从文化产业占GDP比重来看,都是名副其实的文化强省,未来仍然会继续通过"虹吸效应"保持文化高地优势。北京文化产业发展优势得益于"天时地利人和",既有完善的政策服务体系,又有拔尖的文化企业与文化人才,优良的产业资源、消费环境与投融资环境。广东力主推进文化创意和设计服务与相关产业融合发展,以及粤东

西北经济欠发达地区以及革命老区、少数民族地区区域均衡与协同发展，2012—2016 年文化产业增加值近 1500 亿元，实现了质的飞跃。如图 2-1 所示，浙江 2012—2016 年文化产业增加值从 1581.72 亿元增加到 3200 亿元，实现翻倍增长，目前 GDP 比重仅次于北京和上海，跻身文化强省第一方阵。其"横店影视模式""特色小镇模式"、松阳"古村落保护"等模式已臻于成熟，而其数字化发展亦初见成果。山东、湖南是区域文化大省，基础好、起点高，处于全国文化产业第二方阵。山东着力推动文化企业、文化项目和文化园区"三大载体"协同发展，通过文化领域供给侧结构性改革实现文化产业大发展。"湖南文化现象"一度是文化体制改革领域的典型，文化产业占 GDP 比重在2012 年就实现了高于 5% 的强劲发展势头。

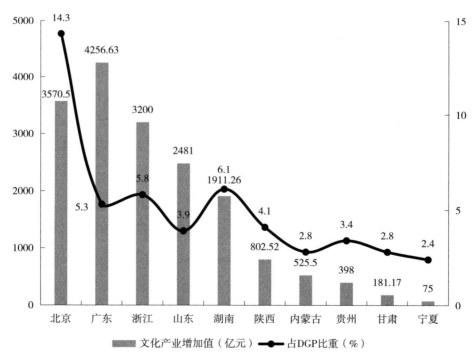

图 2-1　全国主要省份 2016 年文化产业发展情况比较

数据来源：中国经济网 2017 年 12 月 29 日。

　　内蒙古属西部民族地区,民族文化是其文化产业最大特色,文化产业增加值高于甘肃近3倍,但GDP贡献率与甘肃相当。相比而言,同为西部省份的贵州近几年发展势头迅猛,2012年,贵州文化产业增加值为152亿元,占比为2.22%;2014年文化产业增加值为296.85亿元,增速达41.55%;2016年,文化产业增加值达到398亿元,占比达到3.39%,年均增速超过20%,高于全国同期文化产业平均增长水平。

表2-5　西北地区文化产业基本情况

地区	类型	2012年	2013年	2014年	2015年	2016年
陕西	文化产业增加值(亿元)	500.7	597.2	646.11	711.93	802.52
	占GDP比重(%)	3.47	4	3.55	3.95	4.14
甘肃	文化产业增加值(亿元)	78.19	105.8	132.91	157.09	181.17
	占GDP比重(%)	1.38	1.71	1.94	2.31	2.82
新疆	文化产业增加值(亿元)	27.5	90.81	100.91	112.68	125.52
	占GDP比重(%)	0.37	1.08	1.09	1.21	1.30
宁夏	文化产业增加值(亿元)	51.7	60	67	64.94	75
	占GDP比重(%)	2.21	2.3	2.44	2.23	2.35
青海	文化产业增加值(亿元)	35.01	43.53	46.67	54.76	63.68
	占GDP比重(%)	1.86	2.07	2.03	2.27	2.48

数据来源:中国经济网,新疆部分数据来源于新疆维吾尔自治区人民政府。

　　聚焦西北五省文化产业的大致发展状况,即表2-5数据显示。总体上看,2012—2016年西北五省除了陕西外,其他四省文化产业的发展体量都很小、文化产业年均增长缓慢、对GDP贡献率弱,但西北五省又都是文化资源丰富的省域,因而虽然文化产业发展起步晚、起点低,但发展势头较好、上升空间非常大。相比而言,陕西文化产业发展最好,年增加值2012年就已经突破500亿元大关,起点高、发展质量好,对GDP贡献值为西北五省最大,2016年文化产业增加值超过800亿元,年均增速12.5%,占GDP比重超过4%,居全国第9位。其次是甘肃,2016年文化产业增加值已是2012年的2.3倍,虽取得较大成绩,但与文化大省相比还有非常大的差距。再次是新疆,由于数据不全,只能从文化产业增加值大致进行一个衡量。宁夏和青海人口少,文化产业增加值体量小,增速较慢。

西北地区的文化资源相当富集,以非物质文化资源为例,可以看到众多文化项目都已入选国家级非物质文化遗产名录,其类别基本涵盖民间文学、传统音乐、民间美术、民间舞蹈、传统医药、传统手工技艺、民俗、传统体育等全部10项非物质文化项目类别。① 西北五省区的省市级非物质文化遗产更是丰富,且大部分都具有产业化开发价值,其中富有民族地方特色的文化资源如果根据文化市场需求进行合理、合法、有序的开发利用,将会在民族非物质文化遗产生产性保护和传承的基础上,实现社会效益与经济效益双赢。在文化产业视域下,重点可开发领域有民族地区文化与生态旅游、民间工艺加工、民族歌舞剧目演艺等,如裕固族的生态旅游、回族民族生产生活用品加工销售、保安族民族风情体验与旅游、撒拉族宗教文化观赏旅游、土族的《土乡花棍》舞蹈表演,还有青海、甘肃花儿会,同仁六月会等,已经在省内或国内产生了一定的影响并占据了一定的文化旅游市场。

2. 新时代西北地区文化产业发展新要求

文化作为一个国家、一个民族的灵魂,是民族传承和发展最根本、最深沉、最持久的力量。文化建设面临前所未有的历史机遇,在中国特色社会主义事业中的重要性日益凸显。文化产业是相对于文化事业而言的概念,两者共同构成社会主义文化建设的全部内容。文化产业是指公众文化需求和社会生产力逐步提升的必然产物,是伴随着社会主义市场经济体制的逐步完善而发展起来的朝阳产业。目前,西北民族地区文化产业逐步形成了图书报刊业、文物和艺术品业、演艺娱乐业、影视音像业、文化旅游业等行业门类。

---

① 个别省份按少数民族划分的国家非物质文化遗产类别不全,若按省域划分(包括所有民族)的项目类别则10项全部涵盖。

　　繁荣中国特色社会主义文化内容,满足人民群众急需的精神文化需求,这是发展文化产业的责任与前行的重要动力。发展文化产业,对弘扬中华民族精神来说,主要聚焦于增强中华文化的内生凝聚力、创造力、竞争力。随着小康社会的全面建成和社会主义现代化强国建设的不断推进,从"需求侧"看,居民对文化的需求呈现出多样化多层次、精神层面的需求强劲性、文化消费选择更具自主性,以及对自身全面发展意识的觉醒等新特点;从"供给侧"来看,文化与市场的交叉式结合更加紧密,文创产业生产的商品和供给量将会更加依赖市场,文化产品的传播方式、消费类型会朝着更加科技化和现代化的方向转变。国际文化交流合作类型更加多样,文化领域对外开放不断扩大,我国文化产业面临着历史性的发展机遇和广阔的拓展空间。

　　当前,全球文化产业已进入快速发展轨道,文化产业已成为世界各国新的经济增长点和新动能。文创产品竞争力越强,文创企业、文创行业整体效益也就越好,文化与科技融合发展已成为国际国内经济发展趋势。同时,由科技进步而引发产生的新的文化业态逐渐出现,在拉动全球经济保持稳步发展的过程中,同样在逐步改善和优化文化自身的产业结构和发展质量。我国文化产业的蓬勃发展,是适应当前经济全球化、积极和主动参与国际竞争,从而增强我国文化软实力与综合国力的重大举措,在国家政治经济形势的发展过程中具有深远的战略意义。

　　纵观文化产业发展逻辑,国外文化产业发展是在硬实力的两次巅峰发展之后开始的,是在经济发展到达一个巅峰后,需要更强有力的发展动力去推动的背景下,自然转向了"文化+"的融合发展路径。可见,其区域文化软实力的发展都是以强大的硬实力为支撑的。中国国内文化产业发展的背景则有所不同,从文化本身来看,中国文化发展虽然拥有丰富的历史文化基础,但近代以来遭受了多次重创,对经济发展的支撑作用有限。从整个国家文化内部环境出发,国家文化软实力建设的确是依托了一定强有力的硬实力支撑,文化产业整体发展也是在经济发展需要新动能和国内新常态发展大背景下转向的,从整个国际环境来看,中国能够顺应和抢抓国际文化软实力建设的大潮,部分原因是受国际文化产业发展潮流的倒逼,特别是为了应对和抵御西方意识形态和文化入侵而作出的必要反应。

文化产业以文化为核心生产资料,以文化产品和服务为生产对象,具有高知识性、高增值性和低消耗、低污染等特征,其消费属于精神消费,在一定意义上能够实现人与自然的和谐发展,与可持续发展具有内在同一性,因而被称为"绿色经济"或"低碳经济"。发展文化产业是生态脆弱的民族地区可持续发展的必然途径,这是根据西北地区自然生态脆弱性与西北地区经济发展总体情况所作出的理性判断。发展文创产业,从根本上来说主要是凝聚深厚的知识、高精尖端技术、高智力、独家创意、合法版权、商业模式等具有排他性较强的不可再生性资源和轻资产,为了使从源头上产生的污染减少,能够减轻文创产业经济发展模式对生态环境的压力。从一定程度上看,西北民族传统的生计方式(物质生产方式)是民族地区的自然生态环境所决定的,也就是说,特殊的自然生态是决定这些地区在经济、社会和文化等各个领域发展程度与发展特色的重要基础性条件。西北民族地区,宁夏、青海、新疆,以及甘肃省的临夏回族自治州、甘南藏族自治州、张家川回族自治县、天祝藏族自治县、肃南裕固族自治县、肃北蒙古族自治县、阿克塞哈萨克族自治县等地方,几乎都属于我国生态环境形势较为严峻的地区,生活在这里的西北各民族在长期的生存斗争、生产生活过程中,对自身所处的自然生态环境逐渐积累了一些认识和经验,与自然生态环境达成某种程度的相互适应和平衡,这些客观体认和主观经验,逐渐沉淀于民族文化中,形成一些民族禁忌和传统文化习俗,例如在动植物保护、植被水源保护、资源节约等方面,体现着西北民族文化的生态伦理观。

当然,在自然因素与人为因素的双重作用下,尤其是在无差别化发展情况下,一味追求 GDP,一些竭泽而渔或者掠夺式开发的做法大行其道,从而使脆弱的生态环境难以得到有效补偿和恢复,导致近年来西北民族地区天然河湖一度大面积萎缩甚至消失,草场严重退化等形成了严重的生态危机,而生活在这里的西北各少数民族,则陷入贫困与极度贫困状态。据资料显示,全国水土流失面积的80%在西北地区,仅宁夏水土流失面积就占全自治区总面积的75%,其中,少数民族相对聚居的南部山区,年均流失土壤约1亿吨,相当于冲走深23厘米的耕地45万亩,流失有机质120万吨、全氮9万吨、全磷25万吨;青海、甘肃水土流失也相当严重。①

脆弱的生态环境已经无力承载经济社会的继续发展,破解西北民族地区发展陷入经济与生态互斥的恶性循环的有效途径,就是充分发挥西北少数民族的文化优势,顺应国际国内经济发展新趋势,以文化产业实现绿色崛起。

二、西北地区特色文化产业发展存在的问题

西北地区的文化产业自"十三五"规划以来,积极适应经济发展新常态,不断深化供给侧结构性改革,努力构建现代文化产业体系、市场体系、营销体系,全文化产业链整体呈现稳定较快发展态势。这得益于党和国家对文化产业发展的优惠政策的支持,也与西北地区得天独厚的自然景观和人文基础密不可分。同时,我们也应看到该地区文化产业面临的巨大挑战,存在着许多问题亟待解决。

(一)缺乏必要的协调运行机制

1. 对于合作共赢的发展模式认识不足

西北地区在地理、历史、人文、民风民俗等方面都是紧密相连的,要想发展有特色的文化产业,必须注重合作,以合作共赢的方式获得跨越式发展。但是

---

① 参见娄海玲:《西北民族地区环境保护的法律探析》,《青海民族研究(社会科学版)》2001年第3期。

各地区之间由于认识的不统一,出现了"上冷下热""上松下紧"的局面。① 主要有三方面的表现:一是各民族地区的政府主要注重本地区文化产业的发展,而忽视了相邻地区文化产业的协同发展,与其他地区合作交流少,导致了地区文化产业始终处于"闭门造车"的困境,缺乏合作共赢的战略思维;二是西北地区地域广大,经济发展水平不一,文化资源分布不均,使得在地区合作上出现难以协调发展的困境,对地区合作发展文化产业的前景缺乏信心;三是普通民众对于区域文化产业协同发展抱有很大的期待,这主要与民众的切身利益息息相关,既可以提高他们的收入水平,又可以方便他们在区域内的娱乐生活。但是由于利益格局问题,在区域合作方面,目前尚未取得突破性进展。

2. 缺乏搭建合作平台的专项资金

西北地区拥有丰富的文化资源,拥有着无限的发展潜力。但是有潜力的文化资源不等于文化产业的实力,这些文化资源不能直接转化为经济资源,需要一个平台来实现过渡。西北地区的文化资源如果分割开来,不仅其体量会大幅度减少,而且其竞争力也会大打折扣,只有协同发展才能实现新的突破。从文化资源的产业整合来看,无法通过对文化资源的简单开发将其直接转化为文化产品,并形成产品丛、产品链的产业规模。事实上,民族文化资源在整体上很难与文化市场、产业资本、产业技术和产业人力资源等文化产业要素进行直接匹配,如果将民族文化资源作为文化产业资源进行拼装式的简单加工开发,有可能会"血本无归",不仅达不到预期目的,而且极可能对民族文化造成价值损伤②。

而地区文化产业的协同发展也不是空中楼阁,也需要坚实的平台做支撑。

---

① 参见周泽超、周榆涵:《西部地区文化与文化产业发展研究》,宁夏人民出版社 2018 年版,第 109 页。
② 参见覃萍:《走向和谐:民族文化与西部文化产业发展的特色道路》,贵州人民出版社 2007 年版,第 55 页。

搭建一个区域文化产业合作发展的平台,需要大量的资金、人力、物力的支持,这不是某一个地区就能单独完成的事情,是需要整个西北地区共同努力的。但是目前西北地区文化产业的协同发展尚未取得一致性的意见,搭建文化产业合作平台的专项资金也无从谈起。从文化产业发展的前景来看,搭建一个协同发展、交流互鉴、合作共赢的文化产业合作平台是有百利而无一害的。早日建立西北地区文化产业合作平台的专项资金,对推动西北地区文化产业的整体发展、提高文化产品的核心竞争力有着十分重要的意义。

(二)特色文化资源开发不足

1.特色文化资源开发缺乏整体性

西北地区的文化资源是该地区所特有的,其他地区不可复制,更不可能模仿,这就为该地区文化产业的发展提供了强大的支撑,形成了有别于其他地区的特色文化资源。西北地区有着深厚历史积淀的文化资源,由于地理位置相邻且在长期的历史发展而形成了相近又有区别的文化资源,这有利于进行板块式的开发,又各自具有自身的特色。甘肃的敦煌文化、宁夏的西夏文化、新疆的和田文化、青海的卡约文化等都有别于全国其他地区的文化形态,有着"得天独厚""独一无二"的特点。但是在文化资源的开发上,由于地域的限制以及行政管辖的局限,各个地区都只注重本地文化资源的开发,大量的人力、物力、资金都投入到本地区的开发之中,而没有关注西北地区文化产业的整体布局。各地区文化资源往往是分散式的开发,而缺少聚合式的挖掘。殊不知,西北地区文化资源虽然具有各自的特色,但是整体上又具有相似性的特点。分散式的开发,不仅不利于充分挖掘西北地区特色的文化资源,而且不利于后期进行板块式的整合,容易出现盲目竞争的状况,在整体上降低该地区的文化竞争力。

2. 民族文化发展面临困境

西北地区聚居着众多的民族,在长期的历史发展过程中形成了独具特色的民族文化。但是在文化产业发展的过程中,由于缺乏科技的支撑,往往还处于粗放式的开发状态,导致了表现形式单一、缺乏文化内涵、竞争力不强等问题。在现代文化影响之下,民族地区存续本民族传统文化的能力表现出相对弱势,加之近年来民族地区的社会观念、生产与生活方式急速变迁,西北各少数民族的文化传承都面临着严峻挑战。尤其是在民族乡村,随着作为文化承载者的民族地区人口的外流,民族传统文化黯淡之势更加凸显。以保安腰刀为例,保安腰刀的传统锻造工艺不仅耗时多,而且劳动强度大,产量低,这使得保安腰刀在市场中缺乏必要的竞争力。缺乏市场竞争力的产品往往难以长久生存下去,面临的最大困境就是"后继无人",工艺也会逐渐消失在历史发展的进程中。只有将传统的工艺与现代化的生产技术结合,才能使传统文化产品能够永续发展。

如何在坚持本民族文化特色的同时,创新生产方式,提高质量与产量;如何解决传承的方式与传承人问题;如何在保持文化精髓的同时赋予文化产品鲜明的时代特色和现代气息,使其更契合当前市场需求的变化,以赢得更广阔的市场空间。这些问题是西北地区民族文化产业化必将面临的严峻挑战,也是亟待解决的关键性问题。

3. 文化产业的联动性不高

不同产业之间存在相互密切作用,进而产生相互影响的关系,这种联动能够产生彼此之间的协同效应。协同效应关系可以细化成强和弱两种测算程度,产业关联度可以真实表示出产业间的联动程度。相关统计数据显示,如美国、日本等发达国家,它们的产业关联度大约维持在50%—60%的较高水平,但是,我国文化产业与相关产业的关联度仅为20%。西北地区特色文化产业化发展过程中,这种问题的表现更为突出。民族地区文化产业跨界融合发展,究其本质就是民族地区的文化产业不断地与相关产业、行业之间,通过彼此相互渗透,进而交叉交融,呈现出多样性的互动发展模式。从现状探察视角来观测,有一些跨界融合发展的势头,如文旅融合,但更多领域的融合发展,如文化与信息业、制造业、科技业、金融业的跨界融合,难以发挥不同产业之间的关联与相互协作促进效应,也难以实现经济要素的高效率配置和使用。以"花儿"为例,目前西北地区的"花儿",2009 年就已经被列为世界非物质文化遗产。但调研发现,一年一度的"花儿会",已不如当初的盛况,浪山的游人更多地是来凑热闹、赶集市,当地政府也抱着应景完成任务的心态,"花儿"反而脱离了人群变成了摆设,不再是扎根在村民社会文化生活与情感交流中不可或缺的渠道了。当然,其中原因有很多,但是一个不容忽视的因素是,它只是被当作一种拿出来被展示的异文化符号,在新鲜感被逐渐稀释的过程中,文化没有成功地参与和契合到当地社会经济生活中,而成为与经济生活高度相关的组成部分。可见,民族特色文化如何产业化,如何与相关产业密切链接,以及如何通过产业化途径来获得自身传承与创新发展的活力还有待探索。

三、西北地区文化产业发展的评价

西北地区的文化资源十分丰富,这是有目共睹的,但是其发展情况究竟如何,需要作一定的分析。以下从五个方面对西北民族地区文化资源及文化产业的发展状况作出分析。

(一)西北地区文化产业发展的定性分析

综合前文分析发现,西北地区文化产业发展的优势与劣势相对明显,机遇与挑战并存,现将分析情况陈列如下:

1. 西北地区文化产业发展的优势分析

一是文化资源优势。综合前文可以看出,西北地区的文化资源有着类型多样、具有特色、内涵丰富、聚集性强、开发价值大等特点。正是这些丰富、独特、原汁原味的民族文化资源共同构成了民族文化产业发展的核心资源禀赋。丰富多样的地质地貌景观为旅游业的发展提供了基础,独具特色的民风民俗吸引着国际国内游客的目光,历史悠久的文化储备为文创产品的开发提供了素材……正是这些极富特色的文化资源推动了西北地区特色文化产业的发展,这是该地区不同于其他民族地区所具有的显著优势。

二是文化品牌的优势。西北地区的文化品牌具有很高的知名度和认可度,这是民族地区文化产业发展必不可少的条件之一。甘南和临夏地区不仅自然风光优美,而且具有悠久的历史文化,宗教信仰也有一定的影响力。敦煌自古以来都在中国历史上占据着重要地位,它不仅是丝绸之路的咽喉,更是中原王朝经略西域的重要基地。在"一带一路"建设的背景下,敦煌更成为中国文化的重要代表,在世界舞台上有着极其显赫的声望。"一带一路"建设的不断推进,使得古丝绸之路沿线的民族地区获得了极大的发展机遇,"丝绸之路"本身就是具有极高认知度的文化品牌。古代丝绸之路基本上贯穿了整个西北地区,青海、新疆、甘肃都是丝绸之路上的重要节点与不可分割的一部分。西北地区发展特色文化产业,必将与"丝绸之路"这一文化品牌紧密相连。

三是区位优势。西北地区位于中国西北部,在地理位置上属于亚洲大陆的中心,其文化辐射范围广。该区域土地面积广大,很多都是集中连片的民族地区。这里距离东部沿海地区较远,在文化资源上与东部地区有着互补性。这里是古丝绸之路的一部分,区位优势明显。受到党和国家政策的支持,西北地区有很多优惠政策倾斜,使得这里发展民族文化产业有着其他地区不具备的独特政策优势。该地区的民众有着强烈的文化自豪感和自信心,有着大批满怀热情的文化产业工作者,民族文化得到了很好的传承,使得文化资源保护相对完好。

四是后发优势。首先,西北地区很多都属于"老少边穷"的落后地区,这对于人民生活水平的提高是一个很大的阻碍。但是从另一个角度来看,在现在发展民族文化产业,正是偏僻落后的社会条件,才很好地保护了传统民族文化免受现代文化及外来文化的冲击,保留了其民族文化的原真性,从而形成了独具特色的文化资源优势。其次,发展文化产业有一个探索的过程,在这个过程中难免会出现失误及破坏文化资源的情况。现在发展西北民族地区文化,可以借鉴云南、四川等民族地区发展民族文化产业的先进经验,减少在发展文化产业过程中的失误及破坏资源的情况,减低成本,少走弯路、错路。最后,发展文化产业需要一定的技术条件,而开发这些技术需要大量的资金支持。现在西北地区发展文化产业,可以节约开发技术的成本,直接引用其他地区的先进技术,提高资源的配置效率。利用和借鉴其他地区先进的经验、技术,形成后发优势,是西北地区发展文化产业的又一巨大优势。

2.西北地区文化产业发展的劣势分析

西北地区的文化产业虽然在近年来也取得了一些进展,但是由于起步较晚,其发展的劣势也十分明显。

一是基础条件比较落后。基础条件既包含硬件条件,又包含软件条件。硬件条件主要是基础设施无法满足西北地区快速发展文化产业的需要。西北地区长期以来经济发展水平低下,加上较为封闭的地理环境,使该地区的基础设施建设难度大。虽然近些年来加大了对这些地区的基础设施的投资建设力度,基础设施水平得到普遍改善,但是这种改善情况与西北地区的现实需要还是存在着很大的差距。在软件条件方面主要是相关产业配套能力不足。近些年来,西北地区虽然文化旅游等行业取得了突出的成绩,但是在其他相关产业方面却表现不佳,例如文化创意、民族特色工艺加工产业等行业。文化产业配套设施、交通条件不便等这些问题仍然是困扰西北民族地区文化产业进一步发展的严峻挑战。

二是文化市场体系不完善。从整体来看,西北地区的文化市场情况有很多问题。市场治理机制不健全、文化市场有待规范、市场竞争无序化、市场配置资源的基础性作用没有充分发挥出来,这些都是文化市场体系不完善的具体性表现。西北地区的文化产业本身起步就晚,其竞争力相对于那些早开发的地区与东部地区来说是较弱的。在这样的情况下,该地区的文化产业存在"小、散、弱"的特点,这对文化产业的发展来说无疑是致命的。缺乏大型的文化企业,文化产业的经营还是依靠传统的家庭式经营模式,生产力和竞争力明显不足。西北地区经济发展水平低,本地文化消费水平不足,仅仅依靠本地文化市场是难以打开局面的,需要向外发展才能寻求到新的发展机遇。但是在电商迅猛发展的今天,西北民族地区的电商市场普及率低。这都迫切需要完善的文化市场体系来引导和规范。

三是人才队伍缺乏。文化产业不能盲目发展,需要有专家前期的调研,制定出合理科学的文化产业发展策略,这样既可以提高文化产业的集约化,又可以降低不必要的资金损耗,更重要的是可以避免在开发的过程中对文化资源造成破坏。然而,西北地区缺乏这样的专家队伍。文化产业的发展不是简单的将文化资源拿出来呈现在人们面前,很多都需要二次加工,融入现代元素,增强文化产品的创意。在产业发展的过程中,由于人才存在较大流失现象,文化产业的开发、创意点同质化倾向较为突出。对民族文化资源的后续系列开发,也无法形成品牌效应,文创产品开发、设计能力欠缺,致使文化产品本身就存在附加值低的问题。这些都是因为西北地区文化产业的发展缺乏专业的人才队伍,使得这些问题无法得到根本性的解决。

(二)西北地区文化产业发展的定量分析

1. 文化产业发展评价指标体系的构建

为了科学可靠地评价西北地区文化产业发展的情况,引用丁仕潮先生的

"文化产业高质量发展的评价体系",从"质量变革""效率变革""动力变革"
"需求引领""环境保障"五个维度来分析西北民族地区文化产业的发展。该
指标体系涵盖的范围广,内部各项指标均可数量化,可以科学有效地评测西北
地区文化产业发展的情况,如表2-6所示。

表2-6　文化产业高质量发展评价指标体系①

维度	二级指标	单位	属性
质量变革	文化产业增加值	亿元	+
	文化产业增加值占 GPD 比重	%	+
	营业利润	万元	+
	文化服务惠及人次	万人次	+
	文化服务业企业营业收入占比	%	+
	数字文化企业营业收入占比	%	+
效率变革	资本产出率	%	+
	劳动产出率	%	+
	全要素生产率	−	+
	一般公共预算文化体育与传媒支出占文化及相关产业增加值的比重	%	−
动力变革	每十万人高等教育在校大学生数	人	+
	文化市场经营机构从业人员数	人	+
	作品自愿登记数	件	+
	文化及相关产业专利授权量	项	+
	规模以上文化制造业企业 R&D 经费内部支出占其营业收入比重	%	+
	文化科技融合度	−	+
	文旅融合度	−	+
	文化金融融合度	−	+

----

　　① 参见丁仕潮、胡方晨、魏引娣:《文化产业高质量发展的评价体系构建与实证研究》,《安庆师范大学学报(社会科学版)》2020 年第 6 期。

维度	二级指标	单位	属性
需求引领	居民人均文化娱乐消费支出	元	+
	城镇居民人均文化娱乐消费支出	元	+
	农村居民人均文化娱乐消费支出	元	+
	城镇居民与农村人均文化娱乐消费支出比例	—	—
	文化产品进出口总额	亿美元	+
环境保障	人均拥有公共图书馆藏量	册	+
	有线广播电视实际用户数	万户	+
	每万人文化机构数	个/万人	+
	移动互联网用户数	万户	+
	互联网宽带接入用户数	万户	+
	知识产权保护强度	—	+

2. 文化产业高质量发展评价指标的说明

质量变革维度。这一维度主要有三方面的内涵:一是规模与速度,文化产业的发展不仅要注重规模与速度,也要注重效率;二是效益,文化产业的发展必须注重文化、社会、经济效益的统一;三是结构,文化产业作为第三产业,需要注重知识性和绿色性,保证绿色发展。

效率变革维度。效率变革维度在投入方面,就是要加大创新要素的大量注入,即人才、技术、制度等。以提升全要素生产率为目标,首先要消除文化产品内容创作效率阻力,其次要提升生产制造效率,最后要提高营销流通效率。为了不断提高文化产业的发展效率,需要发挥文化企业市场主体地位的作用。转变资本产出率和劳动产出率低的现阶段现状,必须让市场充分发挥其资源配置领域的决定性作用。通过"企业高新科技+政府制度安排"双向创新手段,同时要极力发挥中介组织的媒介作用,串联整个文化产业链,促成文化产业高质量运行。保障各类创新要素的无缝对接,进而获得效率变革的大幅度提升。

动力变革维度。文化产业高质量发展是离不开人这一核心要素的。人才早已成为变革道路上前进的重要支撑。文化产业高质量发展,会推动文化产业向价值链的高端逐步递进式螺旋上升。要想发展,就必须把人才放在首位,进而不断推动内容创造与文化科技融合。不断开发文创新系列产品,提升文创服务水平,把文化资源优势转化为产业优势。此外,文化产业的高质量发展也需要高效公共服务供给作为重要支撑。通过加快公共文化服务理念形成、构建系统化的公共文化服务体系、完善公共文化服务法律相关制度、强化知识产权保护意识等措施,把创新作为文化产业发展驱动战略的重要动力,使得创新战略串联文化产业链的每一个节点,为文化产业创新提供全新供给能力。

需求引领维度。一切产业的发展都是以消费者的需求为引领的,只有切合消费者的消费需求,才能获得更好的发展。该维度通过分析消费者在文化娱乐方面的消费支出情况,来研究文化产业发展的情况及前景。

环境保障维度。文化产业要获得发展,必须有配套的设施来保障。在文化产业发展的过程中,与其相关的产业、机构、制度等的保障情况,对于文化产业十分重要,所以从这方面来测算文化产业的发展情况,具有一定的科学性。

3. 西北地区文化产业发展评价与分析

通过丁仕潮先生的"文化产业高质量发展的评价体系",如表 2-7 所示,可以从中看出,2017 年全国各省文化产业高质量发展综合指数均值为 0.3291,甘肃、青海、宁夏、新疆的综合指数都低于全国均值,其中青海的指数为全国最低;质量变革指数的全国均值为 0.0474 在这一维度上,宁夏与全国均值接近,由此可以看出宁夏发展文化产业在规模、质量、效率、效益等方面已经接近全国平均水平,有着巨大的发展潜力;从效率变革指数来看,新疆达到了 0.0921,超过了全国的平均水平的 0.0827,表明新疆在对人才、制度、技术等创新要素方面投入较大,而且取得了效果;在其他指数方面,甘肃、青海、宁夏、新疆都与全国平均水平有一定的差距。

表 2-7　西北地区文化产业高质量发展评价结果

地区	文化产业综合发展高质量综合指数	质量变革指数	效率变革指数	动力变革指数	需求引领指数	环境保障指数
甘肃	0.1841	0.0304	0.0384	0.0459	0.0387	0.0307
青海	0.1645	0.0171	0.0626	0.0295	0.0386	0.0166
宁夏	0.2397	0.0418	0.0693	0.0536	0.0563	0.0187
新疆	0.2511	0.0343	0.0921	0.0533	0.0359	0.0356
全国均值	0.3291	0.0474	0.0827	0.0882	0.0635	0.0473

从具体的数值中可以清晰地看出西北地区文化产业发展所面临的严峻形势,西北地区文化产业高质量发展水平相对较低,地区之间差异明显,这不得不引起我们的警觉。

但是我们也可以看到东部文化产业发展好的地区所具有的优势。一是东部文化产业地区已经形成了强大的带动效应。由于东部区位条件的优势,都早已形成了带有地域特征标签的大型文化企业,完整的产业链有效地支撑东部地区文化产业的强劲发展。二是东部文化产业地区核心竞争力在于生产效率。核心竞争力有助于提高东部文化产业地区文化产品的价值,形成带有地域标志的品牌效应。三是东部文化产业地区人才福利倾斜政策多。东部文化产业地区既是留得住文化人才的集聚地,也是文化创新的高产池。四是东部文化产业地区经济相对发达。东部文化产业地区人均可支配收入水平比西北地区高很多,居民用于文化消费的可支配收入相对较多,并且已经初步形成文化消费习惯。五是东部文化产业地区创建公共文化服务体系示范区(项目)。东部文化产业地区公共文化服务体系现阶段不断优化整合,当地居民的满足感极大提升,从侧面获得了极大的社会效益反馈。这些都是西北地区发展文化产业所欠缺的,这也是西北地区应该积极学习和借鉴的。我们要将这些文化产业发达地区的资金、技术、人才、消费者等引到匝北地区中来,因此促进西北地区文化产业的发展,还有很长的路要走。

(三)西北地区特色文化产业发展的环境分析

历史积淀深厚、民族特色浓郁的西北民族文化,不仅是中华文化的重要组成部分,还是实现民族地区差异化特色化发展,以及应对自然生态环境脆弱的少数民族地区实现绿色崛起的重要资源。但是如何将传统特色文化资源转化为现代文化产业资本,以及支撑"文化+"融合发展所需要的现代产业资源,则是西北地区当前发展中必须深入研究和着力破解的难题。

1. 文化传承:文化产业化视域下的文化价值伦理悖论

(1)利益驱动与民族文化价值的背离。

文化的产业化发展,是市场经济条件下文化的自身发展要求。从文化本身来讲,从来没有一种文化是静态存在的,西北民族文化,就是在西北各少数民族生存和繁衍过程中不断积累而产生的。它是一个不断积累、不断扬弃的过程,不适应民族进程的文化因子会逐渐死亡和消失,新文化因子又被创造、接受和沉淀。文化产业作为文化自我更新过程中的一种新形式,就是在当代市场化现代化过程中应运而生的。在产业化发展视域下,文化产品应当同时具备文化艺术鉴赏性和一般商品的使用价值。文化产品的艺术性与商业性不应当是对立的存在,在文化产业化发展语境下,文化产品所具有的文化性与艺术价值是产业化的基础,文化产品的本质不一定是艺术性和文化内涵,但其用途却是从商业化角度对文化和艺术的理解。产业化无疑推动了文化与经济两个领域间的相互融合发展,一方面使文化产品和文化服务具备市场供给的可能,另一方面让商品具备了文化和艺术内涵,使其具有一般商品所不具备的文化和艺术价值,从而提升了商品的竞争力。

利益驱动与民族文化价值存在一定的背离。文化产业化发展应当在经济效益与社会效益之间取得统一和平衡。如果文化产业化发展以经济效益最大化为目标,为了提高文化产品的竞争力而盲目迎合市场,就会丧失文化产品和文化服务所具有的文化内涵,失去民族文化所蕴含的精神和品质,其结果不但无益于经济效益和产品竞争力,更会误导消费者对民族文化的认知和理解,并且伤及民族文化本身。发展文化产业要把文化纳入市场经济,但事实上,市场经济一旦渗透到文化层面,就会自然地遵从市场经济规律,很可能引导整个文化体系走向自身的对立面,从而引起利益驱动与文化价值伦理之间的冲突。首先,利益驱动与民族文化的生态伦理之间会产生悖论。西北各少数民族的生态伦理观念来自长期人与自然和谐共处的过程,然后借用神话传说、宗教信仰、习惯法及日常生产、生活习俗等形式传承和积淀下来,最终形成民族文化的价值内核。其次,产业化发展将会冲淡民族文化对本民族成员的教化功能。文化产业化发展要求将西北各民族的特色文化资源统一纳入市场经济的体系下,要将独特的民族特色文化资源转变为产业化所能够利用的经济发展资源,从而生产出能够被消费者接受的特色文化产品和服务。对西北地区而言,独特的文化资源和民族特色是产业化发展的核心竞争力,产业化的生产模式和经营方式虽然提高了文化产品和服务的生产效率,但其独特的文化内涵和韵味却被“统一”“标准”的生产线所淡化,造成了“千城一面”的现象。

(2)民族文化保护传承与产业化开发利用的两难选择。

在民族乡村,作为文化承载者的人口外流情况十分严峻,民族传统文化黯淡之势非常突出,例如传统民居建筑的减少、传统手工艺的衰落、民族语言的加速流失等。

以国家级非物质文化遗产保安腰刀为例,2006 年就被列入国家级非物质文化遗产目录的“保安腰刀锻制技艺”,20 世纪 80 年代从业人员多达 500 人,年产 30 万把以上,产值近千万,利润近 500 万元,但据 2008 年的调查发现,目前全县保安族工匠仅剩不足 100 人,产量也下降到 15 万把,利润 200 万元左右。调研发现,保安腰刀在产业化的过程中,存在以下三个困境需要解决:第一,保安腰刀的锻制技艺复杂,与机械化生产相比,纯手工生产和锻制耗时多、劳动强度大,产量低,往往难以走向市场化和规模化生产,以至于逐渐流失,出现"人亡技绝"的现象;第二,保安腰刀是保安族和包括藏族、裕固族等在内的西北少数民族,尤其是游牧民族的传统生产生活工具,以往,每个家庭或者每个人拥有一把或者多把腰刀用于放牧、进食等,是必不可少的。但是由于保安族以及其他民族的生产生活方式的逐渐变迁,尤其是从"逐水草而居"到相对定居的生活状态的转变,很多过去必不可少的生产生活工具的用途逐渐被替代,从使用价值来讲,其必要性和实用性下降,使其从生产生活必备工具的功用转为审美与收藏;第三,传统技艺后继乏人的局面难以克服,如果再不依赖手工生产而转向工业化自动化生产来解决这个问题,保安腰刀的手工锻制技艺将会趋向消亡,随之而来的是保安腰刀所承载着的民族与民族文化的历史记忆、生活体验和民族情感纽带的物质和精神文化会逐渐退出历史舞台,退出少数民族的现实生活,继而降低民族文化的吸引力和竞争力。目前,抢救保安腰刀手工制作技艺,已经成为保安族、积石山县经济社会发展的重大问题。如何抓紧落实非物质文化遗产专用标识的使用规范,取得销售流通的便利,如何在坚持沿用古老传统的保安腰刀纯手工锻制技艺技法制作的同时,创新生产方式,提高质量与产量,如何解决传承的方式与传承人问题,如何在保持文化精髓的同时赋予文化产品鲜明的时代特色和现代气息,使其更契合当前市场需求的变化,以赢得更广阔的市场空间,众多问题将是众多西北少数民族文化产业化的严峻挑战。

2. 经济发展:少数民族文化的产业化规范、标准与市场竞争力

与中东部经济较发达地区相比,西北民族地区文化产业化水平还处于非常低端的状态,西北少数民族文化资源优势与经济发展劣势之间的悖论难以破解。中国文化消费指数 2015 年度报告显示,我国文化消费综合指数较以往

呈上升趋势,西部省市文化发展潜力巨大,但各项指数排名仍较落后。

文化产业既是文化经济的直接表现,也是一个地区文化资源整合能力和提供文化服务能力的外在表现。根据计算结果,对文化发展指数影响最大的是文化产业的发展水平,其次是文化资源的丰裕程度,再次是公共文化服务。这说明,文化产业在文化发展中起引领作用,文化发展具有较强的资源依赖性,文化资源的保护与开发相对滞后,会严重影响到公共文化服务的均等化和标准化水平。然而,文化产业受文化资源丰裕度的影响程度,远远小于前者。从我国文化产业发展的实际情况来看,大量文化资源十分丰富的地区,同时也是文化产业发展相对落后的地区,一些地区文化资源排名比较靠前,但文化公共服务能力偏弱,文化产业发展相对滞后,以致文化发展指数排名相对落后。这种现象被经济学家称为"资源诅咒"现象。①

对于"资源诅咒"现象的出现,经济学家给予了多种多样的解释,"资源诅咒"之所以发生,是基于某一地区所具有的丰裕的自然资源,通过某种机制"挤出"了其他生产性的组织或经济活动。"资源诅咒"是经济学中的一个经典假说,但这一命题在我国一些地区层面同样成立。多数省份所拥有的丰裕自然资源不但没有成为促进当地经济发展的优势和条件,反而成为当地制约经济增长的羁绊。学者以山西为典型省份,揭示了在地区经济发展中,自然资源的丰裕使地区经济发展对这种资源产生依赖,然后通过资本投入和劳动投入的转移机制制约了经济增长这样一种作用机制。②

文化资源是文化产业发展的重要基础,但文化资源丰富并不能成为区域文化产业发展的决定性条件,文化资源丰裕程度与文化产业发展之间并不存在正相关关系。西北民族地区文化资源丰富,但是,就目前来看,丰富的民族

---

① "资源诅咒"这一概念最早出现于 Auty(1993)的《丰富的资源与经济增长》,其基本含义为自然资源丰裕的国家反而比自然资源相对贫乏的国家经济增长得更慢。

② 参见徐康宁、王剑:《自然资源丰裕程度与经济发展水平关系的研究》,《经济研究》2006年第1期。

文化资源尚未成为西北民族地区经济发展的有利条件,也没有成为文化产业发展或者文化经济发展的有利条件。对于未来,依托民族文化资源发展民族地区的文化产业,应当密切关注、深入研究和预先规避"资源诅咒"陷阱,让丰富的民族文化资源真正成为文化产业发展的优势和基础。

3. 社会参与:多主体参与及其民意基础的构建

由于经济发展水平的落后,我国民族文化产业的发展往往在当地旅游局和地方政府的行政规划下实施,市场化的运作和实施主体相对缺失。赫赫有名的大地湾遗址,虽然在我国史前遗址中有着非常重要的地位,但一些考古学家提出,目前存在政府层面对遗址的保护力度不够,宣传力度不够,遗址发掘研究后继乏人的问题。甘肃正在积极申报立项大地湾国家考古遗址公园,希望通过对遗址更为全面的展示,在促进文物保护的同时带动当地经济社会发展。大地湾遗址有"十最",即世界上最早的彩陶文化、世界上最早最古老的混凝土、世界上最早的农业文化、中国最早的原始文字、中国最早的房屋建筑、中国最早的雕塑、中国最早的绘画、中国最早的宫殿、中国最早的消防实例、中国最早的度量衡器。[①] 目前看,每年大地湾博物馆都能接待中外游客 10 万多人(次)左右,但如此优秀的文化资源并没有转化为良好的经济效益,也没有给周边群众带来更多的实际收益,他们对遗址的认识也还比较粗浅,更没有切实的认同感和自豪感,说明民族文化开发主体缺位。比如餐饮业,如果能适当调整当地特色种植作物,展示大地湾遗址"十最"之一、距今有 7800 多年历史的糜、谷、油菜之类,为游客提供特色小吃,让人觉得他们在享受独特美味的同时,还在领略先民文化,体验悠久历史,切身感受到大地湾先民的生活,由此吸引游客,发展经济。

---

① 参见汪国富、李志钰:《大地湾文化遗址的价值》,《发展》2012 年第 3 期。

（四）西北少数民族特色文化产业发展面临的挑战

发展文化产业主要依赖知识、技术、智力、创意、版权、商业模式等再生性资源和轻资产,产生的污染少,能够减轻经济发展对生态环境的压力。

在我国经济进入新常态的大背景下,传统产业相对饱和,新产品、新业态正大量涌现,文化产业融合发展渐成趋势。近年来,文化产业与科技、金融等领域融合发展,顺应了新常态的发展趋势。新常态对应的是一种以创新为内涵的经济形态,新常态下的产业发展更强调创新带来的内生增长活力。在产业融合发展模式中,"文化+"带来的创新和融合发展带来的拉动力将在经济增长中发挥更突出的作用。

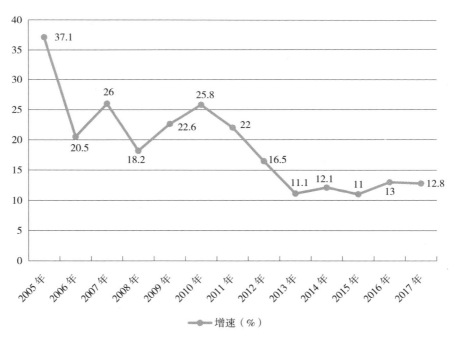

图 2-2　2005—2017 年文化产业增加值同比增速

资料来源:中国经济网文化产业频道。

从 2016 年、2017 年两年规模以上文化及相关产业企业营业额的增长情况来看,按最新行业类别为"文化制造业",生产类的行业普遍增速偏低,2016年为7.6%,受宏观经济转型发展大环境的影响,2017年很不景气。另一方面,文化产业本身也在进行着自身的结构性转型,比如生产大类的这类文化及相关产业,以及广电、新闻出版等这些行业,增速也相对较慢;而文化信息传输服务等与新技术相关的行业,其发展增速非常快,2016年、2017年这两年文化信息传输服务平均增速超过30%。此外,文化艺术服务、文化休闲娱乐服务、文化创意和设计服务都有比较高的增速,所以即便近2/3的行业增长不景气,但文化产业整体上还是保持了一个较高的增速。之所以出现这样的情况,就是因为这些和新技术、消费相关的产业发展迅猛,从而带动了行业整体相对高速的发展,但由于我们还处于结构性的调整阶段,所以整体增速不如之前。

一方面,当前随着互联网新兴技术的快速发展,以"互联网+"为依托的文化新业态、新模式不断涌现且发展迅速,日益成为文化产业新的增长点;另一方面,不可否认的是,包括报纸、杂志和图书出版、广电、部分工艺美术产业等在内的传统文化产业在不同程度和不同层面受到强烈冲击,增速下滑较多。所以综合来看,文化及相关产业的增加值、占GDP的比重等增速并不快,但这种统计结果其实反映了现在文化产业正在转型升级,所以增速放缓可能还要持续一段时间。

2017年10月,国家统计局向社会发布了2017年我国文化及相关产业权威数据。与之前几年相比,2017年我国文化及相关产业增加值的上升幅度,稳步保持在12%左右。虽然增长速度没有大幅提升,但是增加值所占GDP的比重比2016年提高了0.06%。这是文化产业发展正在气速进步的表现。根据国家统计局连续十多年发布的数据汇总得出图2-2,文化和相关产业尤其是进入"十三五"以来,整个行业业态的增速呈现出相对放缓的趋势。较为详细的数据显示,2014年增速为12.1%,2015年增速为11%,2016年增速为13%,2017年增速为12.8%。传统工业制造业在"十三五"时期这一特殊的发展背景下,面临着我国经济从高速增长阶段,转向高质量发展阶段。同样,文化产业势必也会受传统制造业减速发展的影响。图 2-3 显示,2017 年文化及相关产业的增速,以及比同期 GDP 名义增速均低于平均值。

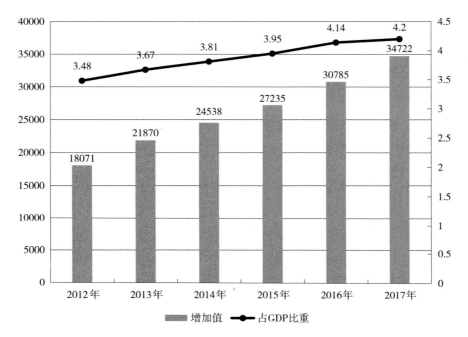

图 2-3　2012—2017 年文化及相关产业增加值/占 GDP 比重

资料来源:http://n.sinaimg.cn/translate/208/w592h416/20181012/_5Ys-hktxqai6322176.png。

西北少数民族特色文化的"文化+"融合发展,除了面临当前区域文化产业竞争力整体较弱、文化市场的总量和规模偏小、文化创意水平与文化市场推广能力较低等自身发展困境外,"文化+"融合发展的体制机制障碍和融合发展人才短板问题还将会成为未来"文化+"融合发展的瓶颈。因而,西北民族地区特色文化产业的发展要立足于西北民族特色,开发并提升其地域优势,从而提升文化产业竞争力。

1. 文化产业自身发展状况是"文化+"融合发展的瓶颈

西北地区文化产业的自身发展状况不佳,主要体现在民族文化没有形成规模产业化发展,跨省域的相关文化产业关联化程度不高,民族文化没有彰显出本土文化的主体特色,政府及本土企业对家乡民族文化投入和开发资金注入量不足。

一是对文化事业潜力开发培育不足,西北民族特色文化深厚的文化积淀尚未转化为能够给文化产业提供支撑的文化资源优势,文化创意理念向文化产业的转化不足,致使文化产业融合发展支撑不足。目前,西北少数民族的文化产业开发主要集中在民族特色相对突出的非物质文化遗产的产业化开发和较为传统的、有民族经济基础的民族文化产品方面,现代和新兴文化产业开发处于初始化阶段,产品设计、创新思维模式都没有突破传统固化的思维方式。同时,西北民族地区尽管拥有优秀的历史文化资源和丰富的民族民俗文化资源,但能够凸显民族民俗特色的文化产品和品牌非常少,文化资源优势尚未转化成促进文化产业发展的经济资源优势。

二是文化产业传统性强。西北地区目前的文化产业大多属于传统文化产业,就"文化+科技"创新融合发展而言,产业网络化、数字化发展程度较低,新兴文化产业的科技支撑体系、文化科技服务产业格局尚未形成。民族文化行业间缺乏交流和有效合作,民族文化产品的生产、销售等整合力度低,产业发展受生产设施水平低、产量小、集约化规模化水平低等因素制约而普遍缺乏市场竞争力。从行业看,目前开发的民族文化产业领域,主要集中在资源型文化产业、劳动密集型文化产业,如节庆会展、民族传统手工艺美术产品、民族节庆与民族饮食文化产品的生产销售,文化旅游、文化遗址与人文景观旅游休闲娱乐服务等开发难度较小的项目方面,复合型文化产业、外向型文化产业、高科技型文化产业类型,如文化创意、数字内容、动漫游戏和移动多媒体网络文化服务等新兴业态很少。

三是文化产业融合发展的主体力量弱。目前,西北少数民族特色文化产业化发展的从业者身份,主要是由自发经营的小户、散户等组成的非公有制文化产业,较少有加入产业化链条的民族从业者或者较有规模的公有制、非公有制文化企业。西北地区"文化+"新业态企业整体规模较小、经营分散,尤其是乡村社会的协同型传播呈碎片化状态,文化资源呈现出典型的"小而散"的发展态势,产业链在知识、信息、技术等方面的密集高端产业领域延伸有限。以非物质文化遗产的申请为例,尽管西北地区特色民族文化资源丰富,但是由于缺乏谱系研究,难以有效地将"各有特色"的文化符号和表现形式整合成为以同民族为载体或者跨地域共享的产业化所要求的规模性、系统性,更难以形成具有行业优势的产业集群和骨干、龙头企业。从产业化角度看,虽然民族性、本土性特色鲜明,但民族地区文化企业普遍现代化程度低,在生产线更新、产品和服务升级换代等方面的自我更新和发展能力有限,尤其是小微文化企业扩大再生产和技术升级动力不足,产业结构难以调整,产品与服务质量缺乏统一标准、缺少有效监管而参差不齐,直接影响到文化产业的规模化发展,使得文化产业的经济、社会效益俱佳的文化产品生产质量、数量非常有限,区域辐射带动效应较低。从内容看,由于受到民族习俗、宗教信仰等需要价值转换的特殊文化资源的限制,开发方式和文化产品往往较为单一,局限性较大,难以打造成文化精品或难以商业化品牌化。

2.融合发展的体制机制不完善

就西北地区而言,民族特色文化的产业化发展不可能完全借鉴中东部地区文化产业化的路径与模式,在市场博弈中获得应有的经济效益和社会效益,这是显而易见的。目前西北民族文化的产业化融合发展进程,还需要政府不遗余力地推动,帮助民族地区建立一种扶持性质的体制机制保障,而"文化+"融合发展所需要的体制机制保障,在西北地区还是一个空白点而非补充完善的状态。"文化+"产业融合发展的制度性保障,将是未来西北地区"文化+"融合发展面临的最大挑战。

"文化+"融合发展视域下的现代文化市场体系建设彰显了新时代背景下独有的特色亮点:一是国有经营性文化单位,根据文化产业市场发展当前阶段的需要,转变国企"国"字号头衔,改变公有制身份,并且相关政府文化主导部门鼓励文化产品市场向非公有制企业逐步开放,为文化市场注入更多新的竞争力,力争百花齐放释放文化市场的活力;二是资本要素的重要作用越来越受到重视,金融资本、社会资本和文化资源将更加紧密结合;三是政府近期宣传文化经济政策,证明政府已经将文化经济纳入制度安排框架中,经过制度设计的经济扶持手段,对文化市场建设会加大保护力度,以维持文化市场的长久有序发展,也说明政府在文化市场体系建设中,更加明确了自身的定位角色,以避免缺位现象的发生。自 2013 年开始,我国在传统文化产业方面,如出版与发行、影视、广电等行业,实现了国有文艺院团等经营性文化单位的转企改制。实现了从依靠国家注入"输血"式的依赖生存模式,转向企业自我经营,实现"造血"式生存模式。江苏凤凰出版传媒集团公司就是转企改制的典型案例。在转企改制之后,其总资产和总销售收入实现"双百亿"。在扫除了体制机制障碍后,成为大批"文化+"融合发展合格的文化市场主体之一。

　　"文化+"融合发展所需要的文化管理体制,要借力文化体制改革。激发文化活力、解放文化生产力,必须进行深度改革。处理好"魂"与"体"的关系,"一定要牢牢把握正确导向,坚持守正创新,确保文化产业持续健康发展"。[①]把坚持导向与产业发展有机地结合起来。这种结合正是我们文化生命力之所在。"文化+"融合发展视域下的综合统筹管理体制至少包括两个方面:一是从文化部门自身出发的管理体制。西北民族地区的文化体制改革尚不深入,政企不分、条块分割的文化体制弊端还一定程度上、一定范围内存在。例如,目前的西北民族地区的出版机构,基本都已经实现"整体转制"的改革方案要求。但是,西北民族地区出版社的市场主体地位,并没有实现明晰的界限划分,政府监管部门对出版社仍以"书号"的监管手段实施限制,出版社成了"企业单位事业管理"的"夹生饭"。这种计划经济体制下的遗留问题,严重影响

---

　　① 《坚守人民情怀,走好新时代的长征路——习近平在湖南考察并主持召开基层代表座谈会纪实》,《人民日报》2020 年 9 月 21 日。

了少数民族地区文化产业微观主体的活力和自我发展能力。由于不同的文化产业门类分属于不同的文化主管部门,"文化+"产业融合发展的政策制定和资金划拨等管理职能又分属不同部门和渠道,文化综合执法机构尚未形成统一开放竞争有序的文化产品市场以及生产要素市场所要求的那种责权明确、保障有力的执法体制。二是从文化和与之融合发展的相关部门出发,如科技、信息、金融等方面的管理体制。"文化+"融合发展涉及多个部门,机构分设、职能交叉。目前还存在文化与科技等行业相对分散的情况,说明文化与其他行业仍处于相互不协调和沟通不畅的状态,不同行业之间相互隔离,各自为政。解决这一问题的有效办法是进一步深化文化体制改革,逐渐理顺文化管理体制,形成不同部门不同行业之间统一而高效的"文化+"融合发展促进机制和适应新的文化产业发展的综合统筹管理体制。"文化+"融合发展所需要的文化管理体制,还要借力"放管服"改革。一是通过做"减法",简政放权,理顺关系。政府自身不会创造文化作品,但政府可以创造文化生产的优良生态环境。简政放权就是要依法减少和规范文化行政审批,推动政府部门由"办文化"向"管文化"转变,由单一行政管理向依法管理和综合管理转变,不断提高管理效能,不再"眉毛胡子一把抓"。二是政府还要通过做"加法",尤其是对新兴文化产业、文化创意产业的扶持政策要系统、精确、到位,激发民族文化从业者的活力。

西北地区目前尚不能与中东部文化产业发展模式与衡量标准相比较,但文化产业化趋势无法阻挡。随着文化体制改革的不断深入,西北地区的文化事业取得了较大发展,但公共文化服务体系建设还普遍滞后。从文化产品供给来看,文化产业社会效益优先,根据公共产品理论,政府适当保留文化产业发展专项资金并加大政府对文化产业的扶持,从而弥补公共产品的"市场缺陷"是非常有必要的;从文化产业发展的阶段性特征看,西北地区的文化产业尚属幼稚产业发展阶段,仍需有力的财政扶持,尤其是新兴文化产业的业态,更应待其脱离幼稚期和成长期并做强做大后,再将相应的财政扶持政策逐步退出。推进西北地区的国有经营性文化单位转企改制,要有理有序,逐步将经营性的文化门类或者文化组织、文化部门按照市场规律推向市场,不能"一刀切",让他们有一个在市场大潮中"练水性"的过程,逐渐提升自我发展能力。

3. 复合型人才是"文化+"融合发展的最大短板

"硬实力、软实力,归根到底要靠人才实力"[1]。习近平总书记在十八届中央政治局第九次集体学习时指出:"人才资源是第一资源,也是创新活动中最为活跃、最为积极的因素。"[2]在产业融合的大背景下,我国复合型文化产业人才是极度匮乏的,产业融合不仅要求复合型人才学术严谨、学理精专,还要求其交叉学科种类覆盖面广泛。但是,从目前的人才专业背景看,大多数文化产业从业人员专业单一,或是文化相关专业,或是经济类 缺乏跨专业知识;从学历看,从业者门槛低、文化创新的意识与能力弱,难以适应瞬息多变的市场经济背景下文化产业多样化的发展需求。复合型人才难求,已经成为制约我国文化产业特别是西北地区文化产业融合发展的一大瓶颈问题。复合型文化产业人才培养,已经上升为我国人力资源管理的重要任务。

目前来看,"文化+"产业融合视域下,西北民族地区文化产业既缺高素质专业化人才,又缺乏复合型人才,导致部分文化创新领域长期处于"真空状态",客观上制约了传统民族文化产业与科技的深度融合,也限制了当前民族地区文化产品难以融入高附加文化内涵。

从政府方面看,由于政府视野更加关注产业融合政策的落实与实践方面,忽视了对复合型文化产业人才培养进行科学指导作用,或仅是文件层面的指导,缺乏相应的推进措施,如资金、人力、财政扶持和税收优惠等。在新形势下,政府引导应做到,一是要积极转变发展思想,科学合理制定相关政策与实施细则,规范人才培养计划与标准,引导高校和企业人才培养;二是要加大政

---

① 《习近平谈治国理政》第三卷,外文出版社 2020 年版,第 352 页。
② 《习近平关于科技创新论述摘编》,中央文献出版社 2016 年版,第 110—111 页。

策和资金投入,为复合型人才培养提供重要保障,如税收优惠、设置企业专项培养资金,指导和参与高校按照市场需求制定复合型人才培养方案与目标;三是进一步鼓励高等院校、国有企业和事业单位合理优化文化创新人才配置,对体制内文化产业复合型人才给予留职停薪或兼职创业等政策扶持和保护。

从企业角度看,有些文化企业或对融合发展政策缺乏深入了解和及时关注,对复合型文化产业人才培养没有敏锐意识,或认识到了文化产业融合的重要性,但忽视了人才的关键性作用。企业对于复合型人才的需求,一是积极转变聘用人才的观念,提高文化产业从业人员的招聘标准,重视优秀人才和高端精英的入职培训,从待遇和工作环境等方面吸引人才,为企业发展的储备力量扩容;二是加强内部员工培训,通过激励和考核,有助于提高员工对产业融合的认知。

从高校方面看,高校在培养复合型文化产业融合发展人才方面,具有学科资源整合优势、课程系统培训优势和产学研协同创新优势。但由于高校传统学科设置相对固化,难以适应当前社会经济发展变化,在培养观念、培养目标、教育方法与内容,以及教材选用等方面,与市场人才需求存在着一定偏差,人才市场供需仍然存在着一定的差距。高校作为复合型文化产业融合发展人才的重要培养基地,一是高校教育应创新文化产业人才培养的模式,实现课程融合与专业融合,如设置文化旅游专业,或引导学生选修跨专业课程等,丰富学生的知识体系;二是优化人才培养环境,让学生自发培养对产业融合视域下文化产业的兴趣,积极主动地去探究该产业发展方向及在产业融合中自己可以胜任的职位。将产业融合的适应能力、文化专业能力、其他产业知识与专业技能这四项,作为课程结束后,对学生综合能力等级认定的重要依据。研究显示,南京师范大学自2004年开设文化产业管理本科专业以来,该专业已经成为高校新办专业中发展最快的专业之一,但与社会需求相比,依然存在较大的人才供给缺口。2015年江苏省文化产业增加值为3167亿元,占GDP的比重超过5%,从业人员已超过110万人,已经成为国民经济的支柱性产业。然而,在江苏的134所高校中,只有6所高等院校开设文化产业管理本科专业,每年招生不到500人,不论是从文化产业管理人才的培养数量还是质量上看,都无法与江苏文化大省或文化强省的地位相匹配,远远不能满足江苏省建设经济文化强省和快速发展文化产业的需要。[①]

"一年之计,莫如树谷;十年之计,莫如树木;终身之计,莫如树人"。我国少数民族地区大多是"老少边穷"地区,文化产业发展潜力很大,但人才匮乏导致的发展能力不足问题,加上民族文化的特殊性与民族地区自身发展的局限性,造成"文化+"融合发展严重滞后。当前西北民族地区文化产业发展中的人才问题主要有,一是优秀人才总量偏少、精英不多,创新性的领军人才缺乏,尤其是中东部城市人才的"虹吸作用",造成少数民族地区难以留得住优秀的复合型文化产业发展人才;二是在人才使用中,岗位与人才脱节现象严重,文化管理人才的文化底蕴不足、文化专业人才的市场参与度不够,既懂文化又懂市场的经营性人才急缺。加强产业融合,就要提高复合型人才的实力,优化文化产业人才队伍结构,人才问题已成为当前西北文化产业转型升级的最大短板。

(五)西北地区特色文化产业发展新趋势

"文化+"融合发展是文化主动地、自觉地向经济社会各领域逐步的渗透,"文化+"给经济发展注入文化独有的内涵、文化自有的属性、文化孕育的精神和文化释放的活力。纵观世界经济发展,文化产业越是迅猛发展的地区,"文化+"融合程度越深,融合领域越广泛,经济发展也就越强劲。"文化+"融合发展既是文化创新的源头,也是经济发展的动力。树立西北地区"文化+"的发展思维,首先要体现在经济社会发展的顶层设计中,将文化作为提振经济发展的重要动能,将文化与整个国家的发展战略的主线紧密结合,主动融入国家发

---

① 参见郭新茹、王洪涛:《创新融合视角下中国高校文化产业人才培养模式研究——以南京师范大学为例》,《传播与版权》2016年第11期。

展战略的大视野中。同时,要具有探寻跨界融合统筹发展的洞察力,"文化+"融合发展要把握西北地区经济发展的实情、走势和特点,找准"文化+"融合发展的契合点。

1. 创新驱动:把握"文化+"产业融合发展新动力

西北少数民族特色文化产业,应当主动响应国家创新驱动战略的号召,有助于紧跟经济新常态的发展趋势,探寻西北民族地区文化产业发展的主要方向。

完全市场经济条件下,市场是推动经济繁荣发展的基本动力,是市场的推动让一切创造社会财富的源泉充分涌流。一个健全的现代文化市场的基本要求是文化产品和服务的优胜劣汰,优秀产品脱颖而出从而获得最佳经济效益,当然健康发展的文化产业还会产生良好的社会效益。但是,在西北地区文化产业发展的过程中,政府政策才是推动文化产业发展以及"文化+"融合发展的强力保障,换言之,民族地区的文化产业发展是具有政府保护和扶持性而非竞争性质的市场化产业化状态,如果没有国家在资金和政策上的扶持,少数民族地区文化产业是难以发展到目前这种状态的,西北地区不是特例,这是所有民族地区文化产业发展的普遍现象。

西北地区需要政府出台有针对性的文化经济政策,从而为"文化+"融合发展营造公平健康的发展环境;需要财政资金支撑为民族地区"文化+"融合发展发挥杠杆作用,尤其是文化产业发展专项资金和项目、文化金融扶持计划等进一步优化资金投向,向西北地区倾斜,为西北地区文化产业发展在现代文化市场和文化商品大潮中保驾护航。

即便是这样,受民族地区经济发展水平较低的制约,西北地区文化产业发展和民族文化资源开发还是面临投入不足和开发不够的发展瓶颈,政府投入的双重不足是指:一是政府支持与社会参与的双重投入不足。政府支持包括政策支持、资金划拨、人才引进等方面;社会参与主要指企业、社会组织及个人投入的积极性与吸引力不足,结果是政府单方面投入。二是政府软、硬件的双重投入不足。民族文化产业自有品牌的建构与保护,品牌的设立与传媒推广没有形成集聚效应,将会制约民族文化产品和产业在西北民族地区境外的知名度、影响力,更进一步地降低民族文化产业的经济规模效应。

因而,其他国家的文化产业发展经验、中东部地区文化产业发展较好地区的发展经验是否能够照搬到西北地区,换言之,如果拿一般意义上的文化产业概念和标准,按现代化、市场化以及产业化的经济规律,去规范西北地区发展文化产业的做法能否行得通,是一个值得探讨的问题。因为在少数民族地区发展文化产业的目的,并不是也不应当是经济效益至上,这是由少数民族地区发展文化产业的特殊性所决定的。

"无论怎么改、改什么,发展先进文化的目标不能改,坚持正确导向的原则不能变,传承中华文化的历史责任不能丢"[①],这正是西北地区的文化产业未来发展必须要把握的原则性问题。当前我国文化体制改革的目的是促进中国特色社会主义文化制度更加成熟定型,为了营造有利于多出精品、多出人才的良好环境,为了满足不平衡不充分的社会主要矛盾。西北地区文化体制改革的目的则应当是积极主动融入国家经济转型的主旋律,在推进传统文化产业在做大做强的基础上,把社会效益放在首位,让民族文化发挥新时代的使命和担当,努力形成文化渗透于国民经济各行各业的融合发展的新格局,推动民族地区文化产业从价值链的低端向高端升级。

党的十九大指出,要坚持走中国特色自主创新道路、实施创新驱动发展战略。这是我们党放眼世界、立足全局、面向未来作出的重大决策。创新驱动发展战略的内涵:一是中国未来的发展之路要坚持走科技创新驱动之路,转变资源密集型和劳动力密集型发展方式;二是创新的目的是大力驱动发展。

步入中国特色社会主义新时代,社会主要矛盾发生变化,要求以供给侧结

---

① 《文化体制改革"强魂健体"》,《人民日报》2014年3月12日。

构性改革为主线,不断推动经济发展走质量变革、效率变革、动力变革的治理之路。这就要求必须深入实施创新驱动发展战略,进一步健全创新激励制度,不断提升企业创新力和产业竞争力,加快建设创新型国家。

党的十九届五中全会,把坚持创新驱动发展列为"十四五"时期的重要任务,通过强化国家战略科技力量、提升企业技术创新能力、激发人才创新活力和完善科技创新体制机制,"坚持创新在我国现代化建设全局中的核心地位,把科技自立自强作为国家发展的战略支撑,面向世界科技前沿、面向经济主战场、面向国家重大需求、面向人民生命健康,深入实施科教兴国战略、人才强国战略、创新驱动发展战略,完善国家创新体系,加快建设科技强国"。[1]

科学研究与创新驱动产生"两张皮"的根本原因,是脱离了实践,总是在认识的过程中兜圈子,没有将创新纳入"从实践到认识,从认识到实践"的"螺旋式上升"过程中,逐渐丧失了从实践中提炼问题的能力。创新发展战略的最大特点是探索性,少数民族地区的文化产业发展,应当主动融入整个国家的创新驱动战略中,去探索既能够发挥民族文化资源优势,又符合欠发达地区经济社会发展实情的"文化+"融合发展路径。目前来看,民族地区的文化产业不论是自身发展规划,还是国家创新驱动战略的政策出台和民族地区实施细则的颁布,在"文化+"融合发展与国家创新驱动战略的二者之间尚无有效的关联度,但"文化+"融合发展实质上就是在创新驱动发展的指导思想和模式选择框架下,在内容内涵与涉及领域方面,早已产生大量的、必然的联系。因而,"文化+"融合发展未来的发展方向,尤其是西北地区的"文化+"融合发展,一定要主动出击与融入国家创新驱动发展战略,探寻西北地区文化产业发展的未来方向。

---

① 《中华人民共和国国民经济和社会发展第十四个五年规划和2035年远景目标纲要》,人民出版社2021年版,第13页。

2. 文化软实力:规划"文化+"区域竞争新目标

"建设社会主义文化强国,增强国家文化软实力,必须坚持社会主义先进文化前进方向,坚持中国特色社会主义文化发展道路,坚持以人民为中心的工作导向,进一步深化文化体制改革。"①

和平与发展是当今世界的两大主题,世界各国正抓紧利用这一战略机遇期不断提升自身的综合国力。中华民族的伟大复兴要以中华文化发展繁荣为条件,我们离中华民族伟大复兴的目标越近,文化的作用、精神的力量就越加凸显。聚焦国内,当前社会主要矛盾已经转变为人民群众日益增长的对美好生活的需要和不平衡不充分的发展之间的矛盾,人民对美好生活的需要已不再是浅层次的物质需求,而是转向更高层次的精神文化的需求。就实现这一需求而言,文化领域发展不平衡不充分的矛盾,已经成为新时代社会主义文化建设的主要制约因素。

中国特色社会主义文化建设的新任务,也是我国文化软实力建设的新目标。这一最新诠释,为今后一个时期内我国文化软实力建设和西北少数民族文化传承与发展提出了更高要求。党的十九届五中全会提出"十四五"期间经济社会发展的主要目标之一,是中华文化影响力进一步提升,中华民族凝聚力进一步增强。基于此目标,要通过提高社会文明程度、提升公共文化服务水平和健全现代文化产业体系,从而繁荣发展文化事业和文化产业,提高国家文化软实力。

习近平总书记强调,"中华优秀传统文化是中华民族的突出优势,是我们最深厚的文化软实力"②。西北地区的文化自信,首先要从优秀的民族传统文化中汲取、传承和升华。西北民族的传统文化是多元文化交融的产物,古往今

---

① 《中国共产党第十八届中央委员会第三次全体会议公报》,人民出版社 2013 年版,第 13 页。

② 《习近平谈治国理政》第一卷,外文出版社 2018 年版,第 155 页。

来无数少数民族的多样化文化聚合、生长于此,东方文明向西传播、西方文明向东渗入,最终在西北地区交汇预热直至化合,这里逐渐成为中华文化重要的基因序列宝库①,是西北民族文化有别于其他地域文化的根本标志,是文化自信的本土来源,是西北各民族的性格和气魄,同时,也是西北民族地区当前经济转型升级最好的资源。

重新认识"文化+"产业融合发展视域下的社会主义文化发展规律,既要将少数民族人民群众当作文化市场的消费者,又要发现其作为重要的创造者、生产者的地位和作用。西北民族地区的民族人口集中,这在一定意义上决定了西北民族地区文化产业的生产特征,是其生产资料必然来源于这样一种多样性和民族性的文化沃土,而其消费特征必然也要满足中华民族共有精神家园和民族文化认同的文化需求特征。

自媒体时代,大众化、自主化传播成为潮流,普通网民作为媒体素材的生产者,经过网络、数字、科技强化后,通过博客、微博、微信、贴吧、论坛等网络社区与特定人群或公众相关联,从而实现提供、分享和传播自身的事实、信息和新闻。依托这些自媒体传播,西北少数民族特色文化产品的生产和消费,已经与外部世界建立广泛联系。如今日头条的"知名三农领域创作者""扶贫达人团优秀成员"等优秀的自媒体通过自身的流量效应,将大山深处的民族土特产、民族手工艺品等通过自媒体平台外销出去,成为民族地区脱贫致富的新手段。更为重要的是,自媒体创作者作为民族群体的一员,其自我表达的过程,就是民族风情、民族文化和少数民族生产生活方式的展演过程,可见,文化在与科技、互联网通过自媒体得以展示和交流的同时,还会产生"文化+"视域,这是西北民族特色文化被广泛认知的机遇。

西北地区文化产业融合发展,着眼于推进区域的集约化、效益化增长,形成跨产业辐射效应和溢出效应,这样,不仅有利于提升民族地区经济效益、促

---

① 参见雍际春:《甘肃历史文化特点及其资源优势》,《甘肃日报》2012年4月11日。

进经济较高速度发展和形成较强的区域文化产业经济硬实力,使民族文化得以发扬光大、民族文化品牌得以打造和彰显,更重要的是,"文化+"融合发展有利于产生良好的社会效益,促进民族地区科教文卫事业等公共事业的尽快实现均等化发展,优化西北地区的社会软环境,从而大大提升民族地区的文化软实力。

3. 文化产业"走出去":抢夺"文化+"融合发展新市场

改革开放初期,我国区域非均衡发展战略的重点放在东南沿海地区,西北少数民族地区大多处于国家发展战略的边缘地带。文化市场是否放开,是文化产业肇始的价值形态认识问题。在很长一段时间内,在我国政治文化一体发展模式下,文化仅仅被看作是一种意识形态,是政治斗争的工具。随着改革开放的不断深化,区域经济协调发展战略稳步推进,特别是西部大开发战略的实施,为西北少数民族地区文化产业的发展带来了机遇。文化领域思想的逐步解放,文化市场要求开放的呼声渐起。

特别是新时代"一带一路"建设的全面推进,少数民族人口相对集中的宁夏、新疆、西藏、青海等民族八省区,已经转而成为对外开放的门户和前沿,为西北民族地区实现经济社会的转型升级提供了新的历史机遇和更为广阔的发展空间。

讲好西北民族地区故事,需要深入研究三个问题,一是讲什么,二是讲给谁听,三是怎么讲。"文化+"融合发展视域下,三个问题相互关联相互制约,讲什么是前提,讲给谁听是目标,怎么讲才是关键。

文化对外贸易的兴盛是中华文化崛起和复兴的象征,更是中华文化"走出去"内涵的直接体现。就目前而言,中国核心文化产品和服务贸易逆差依然存在,文化贸易结构亟待优化,迫切需要规划建设一批以文化出口为导向、具有较强辐射力的功能载体,打造我国文化贸易的竞争新优势,因此,2018 年6 月,商务部、中宣部、文化和旅游部、国家广播电视总局联合认定全国首批 13

家文化出口基地。

表2-8　全国首批文化出口基地

序号	基地名称
1	北京天竺综合保税区
2	上海市徐汇区
3	江苏省无锡市
4	中国(浙江)影视产业国际合作区
5	安徽省合肥市蜀山区
6	山东省淄博市博山区
7	湖南省长沙市
8	广东省广州市天河区
9	四川省自贡市
10	云南省昆明市
11	西藏文化旅游创意园区
12	西安高新技术开发区
13	中国(福建)自贸试验区厦门片区

　　国家文化出口基地建设是对文化贸易发展的体制机制、发展模式和政策措施的创新探索,其宗旨是发挥这些基地的集聚、引领和辐射作用,培育文化企业使其具备国际竞争力、时刻保持居安思危的意识,建设国际文化交易平台,助力文化企业走出国门,展现中国文化产业独家魅力。本着"走出去"的初心,力争让我国文化贸易在国际舞台上发出声音,成为中华文化软实力的中流砥柱。如表2-8所示,这13家国家首批认定的文化出口基地都是当前文化贸易发展中基础扎实、成效显著的典型代表,包括上海市徐汇区、江苏省无锡市、安徽省合肥市蜀山区等8个行政区域,也包括北京天竺综合保税区等5个经济贸易或文化旅游类园区,发展的重点既包括藏族、西南少数民族等中华民族传统文化出口,也包括国内顶尖的新兴文化业态产品与服务的出口。西部省份有四川、云南、西藏和陕西4省,中部地区有山西、安徽、湖南3省,东部地

区有上海、北京、江苏、福建、山东、广东6省市。西北民族地区只有西藏入选，说明西北民族传统文化的"走出去"之路还任重道远。

西北民族特色文化具有参与"一带一路"建设的天然优势。中国华夏文明、游牧文化和外来文化等诸多不同文化之间的交流、互融与整合不是历史现象，这种文化的交流交融整合在西北地区的不同地域、不同层次上一直在持续发生，是西北民族特色文化参与"一带一路"文化交流的坚实文化基础。西北地区应当致力于开发和生产能够体现优秀民族文化特色和具有高科技含量的现代文化产品，积极培育打造外向型的本区域文化出口基地和品牌文化企业，主动参与到国际文化市场的竞争中去。

对于经济文化社会发展水平整体较为落后的西北民族地区而言，文化产业"走出去"是一个以开放促发展、扩大西北民族文化辐射力与影响力，实现经济与社会效益的共赢的良好契机，是西北民族地区融入"一带一路"建设的契合点。在西北地区生活的跨界民族有十几个，这些跨界民族具有在自然地理上的连续性、族群关系上的同源性、语言文字上相通性、文化风俗习惯上相似性等的特点，是推动"一带一路"民心相通的优势条件。

文化部提出建设"丝绸之路文化产业带"的建设目标，是为丝路沿线国家和地区文化市场提供高质量、高附加值的现代文化产品与服务。"文化+"视域下，克服西北民族特色文化诸多发展困境，通过与其他相关产业的深度融合、创新发展来提高发展质量，依托"一带一路"建设契机，扬长避短、突破发展瓶颈，才是开拓西北地区对外文化贸易、提升区域经济社会文化发展的综合实力与竞争力的关键。

西北地区文化产业"走出去"的最终目的，是要将文化产业培育成为市场经济条件下经济发展的新动能和区域经济发展支柱性产业，从而加速民族地区经济结构的转型升级。大型舞剧《大梦敦煌》过去十年间累计在世界各地举办大型商演800余场，是甘肃特色文化在市场运作模式下"走出去"的成功范例。美国虽不是一个文化资源大国，却是世界公认的文化产业大国。美国迪士尼公司制作的电影《花木兰》，以成本 7 千万美元赚得票房 3 亿美元。美国梦工场推出的《功夫熊猫》（共 4 集），以成本 1.3 亿美元收获票房 6.3 亿美元。除了影片本身制作精良，动画制作的科技含量非常高以外，还在于影片的发行与宣传、衍生产品和产业链条的拓展以及文化产业附加值的提升等诸多方面都形成了一整套相对完备的体系。如利用市场效应拍系列影片，《功夫熊猫》已经拍到第四集，其手游网游、电视剧，实体化为主题公园、图书、衍生连环漫画、3D 动画、公仔、纪念品等。文化资源是人类共享的财产，并不具有排他性。美国动画片并不妨碍其中充满了中国元素和中国传统文化价值：灯笼、窗前的辣椒、蒜和玉米成串挂起来，还有秧歌、面条、倒贴的一对福字、青花瓷的碗碟、灶火台、功夫、除夕飨宴、献祭的牺牲、中国风情的街市建筑、十二生肖、讲究礼数的场合等。观看影片之余，我们既慨叹优秀的中华传统文化所焕发出的新生命力与感召力，同时也会感伤，明明是中国的优秀传统文化资源，却为美国文化产业带来了巨额经济效益，作为拥有丰富文化资源的我们，并不拥有这些文化产品的知识产权、设计和版税等核心技术股份，反而处在利益链的最末端，这些都是值得我们深思的。

第三章　西北地区特色文化产业
发展的历程及启示

1949年以来,中国的经济建设取得了显著成绩,各产业都得到了极大的发展,从无到有,从弱到强,是中国经济走过的一条奋斗之路。特别是改革开放以来,随着党和国家将工作重心转移到经济建设上来,中国经济快速发展,逐渐成为世界第二大经济体。与其他产业相比,文化产业的发展相对滞后,但是也在不断得到发展与完善。讲好中国故事,传播中国文化,树立文化自信,已经成为当代中华儿女必须肩负起的历史使命。在实现中华民族伟大复兴中国梦的进程中,发展文化产业既是时代赋予的任务,也是时代给予的机遇。

西北民族地区文化产业的发展起步晚、受环境的制约和自身条件的束缚,使得该地区的文化产业发展在探索中前进,在曲折中发展。与中国其他地区的文化建设相比,西北民族地区的文化产业属于"后来者",如何做到后来居上,发挥后发优势取得跨越式发展,是目前文化产业发展需要思考的问题。回顾西北民族地区文化产业发展的历史进程,必将给今后文化产业的发展提供借鉴。

一、陕西文化产业发展的历程

陕西作为中华民族和华夏文化的重要发祥地,是我国文化资源最富集的省份之一,拥有以秦始皇兵马俑、汉阳陵、大雁塔、碑林等为代表的"历史文化品牌",延安革命圣地、西安事变旧址为代表的"革命文化品牌",秦腔、农民画、泥塑、皮影等为代表的"民俗文化品牌",法门寺、楼观台为代表的"宗教文化品牌",黄陵祭典为代表的"祭祀文化品牌",西部影视、陕西作家群、长安画派为代表的"现代文化品牌",以及华山、壶口瀑布等为代表的"自然风光文化品牌"。十分深厚的文化积淀,为陕西建设文化强省提供了肥沃的土壤。近年来,陕西省不断扩大文化产业投资,大力发展全域旅游,推进文化产业结构调整和布局优化,文化产业的规模显著扩大,文化金融服务体系越发完善,文化产业对全省经济增长的支撑和拉动作用明显提升。

(一)文化产业的初步探索时期(1978—2004 年)

改革开放以前,受计划经济体制影响,陕西文化领域的发展以文化事业为主,20 世纪 80 年代,以民营资本为主体的娱乐企业和广告企业开始蓬勃兴起;20 世纪 90 年代,许多文化事业单位逐步向文化企业转变,90 年代中后期才真正开始把文化作为产业来办;进入 21 世纪后,陕西文化产业逐步进入了整合期,文化体制改革有了实质性进展。自 2003 年西安市被确定为全国首批文化体制改革综合性试点地区以来,陕西省进行了许多有益的探索,陕西文化产业逐渐形成了包括文化旅游业、文化娱乐业艺术培训、网络文化业、印刷业、演艺业、民间艺术工艺等在内的文化市场体系。

在国家经济社会文化发展战略的驱动下,2000 年 12 月,陕西省召开了第一次全省文化产业工作会;2001 年,陕西省文化厅制定了陕西文化产业的"十五"规划,提出了"十五"期间陕西省发展文化产业的总体目标;2002 年,中共陕西省委、陕西省人民政府明确提出经济强省与文化强省建设互动并进的战略决策;2003 年,陕西省委十届四次全会决定把文化产业作为全省的支柱产业之一,支持其加快发展;在 2004 年 4 月举办的第八届中国东西部合作与投资贸易洽谈会和文化产业博览会上,陕西省第一次集中展示了本地区文化产业发展现状。据统计，截至 2004 年，陕西文化产业实现增加值为 65.33 亿元，占 GDP 比重为 2.06%；全省文化系统中文化产业机构 12792 个，从业人员 55822 人，年总产出 14.29 亿元，年增加值为 8.23 亿元。

陕西文化产业起步较晚，市场发育还不成熟，文化产业的发展与文化资源大省的地位还很不相称，资源优势没有很好地转化为产业优势。

（二）文化产业的快速发展时期（2005—2012 年）

党的十六大后，陕西省委、省政府高度重视文化产业的发展，相继出台《陕西省文化产业发展纲要》《陕西省人民政府贯彻国务院关于非公有资本进入文化产业若干决定的实施意见》《陕西省人民政府办公厅转发省财政厅省委宣传部关于支持文化事业发展若干经济政策意见的通知》《关于加快推进文化体制改革和文化产业发展的意见》等一系列规范性文件，大力鼓励和发展文化产业。

2005 年 6 月，中共陕西省委、陕西省人民政府制定了《陕西省文化产业发展纲要》，提出要充分发挥文化资源优势，推动文化产业的跨越式发展，努力实现建设文化强省的战略目标。根据《陕西省文化产业发展纲要》以及陕西省文化资源现状和发展潜力，陕西省以广播影视业、文化旅游业为突破口，开始重点发展文化旅游业、广播影视业、新闻出版业、文娱演出业。2006 年 10 月，陕西省出台《陕西省"十一五"文化发展专项规划》，把"加快建设西部文化强省的步伐"作为战略目标。2007 年，陕西省第十一次党代会首次提出"文化强"这一奋斗目标，确立了把陕西建设成西部强省的战略目标，将文化产业发展上升到全省的战略高位。2009 年，陕西省完成省级改革任务，省直 14 家文化单位转企改制，涉及 1.2 万人。2010 年，时任陕西省省长的袁纯清表示，全省将进一步加快经营性文化单位改制步伐，大力发展民营文化企业，充分发挥文化产业投资公司的作用，着力打造曲江文化产业示范基地、文艺路演艺一条街等重点板块，在西安建设中西部最大的影视制作中心和书画艺术交易中心，切实解决文化企业不大不强、文化产品不多不精的问题。2011年,陕西提出了文化强省"八大工程",即核心价值引领工程、宣传舆论导向工程、文化精品繁荣工程、文化遗产传承工程、公共文化服务工程、文化产业发展工程、文化改革创新工程、文化人才建设工程。

陕西采取了做大做强曲江文化产业集团和广电网络、西部电影等一批龙头企业,培育报业、演艺和出版等领域的骨干企业,鼓励和支持民营文化企业快速扩张,以及培育多元化市场主体的措施,充分发挥曲江新区、安塞县国家级文化产业示范园区和基地的作用,带动文化产业群体的发展。作为陕西省和西安市以文化产业为主体推动经济发展的一个成功典型,曲江新区自建设以来,围绕文化资源以大资本运作、大项目带动、大集团运营、大产业集聚等方式,在文化项目和文化企业领域投资105.7亿元,形成了旅游、会展、影视、演艺、出版传媒、文化商贸六大产业门类,初步形成了以六大文化企业集团为依托的跨区域文化产业集群。其中,曲江文化产业(投资)集团开发建设了大雁塔北广场、大唐芙蓉园、曲江池遗址公园、大唐不夜城、法门寺文化景区等一批重大文化产业项目,大大提升了陕西文化的影响力,大大推动了陕西文化体制机制改革,大大加快了陕西文化产业的市场化进程,被称为"曲江模式"。

陕西大力推进文化体制改革、培育文化市场主体、释放文化发展活力,文化建设取得了较快发展,基础条件不断改善,文化产业领域不断扩大、结构层次逐步提高,呈现出广阔的前景。2012年,陕西文化产业增加值首次突破500亿元,达500.7亿元,占GDP比重为3.47%。但从总体来说,陕西省的文化产业发展相对于东、中部地区起步较晚,仍处于区域朝阳产业的起步阶段,与建设西部强省的要求存在一定差距。

(三)文化产业的稳步发展时期(2013—2020年)

党的十八大以来,陕西全省上下以项目带动为抓手,以园区建设为承载,以体制改革为动力,以培育产业体系、形成产业规模、打造产业园区、整合产业资源、聚合产业资本为重点促进文化产业大发展。陕西文化产业增加值持续保持两位数增长,占全省 GDP 比重逐年提高,对全省经济增长的贡献率和拉动作用显著提升,成为陕西跻身全国中等发达省份的重要支撑力量。陕西正不断朝着支柱产业的目标稳步迈进,文化强省目标日趋显现。

陕西省先后印发《关于加快我省文化产业若干政策措施的通知》《关于进一步加快陕西文化产业发展的若干政策措施》《陕西省"十二五"文化体制改革和发展规划》《陕西省"十三五"时期文化产业发展规划》等,提出突出关中、陕北、陕南三大区域特色,建设华夏始祖文化园区等十大特色文化园区,构想"三大文化产业带""一轴两翼"等文化产业空间布局。

在曲江新区取得成功的基础上,陕西省更加注重文化与旅游的融合。西安市出台《文化与科技、旅游、金融融合发展实施方案》,陕西各市、县纷纷借鉴学习曲江新区以旅游带动文化产业发展的经验,加快文旅融合步伐,如汉中市兴汉新区,依托汉文化遗存,通过建设兴汉胜境、汉文化博览园、汉乐府、兴汉城市展览馆、蜀道乐园、汉苑等板块,从观光旅游、休闲度假逐步发展为文化娱乐、艺术工艺、文化会展等文化产业,全力打造文化旅游融合示范区。2017 年,陕西省专门出台《"十三五"文化和旅游融合发展规划》,提出以"两核十区"为主骨架的文化旅游融合发展格局,全力加速文旅融合,促进文化产业发展。

为了加快"文化强省"的步伐,推动文化产业跨越式发展,2013 年陕西省发布《关于实施项目带动战略促进文化产业发展的意见》,通过文化产业项目专项资金进行资本金注入、贷款贴息、奖励等方式,支持项目建设;通过省文化产业投资基金以股权、债权投资等方式参与重大文化项目建设,撬动更多社会资本投入文化产业;鼓励国有大中型企业为省内重大文化产业项目提供贷款担保或直接投资;对符合条件的担保机构、再担保机构为中小文化企业提供融资担保业务以省财政给予补助;文化产业重点项目用地优先纳入各级土地利用总体规划和土地利用年度计划,优先保障项目用地计划指标。同时推出 30

个重大文化产业项目:重点文化旅游项目 10 个,重点文化基地项目 10 个,重点文化设施项目 10 个。目前,这 30 个重大文化产业项目大多已成为陕西文化产业发展的骨干力量。

陕西是文化资源大省,具有丰厚的历史文化、灿烂的革命文化、特色鲜明的民俗文化和有一定实力的现代文化。陕西省充分发挥本省的资源优势,突出差异性,强化文化资源创新开发意识,加强文化资源的科学合理开发利用,把文化资源优势转化为文化产业优势,研创文化产品,增强文化服务,使优秀文化资源成为有特色、能够吸纳文化消费力和创造理想社会经济效益的文化经济提供物。文化创新既是解放和发展文化生产力的根本出路,也是建设创新型省份的重要内容。文化是最需要创新的领域,创新力是文化强省的鲜明特征,是强省建设的不竭动力。进一步创建文化强省,要注意培育一批有自主创新能力、有知识品牌、有自主知识产权的文化组织和组织集团,使骨干文化组织成为文化自主创新的主体,提高文化组织的核心竞争力。

和东、中部省份相比,西部省份拥有更为独特的人文资源和自然景观。西部省份可以充分发挥自身的资源优势,加快促进文化资源向文化资本转变,逐步把文化产业培育成新的经济增长点,是实现西部省份经济社会跨越式发展的最佳选择、增长点和重要支撑。为进一步发展文化产业,充分利用历史文化底蕴与多元化的文化形态,发挥新兴产业体系的独特优势和巨大潜能,陕西选择了以产业化理念开发文化资源,以项目化手段培育产业集群,以一体化战略延伸产业链条的方法来提升文化软实力,构筑文化产业的竞争优势。按照基础在文物、做强在文化、扩展在会展、做大在旅游的思路,全面发展文化产业。建设文化强省,要坚持以实施品牌战略来增强区域文化的影响力。依托区域特有的文化资源和自然风光优势,集中力量打造强势文化品牌,提高区域文化在国内国际的影响力,推动文化事业和文化产业做大做强。

二、甘肃文化产业的发展历程

新中国成立后到改革开放前的这一时期,甘肃的经济建设主要集中在国防军事层面,文化层面的建设尚未起步。尤其是甘南、临夏等民族地区,由于地理位置较偏僻,交通不便,各项基础设施的建设也处于一个起步阶段,经济更是以农牧为主,人们还处于追求物质上的温饱层面,对精神文化层面的需求很少。这一时期的文化还处于中国传统文化和少数民族文化交融的时期,民族文化还在不断积累之中。甘肃的文化产业发展基本上是从改革开放之后才开始探索并逐渐发展壮大的。

(一)文化产业的开创时期(1978—2006 年)

党的十一届三中全会作出了把党和国家工作中心转移到经济建设上来、实行改革开放的历史性决策。经济体制从计划经济向以计划经济为主,市场调节为辅的方向转变,使得市场活力不断迸发,经济获得了长足的发展,这为文化产业的发展积累了资金,开拓了市场,文化产业的发展具备了一定的条件。

乘着改革开放的东风,甘肃的文化活动和文化项目有所增加。在甘肃省政府和民族地区政府文化单位的推动下,文艺场所不断出现,文艺演出不断增多,在带来良好的社会效益的同时,也取得了一定的经济效益。在市场经济的刺激下,一些文化企业相继出现。虽然在这一时期,这些文化产业产生了一定的经济效益,却还不足以成为当地经济发展的重要推动力。

1992 年 6 月,中共中央和国务院发布了《关于加快发展第三产业的决定》,将"文化卫生事业"纳入促进服务业发展的重点。同年 7 月,在国务院办公厅综合司编著的《重大战略决策——加快发展第三产业》中,"文化产业"这一概念首次被使用。2000 年,在党的十五届五中全会上通过了《中共中央关于制定国民经济和社会发展第十个五年计划的建议》，"文化产业"正式出现在了中央文件中。2000 年，国家提出了西部大开发战略，推动了西北地区文化产业的发展，明确指出了文化产业对于西部地区经济文化发展的重要性，对西部地区在开发和利用文化资源的任务作出了重要指示，这一举措对于西部地区文化产业的发展起到了十分重要的推动作用。甘肃抓住西部大开发的机遇，积极地发展文化产业。2002 年，甘肃省政府经过研究制定并颁布了《甘肃省特色文化大省建设规划纲要》，将文化产业的发展作为省级发展战略提出，这给甘肃文化产业的发展打下了一剂"强心针"。在中央和甘肃省的大力支持和推动下，促进了甘肃地区文化产业的进步。新闻传媒业、音像业、文化旅游业、娱乐演艺业等都成为了发展的重点，取得了一定的成绩，文化产业体系逐渐形成。在这一时期，甘肃民族地区的经济发展依然是以第一、第二产业为主，以服务业为代表的第三产业发展缓慢。在经济发展水平的制约下，甘肃民族地区的文化产业发展仍然十分落后。这一时期，甘肃民族地区既没有发展文化产业所需的大量资金，也没有形成大型的文化企业，文化市场更是缺乏，还处于文化产业发展的萌芽创建时期，但已取得了可观成就。根据国家统计局数据显示，1978 年，甘肃仅有一家博物馆，即甘肃省博物馆；公共图书馆有 6 家；艺术表演团体机构有 82 家，没有艺术表演场馆。2002 年，博物馆增至 67 家，公共图书馆有 90 家，艺术表演场馆建有 40 家。

《读者》杂志如一颗璀璨的珍珠，在甘肃文化殿堂中熠熠生辉。《读者文摘》创刊于 1981 年 4 月，是《读者》杂志的前身，报刊邮发代号 54—17，双月刊。1981 年 5 月《读者文摘》第一期在甘肃兰州问世，创刊号印数 3 万册。这一年共出刊 5 期，截止到年底印数达 9 万册。这是一本自创刊之日起，不断书写中国期刊史的传奇的杂志。此后 3 年时间，月发行量由 50 万、100 万上升到 150 万册，年平均递增 178%，并于 1984 年跨入中国期刊排行榜前十名。1988 年，《读者》在武汉市设立了分印点，开始实行分印分发，这是基于对原有发行模式的充分认识作出的一个壮举。武汉与兰州两家邮局由此形成竞争，充分拉动了杂志发行量的上升。1990 年发行量突破 200 万册。1991 年经历了"商标风波"之后,于 1993 年 7 月应广大读者意愿,易名《读者》。在"贴近时代,贴近生活,贴近读者"的口号声中,《读者》精选与时代脉搏合拍的反映现实生活的作品,发行量再度提升。1995 年月发行量突破 400 万册,2004 年突破 800 万册,2006 年月发行量达到创纪录的 1003 万册,目前月平均发行量稳定在 800 万册左右,发行量居亚洲第一、世界第三,位列中国期刊第一品牌。① 2000 年杂志由 48 页改为 64 页,并改为半月刊,全年发行月均 505 万册。更为可喜的是,杂志从 2004 年开始扬帆起航融入海外市场,以双语杂志的形式在美国、加拿大、德国等地发行。时到今日,《读者》以多种形式在海外 60 多个国家和地区发行,在全球主流媒体市场占有一席之地。

2006 年 1 月 18 日,读者出版集团有限公司挂牌成立,以杂志为依托,借助《读者》品牌,以期刊、图书、音像、电子网络等出版物的出版、印刷、发行和相关物资经营为主要生产和经营范围,兼营广告等其他传媒以及相关产业。集团下设 3 个编辑室、12 个子公司和 4 个职能部门。其中读者文化传媒有限公司是集团的核心公司,具体负责《读者》杂志及子刊的出版经营和相关产业。读者传媒集团开始加速进军数字出版、网络传媒、动漫、文化创意等新媒体发展领域。

"《读者》的长盛不衰,一直受到媒体界关注,并称之为'《读者》现象'。"② 《读者》被誉为"中国人的心灵读本""中国期刊第一品牌""亚洲第一期刊",如今又被冠以"文化产业的 DNA"的美誉。《读者》是兰州的名片,也是甘肃省的文化代表符号。

（二）文化产业的奠基时期（2007—2010 年）

党的十六大报告指出,发展文化产业是市场经济条件下繁荣社会主义文

---

① 参见景琦:《社会环境变化对期刊经营影响及对策研究——基于〈读者〉发展的分析》,《中国出版》2021 年第 16 期。

② 胡亚权:《〈读者〉往事》,甘肃教育出版社 2011 年版,第 7 页。

化、满足人民群众精神文化需求的重要途径。在"十一五"时期,文化产业的发展已经上升到国家发展战略的层面上来,其地位和作用越来越重要。

甘肃省也充分认识到文化产业的发展对于经济、社会、文化等方面的作用,开始大力支持文化产业的发展。2006 年,出台了《甘肃省文化产业发展规划》,提出了建设特色文化大省的战略目标。在西部大开发的背景下,甘肃省的文化产业迎来了发展的春天。除此之外,经过几十年持续的事业投入,文化产业发展的基础设施明显改善;上一阶段探索文化产业发展的过程,也为文化产业新的发展积累了一定的经验和力量;随着经济水平的提高,人民群众在追求物质生活水平提高的同时,也开始追求精神文化层面的提高,为文化产业向着更好的方向发展奠定了基础,同时,也为文化产业实现市场化发展提供了理论依据;经济体制逐渐趋于完备,文化产业的发展开始注重市场的导向性原则;随着文化体制改革的不断深化,文化产业的发展获得了新的活力;随着科学技术的迅猛发展,文化产业的发展获得了强大的技术支撑。在这些有利条件的推动下,甘肃的文化产业在原有基础上获得了发展,众多文化企业也在这一时期获得了快速发展。以文化旅游、新闻传媒、娱乐演艺等为主体的文化行业逐渐兴盛。根据甘南州统计部门调查结果显示,截至 2006 年底,全州共有文化产业单位 50 个,其中,经营性文化产业单位 14 个、事业单位 36 个。从所有制类型来看,国有单位 46 个、集体单位 1 个、有限责任公司 2 个、私营企业 1 个。旅游业累计接待游客 816.93 万人次,其中入境游客 45.34 万人次,实现旅游综合收入 10.25 亿元。临夏州共有文化产业法人单位 130 户,总资产 24958 万元。其中,工业企业 40 户,占文化产业法人单位的 30.77%;批发零售企业 1 户,占 0.8%;信息传输、计算机服务和软件业 14 户,占 10.78%;公共管理和社会组织 12 户,占 9.23%。

这一时期内文化产业的发展取得了很大的进步,文化企业以民族地区的特色文化资源为依托,将这些文化资源与先进的科学技术结合起来,取得了巨大的经济效益。但是这一阶段的文化企业尚未发展壮大,具有代表性的文化企业也尚未出现。

（三）文化产业的全面提升时期（2011—2021 年）

2011 年,随着党的十七届六中全会召开,为文化产业的发展带来了新的机遇,党和国家对文化大繁荣高度重视。在此背景下,甘肃省委省政府及时出台有关文化产业发展的管理制度及管理办法,制定了《关于支持甘肃文化大繁荣的贯彻意见》,紧紧抓住这一千载难逢的发展机遇。2012 年,甘肃省召开了第十二次党代会,在会上提出了文化强省、建设文化大省的战略,明确指出要将文化产业打造成甘肃国民经济发展的支柱型产业。在党和国家的高度重视下,在各地政府的大力发展下,文化产业获得了空前的发展机遇。

这一时期,新兴文化产业有序发展。主要有两个方面的表现:一是创意设计走向大众化。以敦煌研究院为首的文化单位率先在甘肃探索多元化文化产业开发模式,通过举办多届赛事,充分展现出了甘肃省文化创意和设计服务与工业融合发展水平。二是数字化产业快速发展。敦煌研究院建立起了敦煌数字化展示中心,甘肃省博物馆开展实施"互联网+中华文明"示范项目。

传统文化产业体系发展平稳向好。一是娱乐产业升级换代。传统的娱乐项目逐步向多元化发展,娱乐场所经营项目逐渐增加,新兴娱乐项目相继落地。二是节庆会展发展迅速。初步形成了以丝绸之路(敦煌)国际博览会等国家级或国际性节庆会展为龙头,以敦煌·丝绸之路国际旅游节、平凉崆峒养生文化旅游节、陇南乞巧女儿节等区域品牌性节庆会展为主体的错位发展、特色办展的发展格局。

"文化+"融合发展实现互利共赢。一是"文化+旅游"深度融合。各地根据传统民俗、传统剧目和非遗传承项目,加快创作经典演艺项目,开发了一批精品演出项目,新型文创产品也不断涌现。二是"文化+农业"亮点频现。依托大景区建设,农村也发展起了多种形式的新型乡村文化产业模式。三是"文化+科技"初显新气象。在 3D 技术的加持下,通过对物质文化遗产、非物质文化遗产等各类文化形态进行数字化采集、整理和归纳,建立起了丝绸之路甘肃段文化资源平台,并为全省提供云服务。四是"文化+中医药养生保健"特色突出。甘肃作为全国中医药发展的重要基地,大力推动文化与中医药养生保健的深度融合,创建出中医药健康旅游示范基地。

这一阶段的文化产业发展稳中向好,不断突破,在很多领域实现了跨越式发展,这对甘肃文化产业的发展具有十分重要的意义。在今后文化产业的发展过程中,只要突破发展瓶颈,解决发展的难点,甘肃的文化产业必将取得进一步的发展,并逐渐成为国民经济的支柱产业。

三、宁夏文化产业发展的历程

宁夏是中国五大少数民族自治区之一,这里的民族文化气氛浓厚,是社会主义文化的重要组成部分,发展该地区的文化产业是提升中国软实力的重要举措。要讲好中国故事、实现中国梦,就要不断繁荣和发展宁夏地区的文化产业。改革开放以来,在全国文化体制改革的大背景下,宁夏积极进行文化体制改革的探索,稳步推进文化体制改革的重要举措,取得了很大的成绩。在新的历史条件下,宁夏遵循文化产业发展的规律,不断解放生产力,大力推进文化产业的发展,在给人民提供充足的物质保障的同时,也开始重视精神文明的建设。回顾宁夏地区文化产业发展的历程,总结发展经验教训,可以为整个西北民族地区文化产业的发展提供借鉴,减少在发展文化产业的过程中走弯路、错路,保护文化资源,降本增效,不断推进文化产业的高质量发展。

(一)文化产业的初步探索时期(1978—1992 年)

党的十一届三中全会后,在经济、政治、文化、社会事业改革有序推进的大背景下,文化体制恢复到以前的体制上,文化事业逐渐恢复了生机并呈现出了欣欣向荣的局面。

但是,伴随着文化事业的繁荣发展,原有的文化体制的弊病呈现了出来,主要有三个方面的表现:一是原有的文化体制与经济体制改革难以适应,阻碍了文化事业的发展;二是行政管理体制还不健全,重复建设文化场所等现象突出,层层设立文艺团体,造成了资源的浪费;三是在分配方式上存在不合理的现象,平均主义等问题严重影响了文艺工作者的积极性。以上这些问题都亟待解决。

1979 年 10 月 30 日,在第四次中国文学艺术工作者代表大会上,邓小平同志对我国文艺事业的发展作出了重要指示,要求在建设物质文明的同时,也要建设社会主义精神文明。邓小平同志的讲话为文化事业的发展奠定了理论基础、指明了前进方向,使得全国的文化事业迎来了发展的春天。

在邓小平同志讲话的指导下,在党和国家一系列支持文化事业发展的文件的要求下,宁夏开始了针对艺术表演团体和文化事业相关机构的改革,来推动文化事业的发展。

对艺术表演团体的改革主要从调动文艺工作者的积极性和开拓文化市场等方面着手。为了调动文艺工作者的积极性,宁夏借鉴在经济体制改革中实行的承包责任制,在宁夏回族自治区文化厅直属的 4 个演艺团体和银川市文化局直属的 3 个演艺团体中推行演出承包责任制和团长合同承包责任制,扩大他们的自主权,打破平均主义的分配方式,这种做法充分调动了他们的积极性;为了开拓文化市场,一些剧团开始将演出对象转向农民,在缺乏文化生活的农村开拓了文化市场,不但取得了经济效益,还丰富了广大农村地区的文化生活,实现了经济、文化和社会效益的统一。

在对文化事业相关机构设置的改革方面主要有三方面的重要举措:一是自治区于 1979 年 3 月正式设置了文化局,此前文化和教育的管理机构同属文教局,1983 年 3 月又将文化局改为文化厅。二是宁夏出版业 1988 年、1989 年连续两年开展了以"局社分家"为主题的工作,此时"局社分家"尚处于讨论阶段。三是 1989 年,国务院批准在文化部设置文化市场管理局,全国文化市场管理体系开始建立。①

这些改革措施在当时起到了推动文化事业发展的重要作用,虽然并没有完全解决文化产业发展所受到的束缚,但是探索出了一些比较有效的举措,这为以后文化产业的发展奠定了基础。

(二)文化产业的初步发展时期(1993—2002 年)

在我国社会主义现代化建设进入一个新阶段的大背景下,社会主义市场经济体制逐步确立,为文化产业的进一步发展灌注了新的生机,宁夏文化产业的发展在这一时期开始走上市场化的道路。

在党和国家相应政策的指导下,宁夏文化产业在进一步推进文化体制改革的基础上,开始向市场化迈进,开启了文化市场化的历史进程。

在管理体制上,为了进一步增强文化事业的活力,实行了政企分开、政事分开、管办分离,使得文化事业单位和文化企业有了更大的经营自主权。在管理体制进行改革的同时,还在运行机制方面进行了改革。很多文化事业单位进行了组建文化集团的改革方案,建立健全了激励竞争机制,不仅调动了各文化单位的积极性,也促进了文化市场的活力,文化产业的发展欣欣向荣。

在全国初步建立了包括艺术演出、电影电视、音像、文化娱乐和文化旅游等在内的文化市场体系的背景下,宁夏开始了文化市场方面的改革措施。宁夏主要健全完善了文化市场管理体系。2000 年,全区各级文化部门都设立了文化市场管理机构,同时出台了《宁夏回族自治区文化市场管理条例》以及一系列规范性文件。② 在文化市场改革方面,经过实行一系列的措施取得了显著成效。1993 年,在宁夏镇北堡成立的西部影视城,就是成功的典范。1994

---

① 参见中共宁夏回族自治区委员会党史研究室等编著:《宁夏文化改革与发展史研究》,阳光出版社 2017 年版,第 63 页。
② 参见中共宁夏回族自治区委员会党史研究室等编著:《宁夏文化改革与发展史研究》,阳光出版社 2017 年版,第 66 页。

年在这里拍摄的《大话西游》取得成功,也让人们认识了宁夏。雄浑、苍凉、悲壮的景象,成了这里独特的取景,吸引了一批又一批的游客和电影制作集团。西部影视城也成为中国三大影视城之一,这里独特的景色是其他影视城无法复制与模仿的。以西部影视城为代表的大型文化企业,推动了宁夏文化产业的发展,带动了相关产业的进一步爬升。

(三)文化产业的稳步推进时期(2003—2011 年)

在这一时期,党和国家从宏观政策层面将文化单位分为文化事业单位和文化产业单位,使得文化产业的界限更加明晰,有利于文化产业的进一步发展。

在此背景下,宁夏开始了制定一系列政策,推动文化产业的稳步推进。在2007 年,宁夏制定了《自治区文化建设“十一五”规划》,2008 年出台了《关于推动文化大发展大繁荣的意见》和《关于进一步深化文化体制改革的意见》,2009 年发布了《关于加快文化产业发展的若干政策意见》,这些文件的颁布,引领着宁夏文化产业向好发展。

在前期探索发展文化产业的基础上,宁夏总结经验,紧跟全国文化体制改革的步伐,开始对部分文化事业单位进行改制,最终使宁夏报业和广电业实现了集团化,在集团内部根据工作性质和内容实行不同的管理,一定程度上明确了文化事业和文化产业的范畴,为推动经营性文化事业单位的转企改制探索出了一些值得借鉴的经验。

经过一系列的改革与试点,宁夏文化产业的发展不断前进,并逐渐在国民经济中占据一席之地。经过不断发展,宁夏文化产业的规模不断扩大,竞争力逐步提高,在国民经济和社会发展中的地位日渐重要,日益成为推动宁夏国民经济发展的一支重要力量和新的增长点。根据统计数据显示,2010 年,全区文化产业产值的增加值为 32.2 亿元,占全区 GDP 的 1.96%,比 2009 年文化产业的增加值 28.06 亿元增长 14.8%,对经济增长的贡献率为 1.4%,拉动

GDP 增长 0.19%,"十一五"期间文化产业增加值年均增长 22%,超过同期地区生产总值增长率 2%。2007 年,银川市实现文化产业增加值 10.86 亿元,占全区文化产业增加值的 43.27%;2010 年文化产业增加值增加了 10.77 亿元,占全区文化产业增加值的 67.2%,充分显示出银川市作为首府城市和区域性中心城市在发展文化产业方面的优势。

(四)文化产业的快速发展时期(2012—2021 年)

党的十八大以来继续全面推进社会主义文化强国建设。十八届三中全会发布的《中共中央关于全面深化改革若干重大问题的决定》,对推进文化体制改革作了新的重大战略部署,建设社会主义文化强国,增强国家文化软实力,必须坚持社会主义先进文化前进方向,坚持中国特色社会主义文化发展路线,巩固马克思主义在意识形态领域的指导地位,巩固全党全国各族人民团结奋斗的共同思想基础。坚持以人民为中心的工作导向,坚持将社会效益放在首要位置,社会效益、经济效益相统一,以激发全民族文化创造活力为中心环节,进一步深化文化体制改革。党和国家对文化产业发展作出的重大战略部署,进一步引领着文化产业的发展。

党的十九大按照中国特色社会主义事业"五位一体"总体布局,对社会主义文化建设进行了全面部署。大会指出,要坚定文化自信,推动社会主义文化繁荣兴盛。要推动文化产业自信,推动社会主义文化繁荣兴盛。要推动文化产业高质量发展,健全现代文化产业体系和市场体系,推动各类文化市场主体发展壮大,培育新型文化业态和文化消费模式,以高质量文化供给增强人们的文化获得感、幸福感。要坚定不移地将文化体制改革引向深入,不断激发文化创新创造的活力。

在此背景下,宁夏相继出台了《自治区党委、人民政府关于做强做大文化旅游产业的决定》《关于进一步推进乡村学校少年宫建设的实施意见》《宁夏回族自治区深化文化体制改革实施方案》《关于做好政府向社会力量购买公共文化服务工作的实施意见》《关于加快构建现代公共文化服务体系的实施意见》《推进全区基层综合性文化服务中心建设实施方案》《自治区贯彻落实"十三五"时期贫困地区公共文化服务体系建设规划纲要实施方案》①等一系列文件,进一步促进宁夏文化产业向着高端的方向发展。

2019 年,宁夏文化产业实现营业收入 31.07 亿元,这一数据表明了宁夏文化产业发展的前景巨大。在文化制造业方面,实现营业收入 16.06 亿元;在文化批发与零售业方面,实现营业收入 3.83 亿元;在文化服务业方面,实现营业收入 11.18 亿元,都取得了前所未有的好成绩。在文化消费终端生产方面,实现营业收入 0.27 亿元;在文化装备生产方面,实现营业收入 0.10 亿元;在创意设计服务方面,实现营业收入 4.09 亿元;在文化娱乐休闲服务方面,实现营业收入 3.53 亿元,都在上一年的基础上获得了进一步的发展。②

文化产业经过几十年的发展,已经初具规模,无论是从文化产业本身的发展来看,还是从文化产业占 GDP 的比重来看,文化产业都正在逐步成为宁夏国民经济发展中的重要支撑力和新的增长点,在未来,宁夏的文化产业必将成为宁夏国民经济的支柱型产业,推动宁夏经济更快更好地发展。

2020 年,党的十九届五中全会指出,我国文化产业体系已经更加完善,社会文明程度进一步提高,"十四五"时期,要健全现代文化产业体系,提高文化产业的规划和政策的完善,文化市场体系的加强,推动了文化产业数字化,形成了新型的文化企业和文化业态。

四、新疆文化产业发展的历程

近年来,新疆文化产业发展势头良好,成绩显著。各级政府不仅出台了许

---

①　参见中共宁夏回族自治区委员会党史研究室等编著:《宁夏文化改革与发展史研究》,阳光出版社 2017 年版,第 69—70 页。

②　参见鲁忠慧:《宁夏文化产业发展报告及发展趋势》,《新西部》2020 年第 2 期。

多发展文化产业的重要文件,而且还从技术、资金等要素方面加大了投入,促进了文化产业的蓬勃发展。在几十年的发展进程中,新疆的文化产业所需的文化基础设施不断加强,文化资源开发的速度不断加快,文化体制改革不断深化,为文化产业的发展奠定了基础。

新疆的文化建设历经四十多年的时间,在建设的历程中,有很多经验与教训值得我们吸收与反思。回顾新疆文化建设的历程,具有十分重要的现实意义。

(一)文化产业的初步探索时期(1978—1999 年)

改革开放之前,新疆的文化产业发展十分缓慢,由于这里位于西北边陲,长期以来经济发展相对落后,居住分散、交通不便、基础设施落后等因素长期影响着新疆经济的发展,经济发展水平十分落后。文化主要停留在由政府供给的公共文化层面,文化产业尚未起步。

党的十一届三中全会以后,随着改革开放的不断深入,党和国家制定并实行了一系列促进开放的政策,新疆维吾尔自治区政府也不断推进改革、扩大开放。从 1979 年 3 月起,乌鲁木齐、石河子、吐鲁番等 14 个县(市)先后对外开放。1981 年,国家批准新疆全面自营进出口业务。1982 年 8 月,红其拉甫口岸正式开放,该口岸是与巴基斯坦进行贸易的唯一陆路通商口岸。1983 年,霍尔果斯、吐尔尕特口岸重新开放,两个口岸迅速成为新疆对外易货贸易的便捷通道。到 1985 年,苏联与新疆的贸易活动已十分频繁,成为新疆的第三大贸易伙伴。除此之外,新疆还积极开拓其他国家的贸易市场,与亚非拉等发展中国家建立了密切的联系,使得双方贸易活动频繁,不仅促进了双方关系,而且也促进了双方经济的发展。与其他国家建立密切的贸易关系,不仅促进了新疆外贸经济的发展,而且对促进新疆的全面对外开放有着重要意义。

从 1979 年起,新疆始终坚持"全方位开放"对外开放战略,其核心是不仅要对外开放,引进发达国家及周边国家的资金、技术,还要对内开放,加强与国内各省区的联系。在党的集中统一领导下,新疆维吾尔自治区政府逐渐将对外开放的战略定位为"全方位开放,向西倾斜,外引内联,东联西出"。在这一战略的指导下,新疆的经济快速发展,从资金、技术、市场等方面,为其文化产业的发展保驾护航。

　　新疆的文化产业中,以旅游业的发展最为迅速。在改革开放之前,新疆的旅游业是一片空白,不仅外国人对新疆不了解,就连中国人对新疆也知之甚少。1979 年 3 月,新疆成立了旅游局,开始发展旅游业。在 1978 年,新疆全年仅接待海外游客 88 人次,旅游外汇收入 4.8 万美元。到 1988 年,新疆全年接待海外游客 20.66 万人次,旅游外汇收入 8245.95 万美元。1978—1998 年,新疆累计接待海外游客 191.96 万人次,年平均增长率为 47.4%,累计创汇 5.3156 亿美元,年平均增长率 45.4%。新疆优美的自然风光、多彩的民族文化和优惠的政策等促进了旅游业的快速发展,而旅游业的快速发展,又为新疆带来了巨大的收入,同时还带来了人才、技术、物资流动。旅游业的发展,也带动了新疆经贸的快速发展,形成了巨大的联动效应。为了更合理、科学、有效地开发利用新疆的旅游资源,加快资源的经济转化,1994 年,中国科学院和新疆有关专家在充分调研与考察的基础上共同编制了《新疆旅游业发展与布局规划(1994—2010 年)》,为新疆旅游业的发展提供了科学的指导,指明了发展方向。

　　除了旅游业之外,在这一时期,新疆的新闻出版业、广播影视业、演艺业等文化产业也都获得了极大的发展,初步形成了一些具有一定规模的文化企事业单位,但是这些文化产业的竞争力以及发展潜力还没有完全激发出来,还需要进一步的发展。

(二)文化产业的快速发展时期(2000—2011 年)

　　1999 年,在国家实施西部大开发战略的背景下,新疆紧紧抓住这一机遇,通过利用各项资金和优惠政策,积极开发和利用民族传统文化,保护和发展文化产业,使得这一时期新疆的文化产业进入了一个快速发展阶段。

为了促进文化产业的快速发展,新疆积极营造宽松的发展环境,强化内在发展动力,提高自我开发能力和建立良好开发机制;大力加强基础设施建设、科技教育和人才队伍建设、市场化的制度法规建设。这些政策的实施,有利于文化产业的发展。

2006 年,在《新疆维吾尔自治区文化事业发展第十一个五年规划》中,对重点文化产业的培育与发展作了有针对性的规划。主要是从民族特色、资源优势、文化消费趋势、经济社会发展现状及新世纪发展规划五个方面入手,大力培育和发展特色文化产业,例如文化旅游业、民族演艺业、民族手工业等,构建起了以重点文化产业为主导,其他相关产业协同发展的新格局。

首先,促进文化产业联动发展。主要体现在三方面:一是大力促进文化与旅游的联动发展。新疆充分利用丰富的历史文化资源,探索"文化+旅游"的发展模式,依靠自身资源的巨大优势,不仅可以利用新疆的历史文化资源来推动旅游业的发展,而且可以通过旅游业的发展来促进文化的交流。二是发展与会展业相结合的艺术品产业。举办各类会展活动,不仅可以吸引游客,还可以开拓艺术品市场。乌鲁木齐作为新疆的首府,不仅是政治经济中心,而且是新疆的文化中心,在这里举办具有巨大吸引力的文化艺术展览,建立起文化艺术品的贸易市场,通过艺术品的创作、生产、展览来带动艺术品的交易。三是发展文艺演出业,积极开拓国内外文化市场。新疆特色的民族文化是演艺业发展的基础,各族文艺工作者积极深入生活,创作出了一批既能反映时代气息,又有浓郁民族风格的作品。

其次,大力扶持文化骨干企业,以企业带动文化产业的发展。市场经济体制的属性,决定了文化产业的发展与市场是密不可分的,转变政府职能,为文化产业的发展做好服务。在这一时期,市场的主要作用,体现在对文化资源配置的优化方面。文化产业的发展最终是要满足人民群众对文化艺术等精神层面的需要,这就要求我们必须大力发展文化产业,必须在文化产业结构上加以调整。在文化产业结构的调整上,人民群众的需求、文化企业的品牌建设、充足的资金支持等都显得十分重要,在打破各种限制的基础上,必须要对所有的资源进行整合,才能进一步增强文化产业的生产力。新疆利用自身的区位优势和资源优势,吸引国内各类文化企业来新疆投资;进一步扩大开放的力度和深度,吸引国外资金流入新疆,引进国外大型文化企业入驻。在一系列政策措施的指导下,新疆的文化产业获得了快速发展,逐渐建立起了一批具有竞争力的特色文化产业,并在此基础上形成了聚集效应,出现了文化产业聚集群和本土骨干文化企业。

再次,吸收社会资本,拓展融资渠道。文化产业发展需要的资金量庞大,仅仅依靠政府财政的支持是远远不够的,在企业进行融资的对象中,将社会资本纳入融资体系中是十分明智的。广泛吸收各方资金,鼓励社会力量兴办文化产业,形成以政府财政为主导、社会资本积极参与的多渠道、多元化的投入机制。

最后,不断完善文化产业政策支持体系。新疆维吾尔自治区政府不断创造良好宽松的经营环境,实施有利于文化产业发展的优惠政策。在"十一五"规划出台之前,新疆就根据自治区的实际情况,率先出台了一系列的优惠政策,鼓励和支持高科技产业发展。在不断实践和完善的基础上,这一系列优惠政策的适用范围逐渐覆盖到了整个文化产业,这对文化产业的发展来说无异于一剂"强效药",对于新疆文化产业的发展至关重要。同时,在具体的实施过程中,根据不同文化产业的特点,还提出了具体的实施意见。

在这一时期,新疆的文化产业获得了快速发展。其中,广播电影电视业获得快速发展,覆盖率达到了 94%以上;网络技术飞速发展,软件开发也取得了进一步发展;演艺娱乐业突飞猛进,创作出了《冰山上的来客》《木卡姆的春天》《大巴扎》《你好,阿凡提》《洒满阳光的新疆》等一批具有民族特色的优秀作品;在文化会展业方面,"乌洽会""喀交会""第四届中国新疆冰雪旅游节"等会展的圆满举办,为新疆文化产业的及相关产业的发展带来了大量的资金;

文化旅游业迈上了新台阶,形成了以"三线"旅游为骨干的精品旅游项目旅游业。文化旅游业的快速发展,也带动了相关文化产业的发展,起到了良好的带动效应。

(三)文化产业的高速发展时期(2012—2020年)

随着《新疆维吾尔自治区文化事业"十二五"发展规划》的实施,新疆的文化产业迈入了发展的快车道。该《规划》明确了新疆文化产业的发展方向,以"现代文化"为主,保障人民对基本文化的需求,因地制宜,充分利用新疆丰富的文化资源,打造具有新疆特色的文化品牌,同时,对文化市场加强监管,以此来促进文化产业发展,从而使其在改变经济发展方式、调整经济结构、创造就业机会等方面发挥重要作用。该《规划》提出了繁荣艺术创作、发展文化产业、推动文化体制改革、开展对外交流与合作等11项发展文化事业的主要任务,利用各方面的资源,构建属于人民的文化服务体系。

2013年1月13日,由自治区文化厅汇编、新疆人民出版社出版的《新疆文化产业工作手册》正式发行,这是新疆第一本关于文化产业的专业书。该书涵盖的内容广泛,不仅有政府的各项政策指导,还有各类文化产业的发展情况。[①] 该书的出版发行,解决了文化经营者对相关政策不了解的问题,为新疆文化企业的发展提供了政策和理论上的指导。

在资金方面,新疆文化产业发展有关单位积极争取中央专项资金的支持。2010—2013年的四年间,争取到中央文化产业发展的专项资金1.22亿元,大力发展文化产业。在专项资金的支持下,新疆的文化产业获得了快速发展。

随着"一带一路"建设的提出和不断推进,对位于古丝绸之路上的新疆来说又是一重大的发展机遇。2015年3月28日,国家发展改革委、外交部、商

---

① 参见张迎春:《〈新疆文化产业工作手册〉首发》,《新疆新闻出版》2013年第1期。

务部联合发布了《推动共建丝绸之路经济带和21世纪海上丝绸之路的愿景与行动》。"一带一路"建设的实施,不仅为新疆的文化产业带来了众多的资金支持,还进一步开拓了文化市场,有利于新疆文化产业的快速发展。

2016年8月30日,由自治区文化厅制定的《自治区文化产业发展专项规划(2016—2020年)》通过审议并正式出台。该《规划》从国家战略、优势产业、特色资源等层面出发,以建设丝绸之路经济带核心区为战略定位,充分利用新疆的文化资源等优势,整合全区生产要素,改变原有的只有文化资源,而无法发展的局面,实现向文化产业大区的转型。通过培育一批特点鲜明、聚集性强、带动效应明显的文化产业,逐渐形成了特色鲜明、规划合理、产业链完整、效益显著的文化产业发展格局。

2017年,《新疆维吾尔自治区文化事业"十三五"发展规划》发布。该《规划》对"十二五"期间新疆的文化事业发展情况作了回顾,明确指出了发展中存在的问题,并分析了新疆在"十三五"时期发展文化事业所面临的机遇与挑战。针对文化产业的发展,《规划》提出了8项任务:基本建成现代公共文化服务体系、繁荣发展文艺创作、提高文物保护利用和非物质文化遗产保护传承水平、提升特色文化产业竞争力、建立健全现代文化市场体系、加强对外和港澳台文化交流合作、深化文化体制机制改革、加强文化人才队伍建设。

2020年,虽然受到了疫情的影响,但是新疆的旅游业仍获得了较大的发展。上半年,新疆的旅游业遭遇了产业发展以来的最冷"寒冬",整个行业处于亏损状态。为了尽快改善这一情况,在配合国家防疫要求的前提下,新疆积极通过开展网络宣传,为复工复产后的旅游业发展打下基础,例如开展了"打卡新疆""世界之美·尽在新疆"等系列宣传活动,还利用最新的网络宣传方式,在各类直播平台推介新疆旅游;利用疫情防控时期,对硬件设施改造升级;各地州市文旅部门积极与援疆省市对接,增开旅游包机和专列,引客入疆;开展各种主题活动,为旅游业的复苏注入新动力,例如以"新疆人游新疆"为主题,举办丰富多彩的文旅活动;适时推出各类优惠活动,吸引游客前来游玩,例如景区景点门票减免、消费券优惠等。除此之外,新疆的新闻出版业、动漫业、文创产品、电影电视等都获得了高速发展。

新疆的文化产业发展始于改革开放,经过40多年的不断探索与发展,已经取得了一些成效。新疆的文化产业从无到有,从小到大,从弱到强,得到迅速发展,已成为新疆国民经济发展过程中不可或缺的一部分,成了新疆创汇收入的重要来源。文化产业的发展,改变了国内外人们对新疆的刻板印象,改善了新疆的形象。在不断加大改革开放的深度和广度的今天,文化产业已经成为新疆对外开放的重要窗口,是联系世界各国人民、使他们充分认识了解新疆的桥梁纽带。文化产业的无限潜力已经被人们所共知,只有大力发展文化产业,新疆国民经济的发展才能迈上一个新台阶。

五、青海文化产业发展的历程

青海与甘肃、新疆、西藏、四川相毗邻,是少数民族的聚居区,各民族文化交融,形成了许多独具特色的文化形式,造就了青海省精神文化多样、民族文化绚丽多彩的特征。青海背倚昆仑山,深受昆仑文化影响。青海的塔尔寺、北方四大名寺等藏传佛教古建筑,为我们呈现了庄严而又肃穆的宗教文化,影响深远。在青海我们只知道广阔的草原、丰美的草地、辽阔的水域,但是似乎忽略了农业生产,河湟地区是青海重要的农业生产区,在这里,渐渐形成了农耕文化,如求雨活动、庆祝丰收活动等,影响着一代又一代人。西北之魂的青海"花儿"、柳湾彩陶、塔尔寺"艺术三绝"等体现了青海先民在生产、生活中的创造能力,展示了他们对美好生活的向往以及期许之情。象征民间艺术杰作巅峰的"藏文化百科全书"唐卡、雕塑、器物等,彰显着青海先民的文明优越性。青海受到草原文化、藏文化、中原文化等的共同影响,具有多民族聚居的特征,决定了这一地区文化相互融合的特点。重温青海文化产业发展的过程,总结发展过程中的优势,这将是我们正确把握青海文化产业发展路线的重要财富。

（一）"十一五"时期青海省文化发展（2006—2010 年）

发展文化产业,增强其整体的影响力。这将是实现文化强国,满足人民文化需要的主要方式之一。要全面实施文化产业工程,依托当地独有的文化资源和政策优惠,催生出更多的新型文化产业主体,如文化龙头企业、文化合作社,并制定一定的规则,监管其经营行为,逐渐建立管理规范、制度完备的文化市场体系,初步形成了以国有企业为主导,引领私营企业发展的产业格局。在实际工作中,做到坚持"三个促进"。

第一,促进文化资源优化配置。建立覆盖面积广、产业结构趋于合理、拥有先进技术、有地方特色的文化产业发展体系。其一,在发展文化产业的同时,发展相关产业。以"文化+"为要点,促进多产业融合发展,促进休闲观光、会展行业的高质量发展。其二,增强文化产业的影响力,使其逐渐成为支柱产业。以基础性文化产业为抓手,向高端性文化产业进军,如新媒体、现代创意服务等,并以国内市场为重点,开辟国际市场,建立、宣专新的交易平台,提升商品流通效率,创造更高的营业额。各类文化企业单位,以调整产业发展结构为契机,实现资产的保值、增值,通过收购、入股、合并等形式,优化企业的生产要素配置,减少公共基础设施成本投入,将文化企业集中,形成产业园,并对范围内的文化企业进行技术辐射,催生出更多的文化产业主体。

第二,促进多元投入和经营。编写并出台《青海省文化产业项目投资指南》,明晰文化产业投资的范围以及投资后资金的使用规范等,有利于文化产业吸收更多的投资,促进其发展。

利用文化产业高关联度,鼓励和支持跨媒体、跨行业、跨地区、跨所有制投资和经营,大力促进社会办文化,发展各类文化企业,引导和鼓励非文化系统国有企业、私营企业以及外国资金有序注入文化产业和相关产业。鼓励和扶持文化合作经营、多种经营方式共存的经营模式,培育一批"专、精、特、新"的文化企业。在实际工作中,一是举办多种文化相关活动吸纳国内外企业进行融资,增加文化企业的资金总量;二是以文化资源为依托,广泛吸引个人投资;三是由政府引导国有企业建设文化项目,以此来吸纳文化产业资源。

第三,促进产业总量规模化。通过充分利用和合理配置文化资源,抓大放小,重组资产,促进文化产业向规模化、集约化方向发展。一是单位内部进行整合。文化企事业单位有效整合自身的各种资源。二是跨行业进行整合。实行文化与旅游的整合、文化与体育的整合、文化与重大经贸活动的整合。三是跨地区进行整合。包括本省与外地的整合、省本级与州市地的整合。

"十一五"以来,完善了公共文化服务体系。青海省各级政府依托文化惠民工程,开展乡镇文化基础设施建设,使文化产业向基层延伸、拓展,这样既满足了基层人民对文化的需求,也促进了青海文化事业的发展,使公共文化服务体系逐渐趋于完善。尤其是文化惠民工程的建设逐渐趋于完备,如文化站、农村书屋、企事业单位的职工书屋、智慧社区等;再如,革命纪念馆、科学技术展览馆、文化宫等公共空间的建成以及免费使用,这些将是实现文化包容的福音,引导基层人民参与到文化交流当中,学习文化知识,从中汲取营养,传播具有青海特色的文化,满足各族同胞对精神文化的追求。按照《青海省"十一五"舞台艺术创作规划》,创作出一系列内容丰富、情感真实、思想饱满的现代艺术作品。如《藏羚羊》《热贡神韵》《天域天堂》等一系列具有青海当地民俗风情的作品成功演出,《废墟上的花朵》《情满玉树》等体现青海玉树发生地震,全国各族同胞驰援,万众一心的作品集中上映,不断丰富了省内各族同胞的精神世界。其中,《藏羚羊》在 2008 年到 2010 年先后获得了 9 个奖项,"国家舞台艺术精品工程重点资助剧目"是青海省历史上首次获得的奖项;《热贡神韵》从创作开始就获得了很高的赞誉,多次展演,多次获奖;《天域天堂》以藏族文化为主线,融入了昆仑文化、彩陶文化等,使人们更加真切地了解了各种文化的吸收、同化、融合过程,且该剧在省内外演出多场,深受观众喜爱。对外文化交流也空前活跃。内容丰富的青海文化不仅在 2008 年走上了奥运会舞台,还在上海举办的世博会上崭露头角,获得了大家的一致赞扬。在各级政府的支持下,青海文艺创新硕果累累,不仅活跃在省内,而且还逐渐走出了中国,走向了国际,在对外交流中与十多个国家和地区建立交流关系,并借助各种活动平台举办了多项涉外活动,展现了青海的文化内涵。其中包括"大美青海"主题文化汇演活动、"欢乐春节"品牌建设活动,并在以"中非文化聚焦"为主题的文化交流项目中与贝宁等国家进行每年5次左右的交流活动,这些活动的目的都是宣传青海的民族文化,提升青海民族文化在世界上的影响力,让更多的人了解青海文化,从而促进青海文化产业的发展。

2006—2010年,青海文化产业已初具规模,节庆活动发展迅速,社会文化产业逐步向好发展。青海省通过实地调研,提出了以美术工艺制造为切入点,进而发展文化产业的工作目标。青海手工艺制品具有生产的周期短、成本较低、风险较低、收益率较高等特征;蕴含着丰富的美术元素、工艺品种类多、具有青海民族特色。五年来的发展成效显著,表明了将美术工艺制造作为切入点发展青海文化产业,不仅与青海的实际发展情况相切合,而且在发展本行业的同时,也促进了其他相关行业的兴盛,为青海文化产业的集约化、规模化发展奠定了坚实的根基,形成了有青海特色的产业发展新模式。建立健全相关的政策体系,对文化产业的发展进行指导。青海省陆续出台了《关于加快非公有制文化产业发展的意见》《关于鼓励发展民营文艺表演团体的意见》等,这些政策的颁布与实施,对于非公文化企业无疑是一种利好,将能够有效推动其良性发展。2006年,在全省范围内注册的文化产业法人企业共计2395家,省级文化类非营利社会组织60家左右,来自民间的非专业剧团超过了160家。相关政策的出台,推动了民间文化的发展。值得我们关注的是,在市场拓展、推进文化向着产业化方向发展的过程中,部分非公文化企业、艺人搭上了"早班车",如青海工艺美术厂、西宁新奇工艺装饰有限公司等。随着时间的推移,工艺美术企业迅速发展,数量达到了100家左右,仅2006年,创造产值就高达6.7亿元,工作人员数量将近3万人。培养了一批优秀的市场主体,2006年,全省范围内私营企业超过30家,私人文化中心超过280个,这些组织的出现,成了农牧区群众文化活动的典范。其中,发展较好的青海纵横文化实业公司依托市场和政府,于2004—2006年作为承办单位参与了"青海贵德黄河旅游节",邀请了众多名人参加演出。在2006年举办活动时,还邀请了新闻记者参加"大河寻踪采风"活动。2006年邀请了法国里昂交响乐团参演了青海新年音乐会,这在青海音乐史上是前所未有的。青海的农民画于1970年前后开始创作,其中最主要的是被誉为"中国现代民间绘画画乡"的湟中县农民画,它借鉴了油画、壁画,同时汲取了唐卡、皮影等的创作要素,时至今日已有50余年的历史。在这一段时间内出现了许多优秀的青年艺术家创作的反映农民现实生活的杰作,一些作品在艺术展览上获得了赞誉,被收录进了国家美术馆,且2006年该地区的农民画被列为非物质文化遗产。举办了三届江河源全国奇石展会,收获颇丰,首届展会的交易额就达到了800多万元,第二届展会交易额更是达到了首届交易额的3.75倍之多,奇石欣赏产业的发展潜力巨大,令人欣喜。民族文化特色受到各级政府的关注,促进了休闲农业的发展。土族是青海独有的少数民族,借助土族特有的文化习俗,政府帮助当地居民建设"农家乐"30余家、风情园数家、茶园80多家,吸收当地居民工作人员5000人左右,2006年,参加休闲观光活动的游客近50万人次,实现了GDP增长2800余万元。贵德县有14个少数民族,民俗文化资源丰富,且当地海拔高低不同,形成了许多特有的自然资源,凭借这些优势该地打造了许多品牌,2007年1—5月吸纳游客18万人次左右,创造旅游收入1018万元,其中仅"五一"黄金旅游假期期间,就吸纳游客超8万人次,旅游收入额高达650万元左右。黄南以"热贡文化"为依托,形成了独有的佛教、道教、儒家文化等文化集合,同时还形成了草原文化、雪域文化、农耕文化等地域文化集合,通过对其的延伸和拓展,打造了具有热贡特色的唐卡、六月会等品牌,为当地约1万人提供了就业机会,增加了收入。目前,全州文化法人企业增加到100家左右,"公司带领农户"形式的法人企业实现了从无到有,在热贡从事文化艺术表演的人数达到了2000人左右,仅2006年,就创造经济收入超过4000万元。

循化是少数民族撒拉族的聚居地,该地也是十世班禅的出生地,民族文化资源丰富,有古墓、古城、古遗址等,同时自然风光也是美不胜收,这些对于循化的发展无疑是一笔重要的财富,循化县政府看到了这些优势,打造了具有循化特色的旅游品牌,并将多种文化融入其中,形成了旅游专线。旅游资金投入占GDP的比重较大,基础设施逐渐趋于完备,全县共有星级酒店6家,占全县所有酒店的30%。在黄河边打造民族观光园10多家,撒拉族农家乐50多家。2006年吸纳游客50万人次左右,旅游收入超过了8000万元。1999—2006年的8年时间里,文化旅游业所占比例增加明显,实现倍数增加,不仅改变了原有经济结构,促进了相关产业的迅速发展,还解决了农村劳动力过剩的问题。2004年,平安县创办了属于自己的歌舞团,其演员主要来自下辖乡镇。到2006年,该歌舞团逐渐走出了青海,向着其他省会城市进军,参加演出300余场,实现收入超过100万元。

截至2007年6月,青海已举办了四届民族文化旅游节。它是青海打造的一项新品牌。第四届文化节以"和谐家园,花儿更红"为主题,重点展示非物质文化遗产,集中推出民族文化巡游、国际乡村音乐演唱会、民族歌舞天天演、工艺美术品展、第三届江河源全国奇石展、文化产业发展论坛6项活动,以加强文化交流与合作,旨在进一步把举办节庆文化与培育文化产业、与建设旅游名省结合起来,推动文化事业和文化产业协调发展。

截至2008年末,青海省共有艺术表演团体11个;文化馆43个,公共图书馆54个,博物馆17个;广播电台4座,中短波广播发射台和转播台8座,广播综合人口覆盖率达到88.5%;电视台8座,电视综合人口覆盖率达到94%。全年杂志、报纸、图书种数分别为52、27和656种,出版量分别为281万册、8879万份和987万册(张)。

(二)"十二五"时期青海省文化发展(2011—2015年)

进入"十二五",为了让青海文化产业顺应经济新常态的发展潮流,青海省政府提出打造大美青海的名片,将"文化名省"发展战略摆放在全局工作的重要位置,并为文化产业的繁荣作出了重要部署,力争促使"文化名省"取得历史性突破,促进文化风尚不断集聚兴起。

在党和国家相应政策的指导下,青海文化产业在进一步进行文化体制改革的基础上,以文创企业为试改主体,加大政策扶持倾斜力度,不断优化升级文化产业结构,加大政企对文化产业的双管自有研发投入力度,为传统文化产业注入操作性较强的高新科技元素。重点推广大美青海的知名度,展现出青海文化加码赋能、带有鲜明地域特色印记的文创产品,促进青海文创产品开始向市场化迈进,开启了青海文化产业市场化的新征程。

坚持主管主办,落实文化企业和文化产品的市场准入门槛标准化原则,维护文化市场有序发展、有据监管、有部门负责。健全青海现代文化市场体系,完善文化行业协会组织,规范文化市场中介机构,力争打造竞争有序的青海文化市场。但是,多元化的文化要素在文化产业释放活力的过程中,文化监管部门要坚持维护青海文化市场的安全,清扫"心灵垃圾",为营造青海文化安全市场环境护航。

搭建文化传播桥梁,推广大美青海"文化名省"影响力,打通"线上+线下"现代文化双向传播途径。利用网络引导高热点的社会舆论,唱响民俗特色浓郁的网络营销主旋律。利用艺术演出巡回活动、博物馆文创产品、民间手工艺品,实现文创产品市场盈利的出口战略,支持影视拍摄基地建设、扩大宝石研发基地建设、增加娱乐休闲体检基地建设。推动青海文化走出去,树立青海"文化名省"口碑,吸引展博会、洽谈会来青海举办,驱动青海经济跨越式发展。

精心打造"非遗活化"文化品牌。依托丝绸之路遗存的人文景观、唐蕃古道建造的名镇名村、茶马古道遗留的驿站营地,为非遗文化品牌注入灵魂,重点突出文化系列品牌、区域性文化品牌、历史文化品牌、人物品牌、民族文化品牌、民俗工艺品品牌、文化旅游品牌、宗教文化品牌、会展节庆文化品牌,打造品牌最强供给,彰显青海"文化名省"优势,吸引境内外游客驻足消费。

开发本土人力资源,为扩充智库奠定基础。加大乡土文化政策倾斜力度,鼓励优秀青年传承原生性乡土文化,壮大基层原生性乡土文化建设群众队伍,成为青海全域民俗智库的有力支撑。欢迎文化学界专家学者广泛参与原生性乡土文化建设,提供严谨的学理见解和最新的科技手段,为原生性乡土文化建设的人才队伍提供权威性咨询和技术性支持。

2011—2015年,经过5年的发展,青海的文化产业发展取得了一定的成就,文化基础设施逐渐趋于完备,文化服务体系基本健全,各民族同胞的精神文化需求得到了满足,为青海省高质量发展奠定了基础。

2011年,青海省以打造文化名省为工作路线,创建国家级文化产业示范基地8家,规模以上工艺美术企业超120家,文创产品销售店铺、个体手工艺工坊近2400家,营业额超18亿元,带动就业近6.1万人。2012年青海省依托工艺美术的发展,使其他相关产业也得到了发展。工艺美术产业的营业额增长到了14亿元左右,带动就业4万余人。同年,国家级文化产业示范基地增加到14个。青海省发布了《关于支持文化产业市场主体发展的意见》,该文件指出要培育更多的文化产业主体,推进文化名省建设,还指出要适度放宽文化企业营业执照的审核条件;对小微企业进行减税,以缓解该类企业的资金压力;强化知识产权管理,鼓励文化企业注册属于自己的商标。2013年,河湟地区的八瓣莲花文化公司注册了属于自己的商标,这是青海省文化产业发展史上注册的第一个文化类商标。商标注册成功后,该公司发展迅速,拥有近10家分公司,30多个生产基地,省市级占比26.67%,300多个加工作坊,500多个销售商铺,带动就业2万人左右,成了河湟地区的特色品牌。2014年,青海省全省被纳入藏羌彝文化产业走廊项目,经过实地考察,形成了"一核五区"的发展格局。

（三）"十三五"时期青海省文化发展（2016—2020 年）

为了实现青海省文化产业化发展,青海省发布了《关于加快文化改革发展建设文化名省的意见》,建设"文化名省"的任务以文件形式正式确立,并在全省范围内开始施行,其主要内涵是:以文化资源为依托,致力于将青海省变为文化事业机制健全、文化产业链完备、具有青海民族特色、发展后劲充足的省份。"十二五""十三五"文化规划是根据青海省文化产业发展的实际情况所作的顶层设计,在此基础上相继出台了《加快发展文化产业意见》《促进青海省文化改革发展政策措施意见》等相关政策,为青海文化产业的发展提供了良好的政策环境,并采取了以下三项具体措施。

第一,促进文化产业发展资金来源多样化。从 2015 年开始,省政府会同财政部门每年向青海省文化产业发展基金投入 1 亿元左右,以此来促进文化产业繁荣发展。2016 年省级政府及相关部门同 8 家商业银行签订了战略发展协议,通过银行发放贴息贷款,帮助发展滞后企业解决资金链供给不足问题,增强其发展、创造能力。2017 年,省政府通过"洽谈会"进行了招商引资,吸引优秀的企业以技术、资金、人才等方式参与到青海文化产业发展中,促进原有文化产业的升级转型。借助"一带一路"建设的"东风",青海举办"青洽会""青海日"等活动,参加了世界园艺博览会、藏毯展览会以及在深圳、北京举办的文博会等活动,并在这些活动中打响了文创产品的名号,使唐卡、盐雕等具有青海特色的文创产品畅销,推动文化向着产业化方向进军。在深圳举办的文博会,对于青海文化产业的发展意义重大,自其举办以来,青海已经参加了 13 届,带领超 400 家文化企业进入展会,推介青海的各类产品,使其订单数量明显增加,推动了文化产业收入逐年增加,促进了产业结构的转型。

第二,公共文化基础设施逐渐完备。剧院、科技馆等反映当地民俗和科学技术发展水平的文化基础设施建成并投入使用,吸引了一大批省内外游客前来观览。2016 年,黄南州成为青海省第一个国家级"文化消费试点城市",州政府发布了《黄南州引导城乡居民扩大文化消费试点工作实施意见》,使得试点工作顺利进行,与省财政相关部门协商,每年给予黄南州500万元的经费,用于消费试点城市建设,黄南州还在全国文化试点消费城市交流会上,进行了总结发言,得到了文化部的认可,给予25万元的经费支持其文化产业的发展,并要求黄南州通过试点工作成果完成消费结构优化,发挥"领头羊"作用,在全省范围内推广黄南文化消费带动文化产业发展模式,以此来提高青海省整体的文化产业发展水平。同期,热贡为了所卖出的产品能够溯源,建立了二维码、条形码标识,维护了消费者的利益,并抢先开展艺术品质量鉴定、评级活动。到2019年底,青海省全省范围内建成并使用的文化馆46个、公共图书馆51个、博物馆38个、档案馆55个,基本实现了每个县都有文化馆、公共图书馆、博物馆和档案馆,县均广播电视台1.05个,县均广播发射台0.57个,县均乡镇文化站达到了8.39个,县均村级文化中心超过了90个,基本覆盖到了所有村落。惠民工程的建成及投入使用,不仅促进了文化产业的纵向延伸,延长了产业链,为文化产业的发展提供了新思路,还实现了文化进乡村,满足了人民对于文化的需求。各种场馆免费开放率接近100%,并在具备建设条件的地方将人力、资本等生产要素融汇投入,集中建设文化基础设施,以减少资源不合理规划所造成的资源浪费。至此,青海省基本实现了公共服务设施全覆盖。2020年,青海省有4家单位被吸纳进入了全国文旅公共服务机构功能融合试点单位,有3家单位被列入了文创产品开发试点单位,这些荣誉来之不易,是对青海省文化产业发展的一种肯定,增加了青海省文化产业发展的信心。文化产品由原来的只在省内流通,逐渐向全国范围内延伸。

第三,坚持融入新元素的"开放"型发展,纵横双向拓展文化产业发展的空间。一是"文化+"跨界融合方式延长了产业链,文化产业发展迈入新阶段。在这一领域,重点考虑将文化与旅游、农业、科技、体育、建筑等产业的融合,实现"1+1>2",促进收入增长。2019年,中宣部针对"文化+旅游"举行了相关座谈会,分析了文化和旅游两大产业如何去融合以及融合后所带来的价值,并着重阐述了"文化+旅游"将对经济发展乏力地区的文化产业产生的积极意义。对此,青海省委带领相关职能部门进行了实地调研,制定了借助旅游业的发展来传播文化,并通过文化的传播反哺旅游业的目标。根据调研结果的反馈,制定了"文化+旅游"四步走计划。其一,完善相关顶层设计,解决原有的体制和制度障碍,为"文化+旅游"的实现提供良好的政策环境;其二,将文化产业融入旅游产业中,延长了产业链,"文化+旅游"效果明显提升,强调其效用增加,这就不仅要求实现文化产业进入旅游产业,还要求两者之间相互促进,利用产业发展来吸纳更多的游客,销售更多的文化产品;其三,青海的文化旅游资源丰富,各地根据当地特色资源,推出了文旅项目,打造具有特色的"文化+旅游"品牌,同时借助旅游项目对其进行宣传,有助于全省各民族聚居地文化产业与旅游业的共同发展,实现文化产业和旅游业的双向促进;其四,从根本上解决服务过程中的弊病,提升其服务水平,为"文化+旅游"的发展提供良好环境,尤其是在全省范围内,根除不遵守市场规则现象,树立良好的形象。"文化+农业"这一新的创举,吸引了无数人的眼球。搜寻青海独有的农耕文明,在大景区周边,将文化元素加入农业生产中去,让游客可以体验到青海早期的农业生产,以此来吸引游客。"文化+科技"初步实现。在先进技术的支撑下,对各种文化遗产的特征、形状依托大数据进行收集、整理,建立文化遗产资源售卖平台或网上商铺,如借助淘宝、京东等平台,并建立文创产品旗舰店;文化遗产资源的加工、生产环节,在不改变产品特色的前提下,融入科技使其更加适合当代人的审美观。"文化+体育",不仅有助于人们身体素质的提升,而且还有助于发展文化产业,丰富了人民群众的精神世界,如青海的环湖赛,已逐渐成为国际著名赛事,对青海省文化产业知名度的提升贡献巨大。"文化+建筑"美化了乡村,有助于乡村振兴。青海省邀请了一批国内外知名建筑设计师,利用先进技术对传统村落、文化名镇等进行了修复还原,使其更具有当地特色,更加切合当地文化产业的发展。"文化+"的逐步推行提升了青海省文化产业发展知名度。二是适应时代发展潮流,紧跟开放发展步伐,加强与外部的交流,实现"青海+"。近年来,省政府积极对外交流带领文化类企事业单位参加各类文博会,与国内外市场完成了对接,并积极学习借鉴文化产业先发地区的经验,形成国内、国外双循环,促进文化产业发展。三是参与到国家文化发展战略中,实现"国家+"。依托民族文化资源优势,投入资金 20 多亿元参与走廊文化产业项目建设,文化企业数量增加了 665 家,带动了近 1.4 万人就业。

2016—2020 年,青海省的文化产业发展迅速,在改革成效明显的前提下,促使文化产业收入增加,项目建设基本完成,具体如下:

在 2015 年文化产业收入增长的基础上,2016 年青海省文化产业收入增加值超过了 50 亿元,年增长率 23.3%,其中,青海省的藏族区域文化产业收入增加值超过了 2.5 亿元,占到了青海文化收入增加值的 5%,说明藏区的文化产业发展已经有了明显的起色。到 2016 年底,60%的文化相关行业的收入呈现增长趋势,其中,增速最快的是文创行业和设计行业,实现了倍数增长,拉动了 GDP 的增长,当年营业额超过 36 亿元,是 2015 年的 3 倍左右。文化产品的生产行业,营业额接近于 60 亿元,增长幅度超 40%;文化产品所需的辅助生产行业营业额超 6 亿元,增长了大约 30%。2016 年,青海省发布了《青海文化产业招商引资项目册》,为引进优质项目搭建了宣传平台,引导文化相关企业参与到招商引资中去,以吸收更多的社会资本,同时还专门举办了引进优质企业投资签约活动,签约项目 7 个,金额共计超过 7 亿元。还组织了许多展览会,如"青洽会"、文博会等,使得文化产品有了宣传、交流、销售平台,迅速走向国内市场。在对外交流过程中,国内外的许多大企业看到了青海文化产品发展的巨大潜力,签订了战略合作协议,青海的文化产品实现了漂洋过海,增加了其影响力。青海省为了进一步促进文化产业的发展,通过了《关于加快发展文化产业的意见》,这一文件指明未来一段时间内文化产业要向着高质量发展的基本思想,同时还给予了许多政策扶持,主要包括降低文化企业运营过程的赋税、帮助企业引进懂管理懂技术的新型人才等。社会资本的投入力度持续增加,缓解了文化企业融资困难的问题。自 2017 年起省财政部门每年投入至少 1 亿元,用于调整文化产业原有的布局、培养青海特色的文化品牌、建立新的市场主体等,并通过其他渠道筹集资金 20 亿元,创建了青海省文化产业发展基金,这笔资金将被用于文化相关产业的发展。

2017 年,藏羌彝文化产业走廊发展论坛在青海省举办,成功邀请来自我国西南、西北地区的 150 人参加,以文化、旅游、体育等行业的融合发展为重点,讨论了文化与其他产业如何去融合以及融合后所能取得的成果等问题。同年,青海省投资超 35 亿元,用于 20 余个文化产业项目的建设。青海香巴林卡在"新三板"顺利挂牌,填补了青海省文旅公司上市的空白。

2018 年,青海省对文旅产业给予了极大的重视,作为促进全省经济增长的新方向,以培育文化龙头企业、合作社等新型经营主体为目标,健全了相关制度建设,创新了发展模式,增加了基础设施覆盖面积,促进了文旅事业的发展,延长了文化产业链,提升了其附加值。数据显示,2018 年,全省范围内的文化产业法人单位超过 2800 家,实现营业额 40 多亿元,增长幅度 20%。其中,前 8 个月,文化旅游法人单位营业额超 50 万元的数量占到全部的 13.7%。2016—2018 年三年,全省范围内共吸纳游客超 1 亿人,实现营业额 1000 余亿元,旅游业发展前景巨大。截止到 2018 年底,青海省的国家级文化示范基地有 10 家左右,省级文化产业示范基地超过 100 家。全省范围内 A 级景区 108 家,4A 级占比 24.07%;星级酒店 340 多家,其中三星级占比超 80.5%;经过科学的论证,为促进乡村发展,实现乡村振兴,投资村级旅游扶贫项目 250 余个,其中省级示范项目占比 16%;国家级乡村旅游示范县 8 个,占比 18.18%。

2019 年,全省范围内共吸纳游客超 5000 万人,实现营业额 560 多亿元,较 2018 年均增长了 20% 以上。2020 年,受到新冠疫情的影响,旅游业发展受到了前所未有的打击,全省的游客接待数量和营业额均有所下滑,分别下降 34.81%、48.35%。为加快青海文旅产业的复苏,政府文化主管部门制定了以促进文旅产业高质量发展和提升知名度为要义的工作路线。坚持多产业融合发展思想,摒弃墨守成规的固化思维模式,优化文化产业和旅游产业相关资源配置,整合技术、资金等文创产业的生产要素,旨在合力促进文旅产业发展。一是促进文旅产业和其他产业的融合发展。青海省下发相关文件,要求在文旅产业发展过程中,优先扶持贫困、落后地区的文化产业发展,鼓励企业向该地区延伸,带动经济发展,转变过去政府"输血式"经济发展局面。同时,还要求文旅产业要将所有的生产要素优化、整合,产生新文化产品、新产业、新岗位,寻找新出路。为解决文旅产业融合发展过程中资金不足问题,在青海省政府的指导下,省内金融机构为文旅企业提供贷款超80亿元,用于190余个项目的建设。二是在文旅产业发展过程中,消费潜能被激发。发布了《青海省进一步激发文化和旅游消费潜力的实施方案》,该方案的实施促进了文旅产业的发展,为当地经济发展注入了活力。三是建立省内各市州合作关系。各市州经济发展不一,文旅产业的发展水平高低不齐,通过相关协议的签订,发展较好的市州带动差的市州,实现整体水平的提升。四是在文旅产业发展中,行政执法的效果明显提升。青海省经过充分的调研评估后,为保证文化产业的健康发展,解决文化市场的乱象,创建了专门监督文化市场的管理部门。

青海省的文化产业经过几十年的发展,取得了不小的成效。青海的文化产业经历了从弱到强的发展阶段,逐渐发展成为青海经济发展中必不可少的部分。文化产业的发展,改变了国内外游客对于青海省固有的看法,提升了其在国内外的知名度,吸引了大批游客前来观赏游玩。

六、西北地区特色文化产业发展历程的启示

西北地区的文化产业发展基本都是在 1978 年之后才起步的,历经 40 多年的发展,基本形成了适合本地区的发展格局。从西北民族地区 40 多年文化产业的发展历程,可以总结很多经验,得到一些启示,为今后该地区文化产业的发展提供借鉴,为未来的发展提供新思路。

（一）提高文化产业市场的开放程度

改革开放以来,市场经济制度的建立和不断完善,使市场在资源配置中的作用越来越重要。党的十八届三中全会将市场在资源配置中的"基础性作用"调整为"决定性作用",更加明确了市场在发挥价值规律优化配置资源方面的作用,推动资源配置效益的最大化和效率最优化。

随着市场经济的不断发展,文化产业市场作为市场经济体制下的重要组成部分,也逐渐趋向于法治化、国际化与便利化,文化产业市场的运营环境不断得到优化。尤其是"一带一路"建设的提出与实施,为西北民族地区文化产业的发展提供了十分重大的机遇与发展平台,不仅为西北民族地区文化产业的发展拓宽了国内市场,也为该地区文化产业的发展开拓了国际市场,使优秀的文化产品可以畅销国外。西北民族地区位于"一带一路"建设的核心区,要借助重要的地理位置优势和独特的文化资源优势,紧紧抓住这一千载难逢的历史契机,不断加强文化品牌建设,不断加深对文化市场的开发与开放,与国内、国际各地区展开全方位的交流与合作,实现文化产业的跨越式发展。

回顾西北地区 40 多年文化产业的发展历程,不难发现,每次文化产业获得极大发展都与市场开放程度的不断提高息息相关。对外开放范围的扩大、加入世界贸易组织、"一带一路"建设的提出与实施等,对西北地区的文化产业发展的促进作用明显提升。只有不断提高文化市场的开放程度,西北地区的文化产业才能实现更好的发展。

（二）加强文化产业与旅游产业的深度融合

文化产业与旅游产业在未来都是国家的重要产业部门,加快文化产业与旅游产业的深度融合,不仅为两大产业注入了新的活力,而且也为它们的深入发展提供了新的思路。文化旅游业作为文化产业中的代表性行业,具有其他行业所不具备的独特优势,如促进地区之间的文化交流、推动地区经济的发展、促进人们思想观念的转变等,且旅游业可持续发展,对周边地区及相关行业具有强大的带动作用。

随着西北地区文化市场的不断优化升级,文化旅游已经成为该地区的特色。西北拥有着许多的少数民族,民族文化和旅游资源充足,两者融合发展是必然的趋势。随着人民生活水平的提高,文化消费需求也在不断变化,个性化、多样化、多层次的消费需求不断凸显,单纯的文化产业与旅游产业已经难以满足消费者的需求,只有谋求两者的深度融合,才能突破发展瓶颈,实现更好的发展。在文化与旅游融合的大趋势下,文化在旅游的创意、品牌、内涵等方面有着深刻的意义,旅游在文化的市场、开发、经济效益的转化等方面有着重要的作用。文旅融合的前景是可以预见的,以文化提升旅游的品质,以旅游加大对文化资源的挖掘,对两大产业来说是双赢的。

促进"文化+旅游"的发展,增强文化发展的底蕴。在西北地区打造一批精品文旅项目,可以吸引全国乃至世界的游客前来观光旅游,带动当地经济的发展,提高西北地区人民的收入水平。充分发挥文化旅游业的联动效应,带动餐饮业、民宿业、文创产品等相关行业的消费,是未来西北地区文化产业发展的必经之路。

(三)加强文化产业与互联网的深度融合

互联网具有极大的便利性,在国民生活中已经占据了绝对重要的位置,人们的生产生活都离不开互联网,这对文化产业的发展是一大契机。如何利用好互联网来促进文化产业的发展,是今后西北地区文化产业发展需要着重思考的问题。西北地区是中国文化资源极度丰富的地区,如何将资源优势转化为经济效益,这与互联网的发展密不可分。在西北地区发展文化产业的道路上,需要有灵敏嗅觉和超前的视角,逐渐摆脱传统发展框架的束缚,走向与互联网深度融合的创新与传承之路。

信息技术的分析模型、算法的运用,对西北地区文化资源的挖掘有着十分重要的作用。通过对不同类型的文化资源和创意灵感进行梳理、分析与整合，让传统文化资源的面貌以新的方式呈现出来，利用大数据分析，为有需要的人群精准推荐宣传精品文化，扩大消费群体，拓宽文化市场。在大数据技术日臻完善的今天，通过客户行为分析，更新产品设计思路，为不同人群推荐适合他们的文化消费市场，既可以满足消费者的文化消费需求，也可以为文化产业带来新的设计灵感。

资金的投入对于文化产业的兴盛十分重要，但单靠政府或文化企业的资金很难实现发展资金的筹集，而互联网庞大的用户群体可以很好地解决这一问题。互联网文化产品的融资，可以实现庞大资金短时间筹集的目标。通过众筹的方式，集中众多闲散资金投入到具有发展前景的创意项目和原创设计产品生产上，解决这些企业融资难的问题。通过众筹资金发展文化产业项目，也可以增强网友对该文化的认同感和自豪感，在无形之中扩大了市场。

（四）加强文化产业与科技的深度融合

科学技术是第一生产力，创新是引领发展的第一动力。只有加强文化与科技的深度融合，不断创新，文化产业才能做大做强，具有巨大的竞争力。

甘肃、宁夏、新疆等民族地区的文化产业发展已有几十年的历史，在发展的过程中，暴露出的最大问题就是文化产品缺乏创新，科技含量及产品附加值低，产品竞争力弱，导致文化产业很难获得突破性发展。要想解决这一问题，最主要的就是要加大科技投入，推动文化与科技的融合。"文化创意产业"如今已成为热词，创意已经成为文化产业提高核心竞争力的关键。

2019 年 8 月 13 日，科技部、中央宣传部等六部门印发了《关于促进文化和科技深度融合的指导意见》，明确规定了促进文化与科技融合的八项任务：加强文化共性关键技术研发、完善文化科技创新体系建设、普及优秀文化产业科技成果、加强文化大数据体系建设、推动媒体融合向纵深发展、促进内容生产和传播手段现代化、提升文化装备技术水平、强化文化技术标准研制与推广。① 这八项任务对于推进文化与科技的深度融合具有十分重要的意义。西北地区传统文化资源与现代科技的融合，必将成为该地区文化产业发展的亮点。

文化与科技的融合发展，需要重点培育与引进创意文化人才，打造专业化的人才队伍，这是西北地区文化产业发展的短板。只有培育与引进文化创意人才、技术人才，才能解决这一缺口。无论是培育和引进人才，还是加大科技研发力度，都必须要投入大量的资金。只有保障充足的资金支持，才能推进文化与科技的深度融合。

（五）完善文化建设体系

文化建设体系包含了公共文化服务体系、传统文化传承体系、文化产业体系和文化市场体系。文化建设体系的完善与发展，会促进文化产业繁荣发展。

公共文化服务体系，是面向大众的公益性的文化服务体系。加强公共文化服务体系的建设，可以丰富人民群众的精神文化生活，弘扬社会主义核心价值观，增强文化自信，早日建成社会主义文化强国。西北地区的公共文化服务体系还不健全，很多地区甚至还比较缺乏，这对文化产业的发展十分不利，阻碍了人们文化消费需求的增加，限制了当地文化市场的开拓。需要不断完善公共文化服务体系，提高人们的精神文化素养，刺激当地的居民文化消费需求。

习近平总书记多次强调指出："要大力弘扬中华民族优秀传统文化。"在西北民族地区，民族优秀传统文化要传承弘扬，必须在实践中落地生根、开花结果。近年来面临的严峻困境，是传统手艺后继无人。建设和完善优秀传统文化传承机制，保护和传承好优秀的传统文化，仅仅依靠民间力量是远远不够的，还需要政府和社会的共同努力，共同承担起这一重要的任务。

---

① 参见《科技部等六部门印发〈关于促进文化和科技深度融合的指导意见〉的通知》，中央政府网，2019 年 8 月 27 日，http://www.gov.cn/xinwen/2019-08/27/content_5424912.htm。

　　文化产业体系和文化市场体系是紧密相连的。文化产业的繁荣得益于文化市场的容量,而文化市场的开拓离不开文化产业的强大。只有建立和完善合理的文化产业布局、抓住文化产业发展的新业态、建立公平合理的市场环境,才能推动文化产业和文化市场的快速发展。

　　文化建设体系的构建不是一朝一夕就能完成的,这是一个长期性、系统性的工作,需要西北地区的各级政府从顶层设计和宏观布局的角度来深度思考,从市场主体、消费需求等微观环节密切筹划。在"文化+"快速发展的大背景下,必须顺应产业融合的趋势,建立和完善文化体系,科学、合理地推动文化产业的转型升级。

第四章　西北地区特色文化产业
发展进程测度评价

　　文化安全、文化稳定、文化发展和文化创新是一个国家与民族安全、稳定、发展和创新的基础。作为新兴产业的文化产业,在提升国家和民族文化软实力方面起到举足轻重的作用。大力发展文化产业,是促进一个国家和地区经济结构战略性调整、推动经济发展方式根本性改变的重要手段。西部地区是中国文化的发祥地之一,历史文化资源厚重,旅游文化资源丰富,宗教文化资源独特,非物质文化遗产资源富集,且具有鲜明的民族特色。在国外文化产业发展不断进步、我国中东部地区文化产业发展日新月异的时代大背景下,西部地区如何抢抓新一轮西部大开发政策机遇,挖掘民族特色文化潜力,提升民族文化产业发展竞争力,将民族文化资源优势转变为产业优势和竞争优势,是当前西部地区文化产业培育与发展亟待解决的难题。因此,通过对西北地区民族特色文化产业发展的进程进行测度分析,正确评价各区域民族特色文化产业发展水平,查找问题与不足尤为重要。

一、产业发展进程测度评价

　　运用实地考察法,收集民族特色文化产业相关文献,借助统计图表法、计算机及 SPSS 等软件处理有关数据。运用系统分析法,分析影响民族特色文化产业发展进程各因子之间的相互作用及变化趋势,构建出指标体系和模型。运用地理比较法和形态描述法,进行比较分析,得出研究结论与建议。

(一)测度方法

主要采用熵值法来确定指标的权重,进而对西北特色文化产业的发展进程进行综合评价。熵值法的计算步骤如下:

(1)形成决策矩阵。设参与评价的对象集为 $M = (M_1, M_2, \cdots, M_m)$,指标集为 $P = (P_1, P_2, \cdots, P_n)$,评价对象 M_i 对指标 P_j 的值记为 x_{ij} ,则形成决策矩阵 X 为:

$$X = \begin{bmatrix} 0 & P_1 & P_2 & \cdots & P_n \\ M_1 & x_{11} & x_{12} & \cdots & x_{1n} \\ M_2 & x_{21} & x_{22} & \cdots & x_{2n} \\ \vdots & \vdots & \vdots & & \vdots \\ M_m & x_{m1} & x_{m2} & \cdots & x_{mn} \end{bmatrix} \quad (4-1)$$

$$X = \{x_{ij}\}_{m \times n} (0 \leq i \leq m, 0 \leq j \leq n)$$

(2)指标的同度量化。由于不同的指标具有不同的量纲和单位,为了消除量纲和量纲单位的不同带来的不可公度性,所以首先应将评价指标无量纲化处理,即指标的同度量化。其公式为:

$$x_{ij} = (X_{ij} - \bar{X}_{ij})/S_i \quad (4-2)$$

其中, x_{ij} 为标准化后的数据; X_{ij} 为原始数据; $\bar{X}_{ij}$ 为第 i 项指标的平均数据; S_i 为第 i 项指标的标准差。

(3)坐标平移。为了消除标准化后的指标值负值影响,进行坐标平移。将指标值 x_{ij} 经过坐标平移后变为 x_{ij}' ,即

$$x_{ij}^{'} = x_{ij} + Z \tag{4-3}$$

其中，Z 为坐标平移的幅度。一般地，x_{ij} 的范围在 -5 到 5 之间，令 $Z = 5$，则 $x_{ij}^{'} = x_{ij} + 5$

（4）确定指标比重。将各个数据值 $x_{ij}^{'}$ 转化为比重值 P_{ij}，其公式为：

$$P_{ij} = x_{ij}^{'} / \sum_{j=1}^{n} x_{ij}^{'} \tag{4-4}$$

（5）推算各指标熵值 e_i，其公式为：

$$e_i = -k \sum_{j=1}^{n} P_{ij} \ln(P_{ij}), k = 1/\ln(n) \tag{4-5}$$

其中，e_i 为指标熵值；k 为大于零的正数，设定 $k = 1/\ln(n)$，确保 $0 \leq e_i \leq 1$。

（6）求各指标之间的差异系数 g_i。熵值越小，指标可差异系数越大，指标就越重要。其公式为：

$$g_i = 1 - e_i \tag{4-6}$$

（7）推算各指标权重 w_i，其公式为：

$$w_i = g_i / \sum_{i=1}^{m} g_i \tag{4-7}$$

（二）测度内容

1. 构建地域文化产业发展进程测度指标体系。根据判断过去、评价现状、总结发展趋势并为优化管理决策提供依据的需要，构建出通用性与地域性均较强的文化产业发展进程测度指标体系。

2. 构建西北特色文化产业发展进程"时间序列"和"空间序列"演变模型。模拟西北特色文化产业发展进程"时间序列"和"空间序列"演变，探寻影响西北特色文化产业进程各因子的作用机制。

3. 选择典型地域进行实证分析。选择有典型代表性的西北五个省进行案例分析，通过测度，界定其特色文化产业发展进程所处阶段。

（三）数据来源

基于数据的可得性和实际研究的需要,本文利用《中国文化文物统计年鉴》(2005—2020 年)、《中国文化及相关产业统计年鉴》(2013—2020 年)以及各省统计年鉴的统计数据作为特色文化产业发展进程测度的基础数据。同时,根据新的文化及相关产业分类标准,将西北五个省的规模以上民族特色文化制造业、规模以上民族特色文化批发和零售业以及重点服务业相关投入、产出指标进行整理,根据指标构建原则,在参考相关文献的基础上构建经济指标体系,运用熵值法计算指标权重。

（四）指标体系

按照投入水平、产出水平和社会发展三个方面选取指标体系。其中,反映西北特色文化产业投入水平方面的指标组包括劳动、资本等文化产业发展的投入水平。反映西北特色文化产业产出水平方面的指标组包括产业增加值、产业增加值占 GDP 的比重、产业资产总计、产业营业收入、城镇人均文化娱乐消费支出、农村人均文化娱乐消费支出等产出水平指标。反映西北特色文化产业社会发展方面的指标组包括公共图书馆总藏量、公共图书馆总流通人次、艺术表演团体国内演出场次、艺术表演团体国内演出观众人次、博物馆藏品、博物馆参观人次、广播节目综合人口覆盖率、电视节目综合人口覆盖率等社会发展指标。

表 4-1　西北特色文化产业进程测度指标体系

评价目标	一级指标	二级指标
特色文化产业发展水平 A	经济投入指标 B_1	劳动投入 C_{11}
		资本投入 C_{12}

续表

评价目标	一级指标	二级指标
		产业增加值 C_{21}
		产业增加值占 GDP 的比重 C_{22}
	经济产出指标 B_2	产业资产总计 C_{23}
		产业营业收入 C_{24}
		城镇人均文化娱乐消费支出 C_{25}
		农村人均文化娱乐消费支出 C_{26}
		公共图书馆总藏量 C_{31}
		公共图书馆总流通人次 C_{32}
		艺术表演团体国内演出场次 C_{33}
	社会发展指标 B_3	艺术表演团体国内演出观众人次 C_{34}
		博物馆藏品 C_{35}
		博物馆参观人次 C_{36}
		广播节目综合人口覆盖率 C_{37}
		电视节目综合人口覆盖率 C_{38}

从表4-1可看出,西北特色文化产业发展水平的测度指标主要分为经济投入指标、经济产出指标和社会发展指标,所选指标体系比较全面。为了进一步分行业对特色文化产业的发展进程进行测度,我们分别对制造业、批发和零售业以及服务业发展水平进行分析。在实际操作时,鉴于指标数据的可得性,在分行业文化产业发展水平测度过程中,我们删除了部分指标。

表 4-2　西北特色文化产业进程测度指标体系（制造业）

评价目标	一级指标	二级指标
特色文化制造业发展水平 A	投入指标 B_1	劳动投入 C_{11}
		资本投入 C_{12}
		R&D 人员全时当量 C_{13}
		R&D 经费内部支出 C_{14}
		开发新产品经费投入 C_{15}
	产出指标 B_2	工业总产值 C_{21}
		工业销售产值 C_{22}
		企业营业收入 C_{23}
		企业营业利润 C_{24}

表 4-3　西北特色文化产业进程测度指标体系（批发和零售业）

评价目标	指标	指标权重
特色文化批发和零售业发展水平 A	投入指标 B_1	劳动投入 C_{11}
		资本投入 C_{12}
	产出指标 B_2	企业营业收入 C_{23}
		企业营业利润 C_{24}

表 4-4　西北特色文化产业进程测度指标体系（服务业）

评价目标	指标	指标权重
特色文化服务业发展水平 A	投入指标 B_1	劳动投入 C_{11}
		资本投入 C_{12}
	产出指标 B_2	企业营业收入 C_{23}
		企业营业利润 C_{24}

（五）指标权重计算

在对西北地区特色文化产业各类别的行业经济效益的评价指标选取时受

到了很多限制,这里只能根据现有数据以及可以根据现有数据计算得出的情况进行指标确定,难免存在指标不全面,甚至代表性不强的问题,本文研究还只是一个起步,相信随着统计数据的逐步完善,在对特色文化产业各地区经济效益评价方面的研究会越来越完善。

根据上述熵值法计算步骤,计算出 2004 年、2008 年、2013 年和 2018 年西北特色文化产业劳动投入、资本投入、产业增加值、产业增加值占 GDP 的比重、产业资产总计、产业营业收入、城镇人均文化娱乐消费支出、农村人均文化娱乐消费支出等指标的权重,见表 4-5、表 4-6、表 4-7、表 4-8。

表 4-5　2004 年西北特色文化产业各指标的权重指数

地区	劳动投入	资本投入	产业增加值	产业增加值占 GDP 的比重	产业资产总计	产业营业收入	城镇人均文化娱乐消费支出	农村人均文化娱乐消费支出
陕西	0.3246	0.3288	0.3233	0.2368	0.3233	0.3270	0.3239	0.3335
甘肃	0.2076	0.1733	0.1874	0.1381	0.1814	0.1830	0.1767	0.2034
青海	0.1246	0.1288	0.1233	0.1435	0.1233	0.1270	0.1531	0.1335
宁夏	0.1387	0.1545	0.1465	0.3381	0.1661	0.1591	0.2225	0.1765
新疆	0.2046	0.2145	0.2194	0.1435	0.2060	0.2038	0.1239	0.1532
ei	0.9629	0.9645	0.9638	0.9558	0.9670	0.9662	0.9642	0.9646
gi	0.0371	0.0355	0.0362	0.0442	0.0330	0.0338	0.0358	0.0354
wi	0.1276	0.1221	0.1244	0.1518	0.1133	0.1161	0.1231	0.1217

数据来源:《中国统计年鉴 2005》数据计算整理所得。

从表 4-5 和图 4-1 可看出,2004 年陕西和甘肃两地区的农村和城镇人均文化娱乐消费支出、产业营业收入、产业资产总计、产业增加值、资本投入和劳动投入等指标的权重较大,而产业增加值占 GDP 的权重相对较小;而宁夏的产业增加值占 GDP 的比重的权重最大,劳动投入、产业营业收入和产业增加值指标的权重相对较小;青海省各指标的权重相对较均匀。

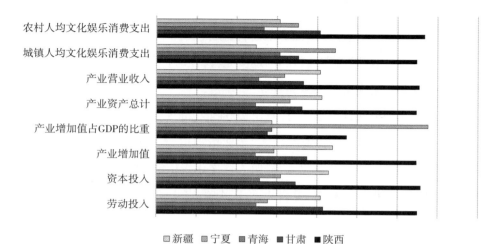

图 4-1　2004 年西北特色文化产业各指标的权重指数

表 4-6　2008 年西北特色文化产业各指标的权重指数

地区	劳动投入	资本投入	产业增加值	产业增加值占 GDP 的比重	产业资产总计	产业营业收入	城镇人均文化娱乐消费支出	农村人均文化娱乐消费支出
陕西	0.3323	0.3486	0.3441	0.3186	0.3325	0.3358	0.3239	0.3335
甘肃	0.2050	0.1624	0.1793	0.1623	0.1735	0.1756	0.1767	0.2034
青海	0.1323	0.1486	0.1441	0.1853	0.1325	0.1358	0.1531	0.1335
宁夏	0.1402	0.1605	0.1508	0.2152	0.1711	0.1562	0.2225	0.1765
新疆	0.1903	0.1798	0.1816	0.1186	0.1903	0.1966	0.1239	0.1532
ei	0.9629	0.9619	0.9628	0.9664	0.9666	0.9648	0.9642	0.9646
gi	0.0371	0.0381	0.0372	0.0336	0.0334	0.0352	0.0358	0.0354
wi	0.1299	0.1334	0.1302	0.1176	0.1168	0.1230	0.1253	0.1238

数据来源:《中国统计年鉴 2009》数据计算整理所得。

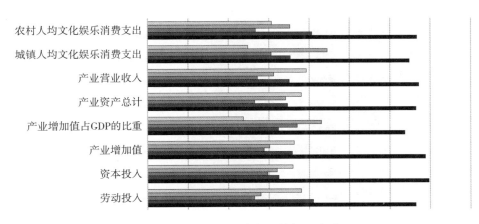

图 4-2　2008 年西北特色文化产业各指标的权重指数

表 4-7　2013 年西北特色文化产业各指标的权重指数

地区	劳动投入	资本投入	产业增加值	产业增加值占 GDP 的比重	产业资产总计	产业营业收入	城镇人均文化娱乐消费支出	农村人均文化娱乐消费支出
陕西	0.3336	0.3360	0.3500	0.3267	0.3513	0.3422	0.3275	0.3016
甘肃	0.2151	0.2130	0.1733	0.1688	0.1789	0.1756	0.1480	0.2015
青海	0.1336	0.1472	0.1500	0.1675	0.1546	0.1685	0.1275	0.1016
宁夏	0.1336	0.1360	0.1583	0.2103	0.1513	0.1422	0.2352	0.2765
新疆	0.1840	0.1677	0.1684	0.1267	0.1639	0.1714	0.1617	0.1189
ei	0.9607	0.9623	0.9615	0.9660	0.9607	0.9644	0.9606	0.9477
gi	0.0393	0.0377	0.0385	0.0340	0.0393	0.0356	0.0394	0.0523
wi	0.1244	0.1194	0.1217	0.1075	0.1244	0.1125	0.1246	0.1655

数据来源:《中国统计年鉴 2014》数据计算整理所得。

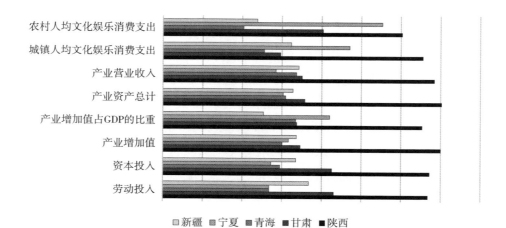

图 4-3 2013 年西北特色文化产业各指标的权重指数

表 4-8 2015—2018 年西北特色文化产业主要指标的熵值

地区	产业增加值	产业增加值 占 GDP 的比重	城镇人均文化 娱乐消费支出	农村人均文化 娱乐消费支出
陕西	0.5454846	0.7895606	0.7892174	0.6359457
甘肃	0.7481426	0.7679362	0.7798772	0.5489062
青海	0.6928760	0.6383843	0.4309850	0.6755583
宁夏	0.7391863	0.7043242	0.5746209	0.7114502
新疆	0.5241870	0.5194019	0.7228077	0.7680098

数据来源:《中国统计年鉴》(2013—2019)。

表 4-9 2015—2018 年西北特色文化产业主要指标的差异系数

地区	产业增加值	产业增加值 占 GDP 的比重	城镇人均文化 娱乐消费支出	农村人均文化 娱乐消费支出
陕西	0.4545154	0.2104394	0.2107826	0.3640543
甘肃	0.2518574	0.2320638	0.2201228	0.4510938
青海	0.3071240	0.3616157	0.5690150	0.3244417
宁夏	0.2608137	0.2956758	0.4253791	0.2885498
新疆	0.4758130	0.4805981	0.2771923	0.2319902

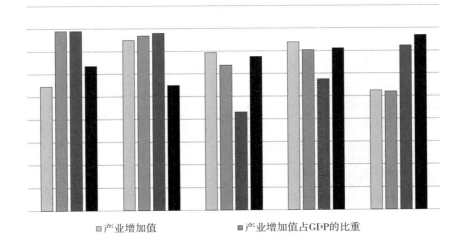

■产业增加值　　　　　　　　　■产业增加值占GDP的比重
■城镇人均文化娱乐消费支出　　■农村人均文化娱乐消费支出

图 4-4　2015—2018 年西北特色文化产业主要指标的熵值

数据来源:《中国统计年鉴》(2013—2019)。

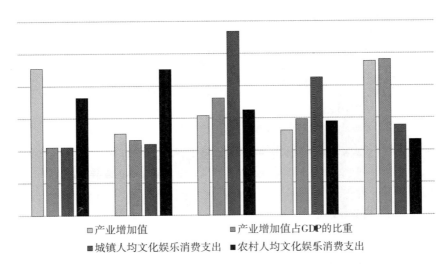

■产业增加值　　　　　　　　　■产业增加值占GDP的比重
■城镇人均文化娱乐消费支出　　■农村人均文化娱乐消费支出

图 4-5　2015—2018 年西北特色文化产业主要指标的差异系数

表 4-10 2015—2018 年西北特色文化产业主要指标的权重

地区	产业增加值	产业增加值占 GDP 的比重	城镇人均文化娱乐消费支出	农村人均文化娱乐消费支出
陕西	0.3666063	0.1697377	0.1700145	0.2936415
甘肃	0.2180323	0.2008971	0.1905598	0.3905108
青海	0.1965976	0.2314791	0.3642404	0.2076830
宁夏	0.2052975	0.2327389	0.3348339	0.2271298
新疆	0.3246555	0.3279204	0.1891331	0.1582909

数据来源:《中国统计年鉴》(2013—2019)。

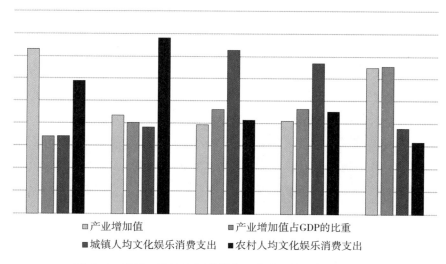

　□产业增加值　　　　　□产业增加值占GDP的比重
　■城镇人均文化娱乐消费支出　■农村人均文化娱乐消费支出

图 4-6 2015—2018 年西北特色文化产业主要指标的权重

(六)进程测度分析

结合表 4-8、表 4-9、表 4-10、表 4-11,总结出以下西北特色文化产业发展过程中形成的特征:

第一,特色文化产业总体发展水平逐步上升。从表 4-11 中可以看出,陕西、甘肃、青海三省的特色文化产业发展相对较快,2004 年得分值分别为

0.3128、0.1802、0.1325,2013 年分别上升至 0.3323、0.1852 和 0.1413。近年来,陕西省委、省政府将文化产业发展作为文化建设的重中之重,纳入全局工作进行安排部署,强力推进,文化产业规模不断扩大,竞争力、影响力不断增强,为文化自信提供了有力支撑。这主要表现为产业规模稳步增长,2012—2016 年陕西省文化产业增加值从 500.7 亿元增至 802.52 亿元,年均增速12.5%。同时,市场主体活力明显增强,重点项目和园区建设亮点突出,黄帝陵文化公园、韩城司马迁文化景区、白鹿原文化景区、雁翔文化产业创意谷聚集区、西部影视文化产业园等 30 多个省级重点文化产业项目有序推进。青海省依托丰富的民族民间文化资源,强力推进文化产业发展。随着经济社会的日益发展壮大,综合效益不断增加。2014 年,青海省实现文化及相关产业增加值 46.7 亿元,占全省生产总值的比重为 2.03%。然而,宁夏和新疆文化产业发展总体水平却呈现出下降的趋势。其主要原因可能是,在地区经济和社会发展中对文化重要性的认知相对不足,传统的思维观念导致对文化产业发展的潜力认识不够。近年来,国家和自治区对新疆文化事业的投入显著提高,但由于基数小、历史欠账多、投入不足等问题依然存在。文化基础设施建设薄弱,人才缺失严重。目前新疆文化基础设施普遍处于落后、老化的状态,公共文化服务供给能力还不强,在一定程度上影响了文化产业的发展。

表 4-11　西北特色文化产业进程测度结果比较表

地区	2004 年	2008 年	2013 年	2008 年较 2004 年增长	2013 年较 2008 年增长
陕西	0.3128	0.3339	0.3323	7%	0%
甘肃	0.1802	0.1799	0.1852	0%	3%
青海	0.1325	0.1454	0.1413	10%	−3%
宁夏	0.1923	0.1735	0.1846	−10%	6%
新疆	0.1822	0.1672	0.1565	−8%	−6%

数据来源:《中国统计年鉴》(2013—2019)。

　　第二,从特色文化制造业方面来看,陕西文化制造业发展水平总体上呈上

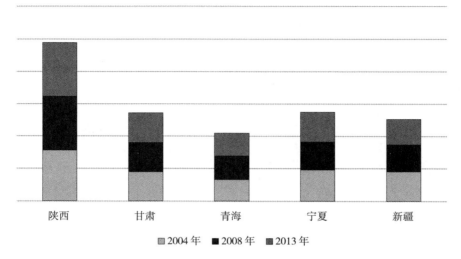

图 4-7　西北特色文化产业进程测度结果比较图

升趋势,2012 年、2013 年、2014 年和 2015 年得分值分别为 0.3222、0.3294、
0.3381 和 0.3377;青海文化制造业增长最快,2012 年得分值仅为 0.1745,
2015 年上升至 0.2037,增长率高达 17%。青海深入挖掘特色文化内涵,加快
发展科技含量高、产品附加值高、市场竞争力强、产业关联度大的文化产品,培
育了一批能产生广泛影响的品牌企业和文化名品。发展重点文化产业,加大
政策扶持力度和完善产业政策体系,实现跨越式发展。2014 年,青海省限额
以上文化制造业实现营业收入 55.6 亿元。然而,宁夏和新疆文化制造业却呈
下降趋势,2012 年得分值分别为 0.2099 和 0.1522,2015 年下降至 0.1630 和
0.1453。这可能是因为,一方面宁夏和新疆的工业发展基础薄弱,另一方面专
业人才和创新能力仍旧不足,进而制约了文化制造业的发展。

表 4-12　西北特色文化制造业进程测度结果比较表

地区	2012 年	2013 年	2014 年	2015 年	2015 年较 2012 年增长
陕西	0.3222	0.3294	0.3381	0.3377	5%
甘肃	0.1412	0.1553	0.1482	0.1503	6%

续表

地区	2012 年	2013 年	2014 年	2015 年	2015 年较 2012 年增长
青海	0.1745	0.2103	0.2054	0.2037	17%
宁夏	0.2099	0.1530	0.1614	0.1630	−22%
新疆	0.1522	0.1520	0.1469	0.1453	−5%

数据来源:《中国统计年鉴》(2013—2019)。

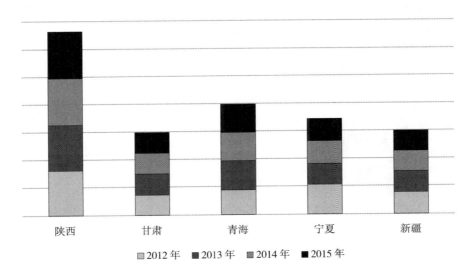

■2012 年 ■2013 年 ■2014 年 ■2015 年

图 4-8 西北特色文化制造业进程测度结果比较图

第三,从特色批发与零售业方面来看,陕西、甘肃、青海、宁夏文化制造业发展水平总体上呈上升趋势,而新疆文化制造业却呈下降趋势。2012—2015年,甘肃和青海文化批发与零售业增幅最大,增长率分别高达 26% 和 33%,2014 年青海省文化批发与零售业实现营业收入 72.1 亿元,增长 4.8%。

表 4-13 西北特色文化批发与零售业进程测度结果比较表

地区	2012 年	2013 年	2014 年	2015 年	2015 年较 2012 年增长
陕西	0.2984	0.3008	0.3079	0.3295	10%
甘肃	0.1693	0.2029	0.2137	0.2139	26%

续表

地区	2012 年	2013 年	2014 年	2015 年	2015 年较 2012 年增长
青海	0.1139	0.2119	0.1839	0.1515	33%
宁夏	0.1230	0.1019	0.1079	0.1295	5%
新疆	0.2954	0.1904	0.1865	0.1756	−41%

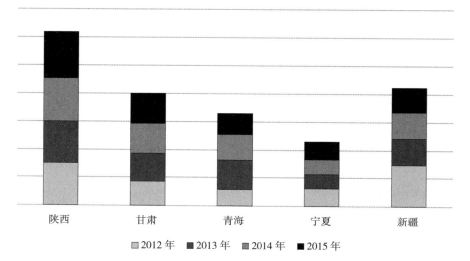

□ 2012 年　■ 2013 年　▨ 2014 年　■ 2015 年

图 4-9　西北特色文化批发与零售业进程测度结果比较图

数据来源:《中国统计年鉴》(2013—2019)。

表 4-14　西北特色文化服务业进程测度结果比较表

地区	2012 年	2013 年	2014 年	2015 年	2015 年较 2012 年增长
陕西	0.3522	0.3494	0.3298	0.3311	−6%
甘肃	0.1632	0.1703	0.1659	0.1688	3%
青海	0.1543	0.1494	0.1298	0.1311	−15%
宁夏	0.1629	0.1595	0.1503	0.1459	−10%
新疆	0.1674	0.1714	0.2241	0.2231	33%

数据来源:《中国统计年鉴 2005》数据计算整理所得。

　　第四,西北特色文化产业发展地区差距明显。从表 4-12 中可以看出,

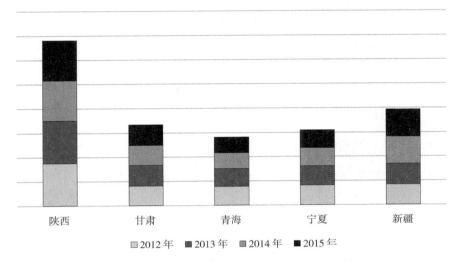

□2012 年　■2013 年　■2014 年　■2015 年

图 4-10　西北特色文化服务业进程测度结果比较图

2015 年,陕西文化产业发展得分值为 0.3377,而新疆得分值仅为 0.1453,这充分说明了新疆的文化产业发展是缓慢的,并且甘肃和宁夏的文化产业发展水平也远远低于陕西。

二、产业发展效率评价

在诸多经济学研究的核心问题中,效率问题是核心问题之一,衡量效率问题是从经济角度测度产业发展进程的关键。由于受区域地理位置、资源禀赋条件、经济社会水平、生态与人文环境等因素的制约,西部地区民族特色文化产业自身发展长期以来处于非完全有效状态。文化产业结构升级调整步伐缓慢与文化产业发展效率不高互为因果,加上民族特色文化产业对资本的吸引力不足,使得资本很难流入文化产业甚至外流加剧。近年来,国内外专家学者在文化产业效率的量化研究上进行了诸多有益的探索与尝试,目前应用较为广泛的方法主要包含以最小二乘法为基础的截距修正回归模型、随机前沿模型、非条件分位点模型和数据包络分析模型等。鉴于数据获得的有效性,结合民族特色文化产业发展的自身实际,课题依据西北地区 2010—2018 年的文化产业发展年度数据,采用 malmquist 指数和数据包络分析法(DEA),从静态和动态两个方面测度西北五省区民族特色文化产业生产效率。

(一)理论与模型

数据包络分析(Data Envelopment Analysis,简称 DEA)是美国著名运筹学家 A.Charnes 和 W.W.Cooper 等以相对效率为基础发展起来的一种效率评价方法[1]。主要利用数学线性规划方法,根据投入产出有效样本数据,对决策单元(Decision Making Unites,DMU)进行生产有效性评价。

DEA 模型:设有 n 个决策单元,每个决策单元 DMU_j($j = 1,2,\cdots,n$)都有 m 种输入和 s 种输出。分别用输入 X_j 和输出 Y_j 表示。

$X_j = (x_{1j} , x_{2j} , \cdots , x_{mj})^T > 0$, $Y_j = (y_{1j} , y_{2j} , \cdots , y_{sj})^T > 0$, $j = 1, 2, \cdots, n$ 。

令 $\varepsilon > 0$ 是一个非阿基米德无穷小量(non-Archimedean), ε 是一个小于任何正数且大于 0 的数。考虑具有非阿基米德无穷小 ε 的 C^2R 模型为:

$$
\begin{cases}
\max \dfrac{u^T Y0}{v^T X0} \\[2mm]
\dfrac{u^T Yj}{v^T Xj} \leq 1, j = 1, \cdots, n \\[2mm]
\dfrac{v}{v^T X0} \geq \varepsilon e \\[2mm]
\dfrac{u}{v^T X0} \geq \varepsilon e
\end{cases}
$$

其中, $e\hat{} = (1,1,\cdots,1)^T \in E^m$, $e = (1,1,\cdots,1)^T \in E^s$

---

① Abraham Charnes and W.W.Cooper (Et al.);A Brief History of A Long Collaboration in Developing Industrial Uses of Linear Programming,Operations Research,Vol. 50,No. 1,50*th Anniversary Issue*2002(1),pp. 35−41.

由 C_2 变换 $\quad t = \dfrac{1}{v^T X0}, \omega = tv, \mu = tu$

分式规划等价于下面的线性规划：

$$(P_\varepsilon^I)\begin{cases} \max \mu^T Y0 \\ \omega^T Xj - \mu^T Yj \geq 0, j = 1,\cdots,n \\ \omega^T X0 = 1 \\ \omega \geq \varepsilon e \\ \mu \geq \varepsilon e \end{cases}$$

它的对偶规划为：

$$(D_\varepsilon^I)\begin{cases} min[\theta - \varepsilon(e^T S^- + e^T S^+)] \\ \sum\limits_{j=1}^n Xj\lambda j + S^- = \theta X0 \\ \sum\limits_{j=1}^n Yj\lambda j - S^+ = Y0 \\ \lambda j \geq 0, j = 1,\cdots,n \\ \sum\limits_{j=1}^n \lambda j = 1 \\ S^- \geq 0, S^+ \geq 0 \end{cases}$$

该模型可以评价 DMU 的技术效率、规模效益和综合效率，其对偶规划（ D_ε^I ）的最优解（顶点）为 $\lambda^0, S^{-0}, S^{+0}, \theta^0$ ，具体含义如下：

（1） Xj 、 Yj 分别为决策单元 DMU_{j0} 的投入和产出要素集， λ_j 表示通过现行组合构造一个有效的 DMU_{j0} 时，第 j 个决策单元的组合比例， S^{-0} 与 S^{+0} 为松弛变量。 θ^0 表示 DMU_{j0} 的效率指数， $e^T S^{-0}$ 表示输入过剩， $e^T S^{+0}$ 表示输出不足。

（2） $\theta^0 < 1$ ，则 DMU_{j0} 不为弱 DEA 有效； $\theta^0 = 1$, $e^T S^{-0} + \epsilon^T S^{+0} > 0$ ，则 DMU_{j0} 仅

为弱 DEA 有效;$\theta^0 = 1$,$\hat{e^T S^{-0}} + e^T S^{+0} = 0$,则 DMU$_{j0}$ 为 DEA 有效。

(3) $\hat{e^T S^{-0}} + e^T S^{+0} = 0$,称 DMU$_{j0}$ 技术有效(输出相对于输入而言已到达最大);若 $\hat{e^T S^{-0}} + e^T S^{+0} > 0$,DMU$_{j0}$ 技术无效。

(4)若 $\frac{1}{\theta^0} \sum_{j=1}^{n} \lambda_j^0 = 1$,则为规模收益不变;若 $\frac{1}{\theta^0} \sum_{j=1}^{n} \lambda_j^0 > 1$,则为规模收益递减;若 $\frac{1}{\theta^0} \sum_{j=1}^{n} \lambda_j^0 < 1$,则为规模收益递增。

Malmquist TFP 增长指数理论:Malmquist 生产率指数由 Malmquist(1953)年提出,它利用距离函数的比率来计算投入指数[1]。Caves,F.J.&G.Srininasan(1982)把它应用到生产理论中,并称为 Malmquist 生产率指数[2]。Arcclus,F.J.&Arozena,P.(1999)指出[3],与 Tornqvist 指数和 Fisher 指数相比,Malmquist 指数具有以下优点:Malmquist 指数可以把生产率的变化原因分为技术变化与效率变化;不需要价格资料,从而可以避免因价格信息不对称所引起的问题;可以利用多数投入与产出变量;不需要成本最小化和利润最大化的条件。

设 (x^t, y^t) 和 (x^{t+1}, y^{t+1}) 分别为 t 期和 $t+1$ 期的投入产出关系。投入产出关系从 (x^t, y^t) 向 (x^{t+1}, y^{t+1}) 变化就是生产率变化,生产率变化不仅来自技术水平变化,还来自技术效率变化。技术效率就是生产技术的利用效率,Fare,Grosskopf 等(1989)用两个时期的产出型 Malmquist 生产率指数的几何平均来定义 Malmquist TFP 增长:

$$M_c(x^{t+1}, y^{t+1}, x^t, y^t) = \left[\frac{D_c^t(x^{t+1}, y^{t+1})}{D_c^t(x^t, y^t)} \times \frac{D_c^{t+1}(x^{t+1}, y^{t+1})}{D_c^{t+1}(x^t, y^t)} \right]^{1/2}$$

① Sten Malmquist:A Statistical Problem Connected with The Counting of Radioactive Particles, *The Annals of Mathematical Statistics*,Vol. 18,No. 2,1953(1),pp. 255-264.

② F.J.Arcelus,& G.Srininasan:Delay of Payments for Extraordinary Purchases,*The Journal of The Operational Research Society*,Vol. 44,No. 8,1982(8),pp. 785-795.

③ Richard E.Caves:Diversification and Seller Concentration:Evidence From Changes 1963-72,*The Review of Economics and Statistics*,Vol. 63,No. 2,1999(5),pp. 289-293.

$$= \frac{D_c^{t+1}(x^{t+1}, y^{t+1})}{D_c^t(x^t, y^t)} \times \left[\frac{D_c^t(x^{t+1}, y^{t+1})}{D_c^{t+1}(x^{t+1}, y^{t+1})} \times \frac{D_c^t(x^t, y^t)}{D_c^{t+1}(x^t, y^t)} \right]^{1/2}$$

$$= EFFCH \times TECH \quad (1)$$

式(1)中第一项表明技术效率变化(efficiency change,TECH),就是在 t 期和 $t + 1$ 期中技术效率变化对生产率的贡献程度。

如果 Malmquist TFP 指数大于 1,表明综合生产率水平提高;小于 1,则表明生产率恶化;构成该指数的某一变化比率大于 1 时,表明其是生产率水平提高的根源,反之则是导致生产率水平降低的根源。

(二)指标选取及数据来源

DEA-Malmquist 指数法是以投入产出数据为依据来衡量全要素生产率的,在对我国西部五省文化产业的发展效率进行评价之前,首先需要明确文化产业的各项投入指标与产出指标。本文以既往的产业效率研究为重要参考,并且力求采用可比性、可得性、完整性和现实性较强的样本数据,选择西部地区五个省区作为决策单元,选取的投入产出指标如下。

劳动投入:劳动的投入不仅是指劳动量的投入,还有劳动质的投入,但是由于劳动质量很难测度,以及数据不易获得,本文只选取了从业人数来度量劳动的投入。具体指在文化和旅游部门主办或实行行业管理的各类机构工作并取得劳动报酬的全部人员,包括职工、再就业的离退休人员以及在各机构中工作的外方人员和港、澳、台方人员。

资本投入:本文使用永续盘存法对文化产业资本存量进行估算,并以此来表示资本投入,具体公式为: $K_{i,j} = K_{i,t-1}(1 - \delta) + I_{i,t}$,式中 $K_{i,t-1}$ 为 i 省第 t 年的全社会固定资产总值, $I_{i,t}$ 为 i 省第 t 年的投资额为资本折旧率, δ 为经济折旧率,借鉴徐现祥、周吉梅和舒元(2007)的做法,设定为 3%。

产出指标:考虑到西部地区文化产业发展的最终目的是繁荣地区文化产业和发展地区经济,综合考虑现有公开的数据,本文使用文化产业不变价增加值来反映文化产业的产出水平。在名义数据的处理方面,对各年份文化产业增加值以 1998 年为基期进行平减,由于文化产业没有公布相应的增长指数,本文用第三产业价格指数来代替,各年份第三产业价格指数来自《中国统计年鉴》。

通过以上分析,最终选取的投入指标为:文化产业从业人员数,文化产业资本存量;产出指标为:文化产业增加值。文中数据来源于《中国文化文物统计年鉴》《中国文化及相关产业统计年鉴》及各省统计年鉴。

(三)数据统计描述及分析

随着近几年文化产业的不断发展,经济结构调整逐步深化,西北五省的文化产业格局正不断完善。在利好政策不断推出和市场机制的调节下,各省份的文化产业后发优势愈加明显。下面对文化产业从业人员数、文化及相关产业固定资产投资额、文化产业资本存量、文化产业增加值进行统计描述及分析,以更好地把握西北五省历年文化产业的基本情况。

1. 文化产业从业人员数

文化产业的发展离不开人力投入,主要体现在文化产业从业人员数量的投入上。随着文化产业的快速发展,对扩大就业、加快转变经济发展方式的作用越来越明显。多数省份形成了较完备的文化产业集聚区,为中小微文化企业和小作坊提供了创业平台,同时也带动着周边群众的就业。

从时间维度上来看,2010 年至 2018 年西北五省的文化产业从业人员数整体都呈现上升趋势,从 2010 年的 49951 人上升到 2018 年的 87893 人,总体上升 76%;从区域维度上来看,陕西省在文化产业人员投入上明显领先于其他四个省份,甘肃和新疆紧随其后,青海和宁夏则处在相对较低的水平。2010年至 2018 年期间,西北五省文化产业从业人员整体的年均增长幅度为7.34%;其中,陕西、甘肃、宁夏的文化产业从业人员年均增长幅度分别为8.05%、9.78%、8.05%,高于西北五省整体的年均增长幅度,青海的文化产业从业人员年均增长幅度为 7.18%,接近平均水平;新疆的文化产业从业人员年均增长幅度相对较低,为 3.63%。

随着现代传媒、动漫游戏、数字视听、网络文化、会展博览等新兴文化产业的逐步兴起和扩张,西北五省在这些方面人才匮乏的问题日益凸显,文化产业高端人才与复合型人才以及专业人才严重缺乏,人才"引不来、留不住"的矛盾日益突出,一定程度上阻碍了文化产业向广阔的新兴领域发展。此外,由于文化产业市场的分散和经营者市场意识的淡薄,缺乏做大、做强文化产业的意识,加之资本市场融入度较低,文化产业单位普遍缺乏活力,创新能力不足,创新人才缺乏,较大程度地制约了西北五省文化产业的发展。

2. 文化及相关产业固定资产投资额

自 2010 年以来,西北五省的文化产业在政策支持和人们文化消费需求快速释放的背景下呈现迅猛增长态势,文化产业融合发展的深度、宽度持续拓展,文化产业跨门类、跨行业、跨领域、跨界融合,正在成为延伸与激活文化产业以及相关领域、相关行业、相关门类的强大驱动力和产业必选的发展路径。除 2016 年青海与新疆、2017 年甘肃的文化及相关产业固定资产投资额有所下降之外,其余年份各省的文化及相关产业固定资产投资额都保持较快的增长速度,尤其是青海 2012 年文化及相关产业固定资产投资额较 2011 年增长了 142.8%,宁夏 2015 年文化及相关产业固定资产投资额较 2014 年增长了116.5%。近年来,陕西出台多项扶持文化产业发展的相关政策,大力推进文化产业体系建设,多方搭建平台载体,突出抓好重点项目园区建设,文化产业发展环境持续改善,文化蕴含的巨大价值不断释放,文化及相关产业固定资产投资额持续保持较高增速,在西北五省中保持领先地位。甘肃、宁夏、青海、新疆虽文化历史悠久、类型多样、资源丰富、底蕴深厚,文化产业资源优势明显,但潜力尚有待开发和培育,厚重的文化资源实力有待进一步转化为强大的产业动力,文化及相关产业固定资产投资额不足,难以发挥投资对文化产业发展的拉动作用,势必会严重制约这些省份文化产业的进一步发展壮大。

3. 文化产业资本存量

从 2010 年至 2018 年西北五省文化产业资本存量水平可以看出,各省文化产业资本存量存在明显的时间变动,总体呈现不断增长的趋势。2010 年西北五省文化产业资本存量从高到低依次为陕西、新疆、甘肃、青海、宁夏,2018年西北五省文化产业资本存量从高到低依次为陕西、甘肃、新疆、宁夏、青海。与 2010 年相比,2018 年陕西、甘肃、宁夏、青海、新疆的文化产业资本存量分别增长了 354%、473%、387%、519%、403%,均有较大的涨幅。

从空间变动来看,西北五省文化资本存量空间分布不平衡,文化资本主要集中在陕西省,且陕西省自 2010 年开始一直保持领先地位,青海与宁夏的文化产业资本存量水平较为落后,西北五省区域内文化资本存量的两极分化有增强趋势。整体上来讲,鉴于西北五省大部分属于经济欠发达地区,其文化产业发展滞后于全国其他区域文化产业发展步伐,虽然一些产业或行业能与全国同步发展,但更多的文化产业业态发展明显迟滞于全国文化产业发展的脚步。

表 4-15 2010—2018 年西部五省文化产业资本存量

省份	2010 年	2011 年	2012 年	2013 年	2014 年	2015 年	2016 年	2017 年	2018 年
陕西	1948.27	2155.75	2453.21	2927.82	3645.95	4492.30	5823.14	7335.72	8839.15
甘肃	439.95	501.27	610.23	826.81	1076.51	1438.29	1922.40	2117.22	2519.66
宁夏	138.61	150.20	167.90	196.45	245.14	359.94	490.66	681.65	858.16
青海	161.87	173.59	210.35	266.00	323.54	439.61	546.29	657.11	788.76
新疆	458.62	503.02	581.67	680.26	828.59	1116.37	1379.14	1882.51	2308.97

4. 文化产业增加值

2010 年至 2018 年西北五省文化产业增加值一直保持增长态势,增速保持在 10%左右的水平。2012 年在欧美债务危机等国际环境大背景下,我国国民经济运行也出现短暂放缓。受产业结构调整影响,2012 年与 2013 年西北五省文化产业增加值增长速度以及文化及相关产业增加值占 GDP 的比重都有所放缓。

2015 年至 2017 年期间,西北五省文化及相关产业增加值增速放缓、比重微升,其中,陕西省文化及相关产业增加值占 GDP 的比重在 2016 年和 2017 年均突破4%的大关。2016 年国务院在"十三五"规划中提出,到 2020 年文化产业要成为国民经济支柱性产业,即文化产业增加值至少要占到 GDP 的5%,从 2010 年至 2018 年西北五省文化及相关产业增加值占 GDP 的比重来看,各省历年文化及相关产业增加值占 GDP 的比重均低于5%,要实现成为国民经济支柱产业的目标仍然任重道远。

西北五省区虽文化旅游资源丰富,但文化旅游产业业绩和文化旅游产业贡献仅陕西较为突出。2018 年,陕西省文化产业实现营业利润 51.6 亿元,同比增长 36.6%,应缴增值税 17.2 亿元,同比增长 15.9%。陕西省文化产业发展迅速、成果显著,在繁荣社会文化、拉动经济增长和解决社会就业方面发挥着越来越重要的作用。不过,陕西文化产业发展的短板也较为明显,与文化产业发展较为发达的东部其他省份相比,大企业的支撑引领作用不强、文化制造业是产业发展软肋等问题仍亟须解决。

表 4-16　2010—2018 年西北五省文化产业增加值增速(%)

省份	2010 年	2011 年	2012 年	2013 年	2014 年	2015 年	2016 年	2017 年	2018 年
陕西	12.50	11.60	10.10	8.90	10.50	8.80	8.90	8.80	10.01
甘肃	12.26	12.52	11.95	9.49	9.77	8.86	6.54	8.36	9.97
宁夏	7.30	9.80	7.40	6.90	7.90	9.00	9.20	7.70	8.15
青海	9.73	11.07	9.80	8.84	8.56	7.95	7.94	6.89	8.85
新疆	15.50	12.30	10.90	10.40	12.30	9.50	9.50	3.00	11.05
西北五省	12.25	11.61	10.17	9.00	10.36	8.88	8.69	8.46	9.93

表 4-17　2010—2018 年西北五省文化及相关产业增加值占 GDP 的比重(%)

省份	2010 年	2011 年	2012 年	2013 年	2014 年	2015 年	2016 年	2017 年	2018 年
陕西	2.82	3.04	3.46	3.69	3.65	3.95	4.14	4.16	2.96
甘肃	1.25	1.24	1.38	1.67	1.94	1.83	2.03	2.19	2.16
宁夏	2.45	2.20	2.21	2.02	2.11	2.23	2.35	2.37	2.44
青海	1.66	1.76	1.85	1.97	2.08	2.27	2.48	1.70	1.72
新疆	1.08	1.02	1.03	1.02	1.06	1.21	1.33	1.36	2.12

三、"时空序列"演变特征分析

采用 DEA-Malmquist 指数法,以西部地区五个省市为决策单元,利用 DEAP2.1 软件,测算了我国西部五省 2010—2018 年的文化产业全要素生产率指数及其分解指标。

(一)西部五省文化产业全要素生产率增长的整体分析

整体上来看,西部五省文化产业的 TFP 变动指数的均值为 0.96,2010—2018 年间西部地区文化产业的全要素生产率平均增长率为-4%,呈下降趋势。从 TFP 变动指数分解指数均值来看,技术效率改善使得全要素生产率得以增长,对西部五省文化产业的全要素增长的贡献更大一些。从各年度情况来看,技术效率在 2013 年、2017 年两年出现较大的改善,主要是由于纯技术效率的提升。2011 年、2012 年、2014 年、2016 年技术效率增长指数都小于 1,出现不同程度的下降,部分年份技术效率并没有得到改善。同时,技术进步指数仅在 2011 年和 2012 年实现了增长,其他年份技术进步指数均小于 1,呈不断退步的趋势,抑制了全要素生产率的增长。

表 4-18　2010—2018 年西部五省文化产业全要素生产率指数及其分解

年份	技术效率变动指数	技术进步指数	纯技术效率变动指数	规模效率变动指数	TFP 变动指数
2010—2011	0.985	1.045	1.008	0.977	1.029
2011—2012	0.881	1.191	0.864	1.019	1.049
2012—2013	1.105	0.874	1.136	0.972	0.965
2013—2014	0.960	0.985	0.898	1.070	0.946
2014—2015	1.067	0.887	1.105	0.965	0.946
2015—2016	0.971	0.943	0.898	1.082	0.916
2016—2017	1.121	0.823	1.140	0.984	0.923
2017—2018	1.045	0.873	1.003	1.043	0.913
均值	1.014	0.946	1.001	1.013	0.960

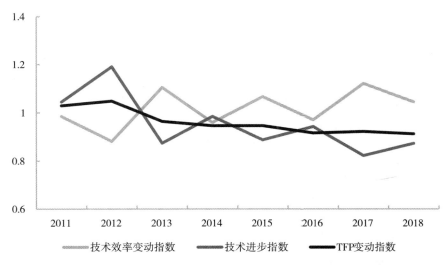

图 4-11　2010—2018 年西部五省文化产业全要素生产率及其分解指数时间走势

　　根据表 4-18 做出西部五省文化产业 Malmquist 指数及分解指数在时间坐标轴上的增长趋势图。如图 4-11 所示,西部五省文化产业 TFP 变动指数除在前两年有所增长外,整体上呈现出不断下降趋势,究其原因主要是技术出现了退步。技术效率与技术进步呈现出震荡波动的变化趋势,这说明,在这期间文化体制改革及大量政策的出台,对西部五省文化产业发展产生了很大的影响,技术效率与技术进步出现了较大波动,而技术进步指数不断下降也反映了西部五省文化产业发展出现了重效率轻技术的现状。

(二)西部五省文化产业全要素生产率增长时间序列分析

从表4-19中可以看出,我国西部五个省区文化产业综合效率指数偏低,仅陕西、青海两省的文化产业的 TFP 增长率呈正增长趋势。其中,陕西省全要素生产率平均增长了 1.1%,青海文化产业全要素生产率平均增长了 0.3%,其余甘肃、宁夏、新疆三省(自治区)全要素生产率的变化出现了负增长的现象。通过分解指标可以进一步发现甘肃省文化产业全要素生产率出现下降主要是因为技术出现退步,加之纯技术效率下降了 0.9%,从而阻碍了技术效率的进一步提高。对于宁夏和新疆来说,全要素生产率下降的主要原因均是技术进步指数的下降,这说明青海省在发展文化产业时应该注重吸收文化创意人才,提升文化产品科技含量。从技术效率排名来看,2010—2018 年间,技术效率增长最快的是新疆;其次是甘肃、青海,其技术效率平均值增涨率分别为 4.6%、2.1%、0.4%,其余两省技术效率变化不大。其中,新疆文化产业技术效率的增长,是由于纯技术效率和规模效率共同增长的作用。青海技术效率之所以增长是因为规模效率的增长。甘肃的规模效率虽有所提升,但由于纯技术效率出现了负增长情况,抑制了其技术效率的提高,这说明甘肃文化产业发展中存在管理水平以及相应的制度与文化产业发展规模不相匹配的问题,从而抑制了文化产业的进一步发展。从技术进步指标来看,只有陕西省实现了技术进步,年均增长率为 1.1%,西部五省多数地区创新能力不足。

表 4-19 各省文化产业全要素生产率指数及其分解指标

地区	技术效率变动指数	技术进步指数	纯技术效率变动指数	规模效率变动指数	TFP 变动指数	排名
陕西	1	1.011	1	1	1.011	1
甘肃	1.021	0.885	0.991	1.031	0.904	5
宁夏	1	0.931	1	1	0.931	4
青海	1.004	0.999	1	1.004	1.003	2
新疆	1.046	0.912	1.014	1.032	0.954	3

按照表 4-19 的全要素生产率变动均值排名,具体来看各省历年全要素生产率及分解值变化,陕西省文化产业全要素生产率增长最快,由表 4-3 可知,陕西省全要素生产率仅在 2016 年、2017 两年有所下降,其他年份均有所改善,从分解值来看,2016 年之前全要素生产率的改善主要是由于技术进步,之后两年全要素生产率的提升主要源于技术效率的提升,而技术效率的提升主要是由于规模效率的提升。由表 4-4 可知,青海省文化产业技术效率与技术进步指数在研究年份内波动较大,交替上升,共同影响全要素生产率变化。由表 4-5 可知,新疆文化产业全要素生产率仅在 2011 年、2012 年两年有所改善,之后呈不断下降趋势,2015 年由于规模效率的改善技术效率有了较大提升,但由于技术水平的持续下降致使全要素生产率处于持续下降的状态。由表 4-20 可知,宁夏文化产业技术效率变化不大,全要素生产率与技术水平同向变化。甘肃省排名最靠后,由表 4-21 可知,仅 2011 年一年实现了全要素生产率的改善,之后均处于持续下降状态,2014 年后规模效率的提升带动了技术效率的增长,但技术水平较低,全要素生产率未得到改善。

表 4-20 2011—2018 年陕西文化产业全要素生产率指数及其分解指标

年份	技术效率变动指数	技术进步指数	纯技术效率变动指数	规模效率变动指数	TFP 变动指数
2011	1	1.081	1	1	1.081

续表

年份	技术效率 变动指数	技术进步 指数	纯技术效率 变动指数	规模效率 变动指数	TFP 变动 指数
2012	0.837	1.25	1	0.837	1.046
2013	1.194	0.872	1	1.194	1.041
2014	1	1.019	1	1	1.019
2015	0.99	1.012	1	0.99	1.003
2016	0.867	1.123	1	0.867	0.973
2017	1.065	0.86	1	1.065	0.916
2018	1.094	0.933	1	1.094	1.021

表 4-21　2011—2018 年青海文化产业全要素生产率指数及其分解指标

年份	技术效率 变动指数	技术进 步指数	纯技术效率 变动指数	规模效率 变动指数	TFP 变动 指数
2011	0.942	1.049	1	0.942	0.989
2012	0.78	1.344	0.503	1.551	1.048
2013	1.4	0.83	1.989	0.704	1.162
2014	0.833	1.055	0.575	1.448	0.878
2015	1.099	0.985	1.738	0.632	1.082
2016	0.884	1.087	0.561	1.577	0.961
2017	1.325	0.85	1.784	0.743	1.127
2018	0.935	0.881	1	0.935	0.823

表 4-22　2011—2018 年新疆文化产业全要素生产率指数及其分解指标

年份	技术效率 变动指数	技术进步 指数	纯技术效率 变动指数	规模效率 变动指数	TFP 变动 指数
2011	1.019	1.042	1.049	0.972	1.063
2012	0.875	1.158	0.997	0.877	1.013
2013	1.095	0.892	1.029	1.064	0.976
2014	0.998	0.981	1.039	0.961	0.979
2015	1.134	0.822	0.99	1.146	0.932

年份	技术效率变动指数	技术进步指数	纯技术效率变动指数	规模效率变动指数	TFP 变动指数
2016	1.109	0.8	1.059	1.047	0.886
2017	1.021	0.801	0.962	1.061	0.817
2018	1.146	0.859	0.992	1.155	0.985

表 4-23　2011—2018 年宁夏文化产业全要素生产率指数及其分解指标

年份	技术效率变动指数	技术进步指数	纯技术效率变动指数	规模效率变动指数	TFP 变动指数
2011	1	1.014	1	1	1.014
2012	1	1.186	1	1	1.186
2013	1	0.859	1	1	0.859
2014	1	0.966	1	1	0.966
2015	1	0.866	1	1	0.866
2016	1	0.948	1	1	0.948
2017	1	0.822	1	1	0.822
2018	1	0.841	1	1	0.841

表 4-24　2011—2018 年甘肃文化产业全要素生产率指数及其分解指标

年份	技术效率变动指数	技术进步指数	纯技术效率变动指数	规模效率变动指数	TFP 变动指数
2011	0.966	1.036	0.992	0.974	1.001
2012	0.928	1.037	0.961	0.966	0.963
2013	0.900	0.918	0.926	0.972	0.826
2014	0.982	0.912	0.976	1.006	0.895
2015	1.118	0.774	0.960	1.165	0.865
2016	1.019	0.807	0.982	1.037	0.822
2017	1.231	0.786	1.120	1.099	0.967
2018	1.064	0.856	1.021	1.043	0.911

（三）西部五省文化产业全要素生产率增长空间序列分析

为反映各省份文化产业发展的空间演变情况，基于各省份文化产业的全要素生产率数值，选取 2011 年、2013 年、2015 年、2018 年，绘制了西北五省的时空演变趋势图，具体如图 4-12 所示。

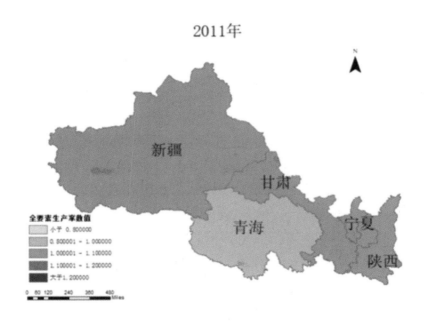

图 4-12　2011 年西北五省文化产业发展空间示意图

西北五省 2010—2018 年文化产业发展效率的空间分布表现为以下两方面特征：

第一，新疆、甘肃、宁夏三省的文化产业全要素生产率呈现不断下降的趋势，而青海和陕西的文化产业全要素生产率则呈现不断上涨的趋势。在 2011 年，新疆、甘肃、宁夏和陕西的文化产业全要素生产率数值相近，而青海略低于以上四省。2013 年，甘肃文化产业全要素生产率有所下降，新疆变化不大、其

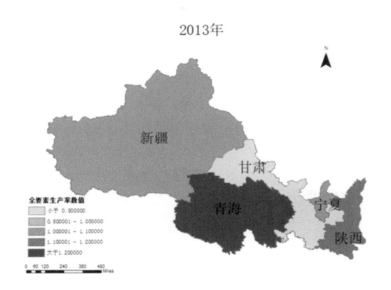

图 4-13　2013 年西北五省文化产业发展空间示意图

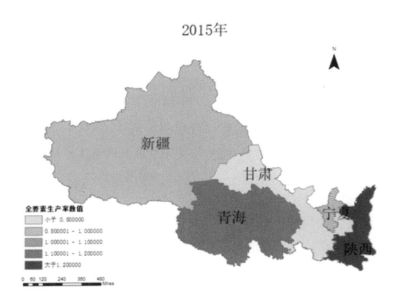

图 4-14　2015 年西北五省文化产业发展空间示意图

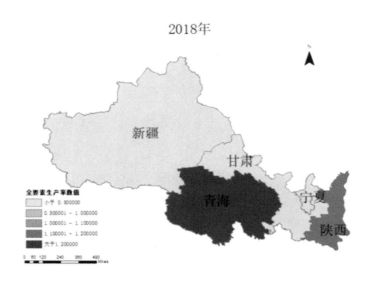

图 4-15　2018 年西北五省文化产业发展空间示意图

余三省有所上升。其中青海省的文化产业全要素生产率远高于其他各省。2015 年,陕西、青海两省的文化产业全要素生产率要高于新疆、宁夏和甘肃三省。2018 年,新疆和宁夏的全要素生产率进一步下降,甘肃继续保持低位,青海和陕西则继续保持高位。

第二,省份间文化产业全要素生产率的差距日趋扩大,两极分化趋势日益严重。2011 年,省份间的极值差距仅为 0.1,而到了 2018 年,极值差距变为 0.7。且观察图 4-15 可知,青海、陕西的文化产业全要素生产率远高于新疆、甘肃和宁夏,两极分化十分明显。

四、结论及建议

(一)主要问题

西北地区有丰富多样的民族文化和民族风情,这些极具特色的文化资源都是西部地区发展特色文化产业的重要基础。西北民族地区特色文化产业的发展水平较低，主要存在以下三方面问题：

一是特色文化资源开发利用程度低，西部五省虽然文化底蕴深厚，但较低的产业集中度以及市场化水平，文化单位对文化资源的开发和营销水平都远远不够，有特色的文化产业项目或有影响力的品牌较少。当然各地虽然不乏知名品牌，但也有不少文化产品处于粗放型经营，文化产品的宣传推广和后续配套经营比较缺乏。很多文化旅游项目缺乏特色，文化内涵挖掘程度不够。

二是文化产业集聚水平较低，文化产业发达的地区通常都形成一定的文化产业集群，西部五省文化产业集群发展面临的主要问题有两方面：一方面，西北五省文化产业集群整体处于诞生阶段和成长阶段，整体竞争力较弱。大部分文化产业园正处于建设状态，文化龙头企业较少，企业间分工协作少。初期很多规模较小的小作坊式民营企业加入，创新能力和抵御风险能力都较弱，市场淘汰率较高，整体竞争力不强。另一方面，西部五省文化产业没有形成成熟的产业链，产业间的关联效应未能充分体现，同质性企业较多，目前的文化产业园区仅仅是企业的集聚地、产品的集散地，没有形成成熟的企业网络和系统。

三是文化产业综合竞争力较弱。文化产业竞争力是指在一定区域范围内文化产业的表现或地位，作为产业竞争力的一种类型，随着世界各国对文化产业的日益重视，逐渐成为知识经济背景下区域和国家竞争力的重要组成部分。西部五省文化产业竞争力较弱，直接表现为西部五省文化产业规模小、集聚度水平低、投入产出综合技术效率较低。文化企业集中度较低，具有规模的产业组织数量较少。文化产品出口能力有限，文化产业环境有待改善。经济基础比较薄弱，文化产业支持政策还有待加强。

（二）制约因素

西北地区特色文化产业在发展过程中，会受到多种因素的干扰和制约，从而对西北地区特色文化产业的进一步发展产生阻力。全面分析这些因素有利于推进民族特色文化产业健康有序的发展。总体来说,制约西北地区民族特色文化产业发展的因素主要包括以下四个方面:

一是文化消费需求不足。根据马斯洛需求层次理论,文化需求是一种更高层次的需求,建立在丰厚的物质条件基础之上。文化消费需求是文化产业发展的内在动力,是一种导向性需求,表现在:消费需求增加会直接拉动文化产业增长,影响文化产品和文化服务的供给能力以及文化产业的规模和结构。改革开放以来,虽然随着经济的快速发展,人均收入不断提高,然而城镇房价、医疗、普通消费品价格的上涨仍然挤占了消费者对文化教育娱乐的消费空间,使其支出比重逐步缩小,导致西部五省的文化消费需求不足,无法为当地的文化产业发展提供充足的内在动力。

二是专业人才匮乏。近年来,西部五省文化产业得到迅速发展,各类文化人才不足与文化产业快速增长的矛盾日益突出。表现在以下几个方面:一是基层文化单位人员不足,职业门槛较低,一些县级和乡级文化站从业人员编制没有落实,具有高级职称和中级职称的人员占从业人数比例较低。二是文化产业各领域的高级管理人员和高级技术人员较少,尤其是懂策划、善经营、会管理的复合型人才更为缺乏,究其原因,文化产业涉及多个细分行业,专业性很强,部分文化产品技术含量很高,而不少文化产业部门的领导是从文艺团体中提拔上来的,在管理和营销技能方面有些欠缺。三是文化产业人才的保障机制不完善,有很多非物质文化遗产濒临消失,缺乏继承人,很多年轻人由于工资低而不愿意从事手工艺品的传承,针对文化领域特殊人才的保护力度不够,缺少相应的物质和精神激励机制,文化从业者的积极性以及文化单位的创造活力都受到影响。四是人才培养力度不够,当地高校少有专门开设文化产业专业,而且高校培养出的人才也面临培养和需求脱节以及人才流失的困境,优秀人才的引入也极为困难。

三是机构设置和体制不合理,各地区经济发展水平、资源禀赋、地理位置、人才水平等条件各不相同,不同地区的文化产业机构设置存在差距。一方面,国有文化事业单位变为市场运作较为困难,表现为一些国有文化事业单位虽然已经进行管理体制改革,实际运作中仍然沿袭着两和运作方式,即这些单位身份为事业法人,运作形态为"事业型企业化",享受着事业单位的待遇和企业的好处,运行中受到行政保护,投资资本大多为垄断性资源,资金和人才的市场运作水平都较低;还有不少文化单位名为企业,实际上是政府的下属机构,自主权较少,部门垄断和趋于封锁现象比较严重;另外还有部分文化事业单位由于担心失去"铁饭碗"和某些利益至今仍不愿意进行市场化运作。另一方面,文化管理体制改革也遭遇困境,有时会遇到文化领域条块分割、市场壁垒严重、管办不分以及分工不明等问题。此外,有些经过管理体制改革的单位的市场化运营仍处于探索阶段。

四是政府支持力度不够,西部五省整体文化产业发展思想意识比较滞后。表现为很多文化部门管理人员未能摆脱计划经济观念的影响,文化经济和消费意识不强,对文化产业和文化事业的理解有失偏颇。例如忽视文化产品的商品性将文化产品看成精神产品;把以追求经济效益采用实现利润的市场营销手段的经营性文化产业混同于以实现社会效益通常政府为主体提供给人民群众的公益性文化事业;不明确文化产业在区域经济发展中的定位和作用,存在一定的随意性和盲目性。另一方面,许多地区尚无专门的文化产业发展规划,目前文化产业管理很多还沿袭以往文化事业的管理方式,因此地方政府对文化产业发展的政策支持力度还有待加强。

(三)对策建议

西北地区特色文化产业的发展,应当以特色资源为依托,以市场为导向,创造特色品牌文化产品,变资源优势为产业优势,实现集群发展的规模效应,把西部特色文化产业培育成新的经济增长点。可以从以下四个方面着手:

一是树立全新民族文化产业发展观。思想决定行动,西部五省要建设特色文化产业,就要树立全新的文化产业发展观。各级政府在发展特色文化产业过程中扮演的角色极为重要,应充分认识发展特色文化产业的必要性,增强市场意识,正确对待文化事业和文化产业的关系,改变以往将文化局限在文化事业圈子里的做法。在如何发展文化产业方面,很多文化单位管理者在文化产业投入方面还存在着"等、靠、要"的观念,没有从传统观念的束缚中解放出来,缺乏市场化经营理念,有必要尽快创新思想意识,停止单纯依赖政府投入和政策扶持的做法,逐步走向市场化改革道路,扩大融资渠道,以项目运营方式,来充分调动民营资本、社会力量以及外资参与相关领域文化产业项目投资。政府在发挥引导作用的同时,也要注意发挥市场经济机制的作用,逐步形成有活力和创新精神的文化产业发展格局。要改变长期落后的思想观念,比较有效的方法是加大文化产业的宣传力度,政府机构从上到下通过培训、会议以及媒体的宣传作用,让当地人民意识到可以通过发挥自己所掌握的文化技艺特长,利用挖掘本土民族、历史和自然文化资源都能获得经济收入,最终塑造成全社会支持特色文化产业发展的良好氛围。

二是培育民族特色文化发展主体。对于经济基础比较薄弱,文化产业发展初级阶段的西北地区,应选择"政府扶持,市场运作"之路。在制定扶持政策的同时,应大力加强体制机制建设,等文化产业步入正轨后就由市场来进行主导,这样产业活力才能长期保持。政府主要通过三个渠道:财政渠道、法律渠道、经济政策渠道,为文化产业发展塑造良好环境,从而有利于市场机制的充分发挥,消除阻碍文化产业发展的不利条件,进而降低文化企业成长的交易成本。市场在文化产业发展过程中扮演着核心角色,政府一系列政策起到扶持作用,当市场环境比较完善时,政府就可以只起到宏观指导和调控的作用。具体可以从以下几个方面加强政府的引导和扶持作用:第一,建立专门的文化产业领导机构和行业协会,加强对文化产业发展的宏观指导和管理。第二,各地政府还要加强对文化产业发展的政策和资金支持。第三,加强政府相关部门对文化产业市场的监管,规范市场秩序。在政府主导到一定阶段后有必要退出干预,将调控职责交还市场,这样文化企业的活力才能得到有效保持。培育文化市场主体,一方面,培育文化企业,即文化产品和文化服务的提供者,为不同经济水平和消费水平层次的消费者提供不同种类的文化产品和服务,从而满足消费者的不同需求;还要健全文化市场管理机制,创造健康、公平、公正及竞争有序的文化环境;培育骨干文化企业发挥其示范带头作用;鼓励小微文化企业发展,为其提供融资支持,增强市场活力。另一方面,培育文化消费群体,从西北五省目前的经济和文化发展情况来看,经济发展及居民消费水平在一定程度上制约了文化产业的发展,可以开拓国内外文化消费市场,从而弥补本地文化消费市场有限的不足。

　　三是培育民族特色文化产业品牌。西北五省文化产业竞争力整体比较低下,要改变目前文化资源开发利用广度和深度不够、文化产品转化能力不足、文化产品市场化程度很低等问题,关键是要树立创新意识,形成自己的品牌。具体来说,可以组织协调相关部门,在充分了解社会需求的基础上,将现有文化资源和文化品牌进行分类和评估,为品牌建设奠定基础;建立和完善相关特色文化品牌机制,例如:特色文化品牌认证和发布机制、传统工艺技艺的认定保护机制等,为品牌建设保驾护航;采用先进的技术手段激发文化资源的创造力,为文化产品和服务增强表现力,扩大品牌知名度。每个地区有必要选择能够体现当地竞争优势的重点特色产业来进行发展。文化产业门类众多,要从多方面满足文化消费者的需求,但并不代表文化产业十几个行业要同步发展。实际上这也是不现实的,同步发展只能导致共同落后。各地独特的文化资源、地缘优势,决定着当地特色文化产业发展的战略定位,即必须基于本土文化资源禀赋,发挥比较优势,明确发展重点,把资源优势转变为产业优势,合理选择本土重点有特色的文化产业。

　　四是提高民族特色文化产业集聚水平。首先,合理规划产业集群空间布局。各地区政府要针对本地区的比较优势,找准文化产业的定位,制定相应文化产业发展战略,合理规划文化产业聚集区的空间布局。其次,扶持重点文化企业,发挥示范带头作用。文化企业是文化产业发展的主体,尤其是骨干文化企业,它们的带动和引领作用对当地文化产业的发展有很强的推动作用。特色文化产业集群的形成模式之一便是在龙头文化企业的示范下,逐渐加入更多中小企业,最终形成产业集群。再次,实施优势项目与重点项目带动战略。一个重大文化产业项目的完成通常都是一个新的文化产业集群的诞生。最后,加强企业间的合作以及不同行业的融合,发挥文化产业关联效应。政府在主导文化产业园建设时要注重园区内产业的横向和纵向关联,打造文化产业链,进而发挥其关联和辐射效应。

第五章 西北地区特色文化产业发展现状及其特征

一、西北地区特色文化产业发展现状

在一系列文化产业政策和措施的推动下,甘肃、新疆、青海、宁夏等地区的文化产业获得较为明显的发展,其发展总体上呈良好态势,对社会经济发展的推动作用明显。文化产业在这一过程中不断与相关产业融合,各市场主体竞争力也不断增强,使得文化产业在规模上不断扩大。就发展特点来看,西北地区的文化产业迈入了发展的新阶段,发展速度加快、产业竞争力增强、发展前景广阔。

(一)不断优化的政策环境,推动文化产业的发展

在党和国家对文化产业发展的支持下,西北地区充分利用各项优惠政策,加大投资力度,完善政策法规,推动文化产业发展。主要体现在:文化市场主体增多、投资规模扩大、文化聚集性产业发展势头强劲、对经济的贡献力增强。在优化政策环境的过程中,各省、自治区政府适时推出文化产业政策。2016年12月,甘肃省出台了《关于推动文化文物单位文化创意产品开发的实施意见》,明确要求"到2020年,全省文化创意产品年产值在1亿元以上的创意文

化产业园区、基地和企事业单位达到 10 家以上,文化创意产业产值在全省文化产业产值中的比重达到 30% 左右"①。这不仅为甘肃省文化产业建设提出了具体目标,而且从政府规划角度为文化产业的发展提供了必要的支持。青海省也以"提高文化自觉、增强文化自信、实现文化自强、建设文化名省"为文化产业建设目标与导向,出台了一些政策文件,以保障文化产业的发展方向。② 宁夏在 2012 年就出台了首个文化产业的发展规划,将文化产业作为国民经济发展中的重要抓手,不仅确立文化产业的战略布局,而且确定了九大重点产业。③ 为拓展融资渠道,宁夏还出台了一系列政策,鼓励民间资本进入文化产业领域。④ 在"十三五"规划中对文化产业的发展规划了明确的发展方向,就是要将文化产业与文化事业并行发展。在此背景下,新疆维吾尔自治区在第九次党代会上明确提出要"深化文化体制机制改革,创新完善文化产业发展体系,推动文化事业与文化产业协同发展。"这为自治区文化产业的发展提供了明确的政策导向。

(二)产业规模扩大,经济效益增强

在文化产业快速发展的背景下,西北地区的经济构成比例发生了显著变化,文化产业推动西北地区各省域经济发展的成效越来越突出,其产业带动效应逐步凸显。从文化产业的增加值来看,2011 年,甘肃的文化产业增加值仅

---

① 王霖:《甘肃文化创意产业发展报告》,《新西部》2018 年第 19 期。

② 参见罗赟敏:《青海省旅游与文化产业发展现状及融合关系研究》,《青海师范大学学报》2018 年第 6 期。这些政策文件包括:《关于加快文化改革发展建设文化名省的意见》《关于加快发展文化产业的意见》《青海省"十三五"文化发展规划》。

③ 参见 2012 年发布的《宁夏文化产业发展"十二五"规划》,是宁夏首个文化产业发展规划,在宁夏文化产业发展史上具有标志性意义。该《规划》确定了宁夏"一城两区三带四组团"的战略布局,明确了文化旅游业、新闻出版业、广播电视业等九个重点发展行业,通过实施"六大工程"推动文化产业快速发展。

④ 参见鲁忠慧:《宁夏文化产业发展报告》,《新西部》2018 年第 19 期。这些政策包括:《关于进一步加强宁夏文化产业金融服务工作的意见》《宁夏"五优化对接"普惠金融工程实施方案》与《宁夏文化厅关于鼓励和引导民间资本进入文化领域的实施意见》。

为 62 亿元,在国民经济中所占比重很小,仅为 1.24%。到 2017 年,实现了 163 亿元的产业增加值,7 年间的平均增速达到了 26%,占 GDP 的比重提高到了 2.19%;2018 年,更是实现了产业增加值 178.16 亿元,同比增速 9.3%,旅游业发展势头迅猛。2017 年,宁夏的文化产业占 GDP 的比重也提高到了 2.37%,新疆、青海的文化产业增加值也快速增长,占 GDP 的比重逐年上升。①

从西北地区文化产业增加值的发展情况来看,总体处于良好上升趋势,甘肃在该地区文化产业的发展中居首位,其次是宁夏、新疆,青海由于受地形、交通、海拔等的影响,暂居末位。但是分析西北地区文化产业的发展速度,可以清晰地看出,在党和国家对于文化产业发展的政策支持下,在各地政府不断出台文化产业扶持政策的推动下,这些地区发展特色文化产业潜力巨大。但是我们也要认识到该地区文化产业的发展与全国文化产业总体水平的差距。全国文化产业的增加值在 2016 年就突破了 30000 亿,文化产业增加值占 GDP 的比重也高于 4 个百分点的增速,年均增速都在 10% 以上。而西北地区的文化产业发展尚未达到全国的平均水平,因此西北地区更应该找问题、找差距、补短板、促发展,充分利用自身文化资源优势,助力产业化发展,进一步提高区域社会经济效益。

(三)聚集效应凸显,产业融合加快

文化产业在发展过程中,对于相关产业会产生极强的聚集效应,而文创产业园区就是推动产业聚集的媒介与平台,因此加快建设文创产业园,对于西北民族地区文化产业的发展有着十分重要的现实意义。

在甘肃,为了推动文化产业的发展,各级政府不断挖掘当地文化资源,依托这些文化资源建立起了一批具有特色的文创产业园,代表性的文创产业园有兰州创意文化产业园、甘肃华源文化产业集团、敦煌文化产业园、兰州国家

---

① 参见鲁忠慧:《"十二五"时期西北地区文化产业发展现状及思考》,《宁夏师范学院学报》2018 年第 12 期。

级文化和科技融合示范基地等,在这些文创产业园区中,文化创新、理念创新、技术创新等是其显著特点,这对甘肃文化产业的发展来说具有十分重要的带动和示范作用。在文化产业发展的推动下,各相关产业开始呈现聚集发展的趋势,以"文化+"旅游、餐饮、民宿、科技、医药、体育等的发展趋势最为明显,这直接带动了地区经济的整体发展。

在青海,各地政府积极利用当地独特的民族文化、宗教文化、民俗文化等文化资源,大力推动文化产业与其他产业的融合发展,以旅游业为核心,打造文化产业园区。旅游业作为与文化产业联系密切的产业,其上游依托独特又丰富的文化资源,下游还带动餐饮、民宿、文创产品等的消费,在此基础上,青海建立的塔尔寺藏文化创意园、城南文化产业项目、贵德黄河生态文化旅游基地、互助土族纳顿文化旅游项目等具有鲜明的民族特色。

在宁夏,文化产业的发展主要依靠集约化、集聚化带来的优势,催生文化产业集群。截至 2016 年底,自治区统计数据显示,共有国家级文化产业示范基地六处和一处国家级文化产业示范园区,自治区建立的其他文化产业园区和示范基地在数量和质量上都有所提高。在文化产业园和产业基地的强力支持下,宁夏抓住时机积极培育和壮大了一批文化产业集群,使文化产业的发展朝着集约化、集聚化方向发展。为了保障文化产业的发展,优化营商环境,自治区政府运用鼓励文化创新、制定文化产业管理体系、强化监管力度的办法,推动文化产业园的持续健康发展,使文化产业园区成为推动自治区经济发展的"助推器"。

在新疆,文化产业的发展依托文化产业示范基地,充分利用产业聚集效应,推动区域经济整体发展。在优惠政策和各项扶持措施的推动下,新疆各地涌现出很多文化创意产业园区,这些产业园区各自发展,各自都有所侧重,主要包括有传统艺术、地方特色、休闲娱乐、综合发展等类型,具有代表性的产业园区有:七坊街创意产业园区、木垒民族刺绣产业园区、阿凡提乐园、玛纳斯碧玉文化产业等。在政府的主导下,这些文化产业的发展有着资金和政策的支持,发展势头良好,发展前景广阔。①

（四）利用文化资源,打造知名品牌

在"一带一路"建设的推动下,西北民族地区各省域的文化产业发展迎来了前所未有的良机。这里不仅仅是古丝绸之路的黄金地带,而且是东西方文化交融的核心区域,这为该地区文化产业的发展提供了地理优势和文化资源优势。在这一背景下,西北各省纷纷提出了"文化强省"的战略目标,积极打造地区知名文化品牌,推动文化产业走向世界。

新疆作为"丝绸之路经济带"的核心区,依托区位优势,扩大开放,推动民族文化产业发展。在建设区域名片上,美食、美景成为重要依托,民族文化、宗教文化、民俗文化成为重要内容,高新技术、文创产品等成为主要发展方向,将传统与现代深入融合,增强文化产业的发展活力。② 甘肃利用科学技术,将古文物遗产用现代技术手段进行重塑与复原,以全新的面貌和方式呈现在人们面前;大力发展文创产品,将具有深厚文化内涵的艺术纪念品、藏品等开发出来,满足文化消费者的需求;利用省内独有的文化资源,打造了一批文化品牌,例如充分利用敦煌文化的知名度,推出了三大核心品牌——"如是敦煌""念念敦煌""星空下阐释敦煌"。2017 年,敦煌成功举办 3 场展览,即 4 月 10 日敦煌艺术走进全国展览、4 月 19 日第八届海峡两岸文化创意产业展、5 月 24 日美国拉斯维加斯国际品牌授权展。敦煌文化艺术及其创意创新引起了广大观众的热烈反响;传承和发展非物质文化遗产,以此为基础,开发出具有非物质文化遗产特色的文创产品,例如庆阳香包、卓尼洮砚、酒泉夜光杯、平凉纸织画等成了当地文化产业发展的核心推动力。青海以旅游业为依托,通过加强基础设施建设、完善服务等方式,吸引游客前来观光旅游;利用民族特色文化,

---

① 参见刘颖:《新疆文化创意产业园区发展现状与对策研究——基于空间相互作用的理论视角》,《克拉玛依学刊》2015 年第 4 期。

② 参见张新友:《新疆文化产业发展现状及对策研究》,《喀什大学学报》2017 年第 5 期。

开发文创产品,例如唐卡绘制、堆绣制作、泥塑、藏香、传统弓箭、民族服饰等成了热销的文创产品,金色热贡、热贡文化、热贡艺术等已经成为知名品牌,文化产业发展的质量显著提高。宁夏依托特色的旅游资源,打造具有地域特色、文化内涵的文化旅游业,建设了一批民族文化旅游基地和民族文化生态旅游村;以黄河文化、西夏文化、红色文化和回族文化等为内容,培育和发展文创产业,推动相关产业的深度融合,为宁夏文化产业的发展进一步拓展了空间。①

二、西北地区特色文化产业发展的特点及影响

(一)西北地区文化产业发展的特点

文化产业和其他产业的生产具有相似性,都是按照工业化的生产方式进行生产、消费,但是由于文化产业的文化特性,决定了其产品附加值高于普通的工业产品。西北地区文化产业的发展兼具资源的稀缺性、独占性,产业的民族性、多元性、价值性与可开发性等特点。

1. 资源的稀缺性、独占性

稀缺性主要体现在有限上——资源有限、分布有限。从经济学角度解释,是指"相对于人们的无穷欲望而言,经济资源或者说生产满足人们需要的物品和劳务的资源总是不足的"②。正是由于资源的有限,使得拥有这些资源的地区拥有了其他地区不具备的优势,那就是独占性。

在西北地区,很多文化资源都是特有的,而且是稀少的。世代口耳相传、约定俗成、世代相袭的文化,一般都很难有明确统一的文字记载和传播载体,

---

① 参见汪克会:《基于全域旅游视角的宁夏文化旅游产业发展对策研究》,《商业经济》2017 年第 7 期。

② 钱明义:《一看就懂的 77 个经济学故事》,台海出版社 2019 年版,第 93 页。

这对文化本身来说,是十分不利的,因为在传承和发扬的过程中很容易被遗失,也不利于对外传播和交流。在这样的文化传承方式下,很多文化资源面临着消失的危险,也面临着被取代的风险。在现代文明的冲击下,很多民族文化面临着消失的危险,例如传统节日风俗(如藏族的驱鬼节、俄喜节、沐浴节、郎扎热甲节等)在现代文明的冲击下,逐渐丧失了民族特色,传统工艺难以找到继承者等。这些因素造成了西北地区文化资源的流失,使得这些文化资源越来越稀少。在这样的背景下,发展西北民族地区文化产业,既可以利用文化资源建立文化产业,进而推动区域经济发展,又可以在发展文化产业的过程中,保护、传承和发展民族文化。

表 5-1　西北各省域世界遗产数目统计表　单位:处

省份	世界文化遗产	世界文化景观遗产	世界文化与自然遗产	世界自然遗产	合计
甘肃	1	0	0	0	1
青海	0	0	0	1	1
宁夏	0	0	0	0	0
新疆	0	0	0	1	1

数据来源:本表数据由笔者根据国家文物局网整理统计,https:www.ncha.gov.cn/,2019 年 12 月 21 日。

表 5-2　西北各省域国家级非物质文化遗产数目统计表　单位:项

省份	第一批	第二批	第三批	第四批	合计
甘肃	23	30	8	7	68
青海	19	38	7	9	73
宁夏	3	5	2	8	18
新疆	24	56	31	17	128

数据来源:本表数据由笔者根据中国网整理统计,http://www.china.com.cn/,2019 年 12 月 21 日。

在传统文化资源加速流失的今天,要做好传统文化资源的传承和保护工作,就目前来看,最有效的方式莫过于发展文化产业。如表 5-1 所示,在世界遗产名录中,甘肃省敦煌莫高窟、青海省可可西里、新疆维吾尔自治区天山都被列入其中。如表5-2所示,国家为加强非物质文化遗产的保护力度,建立了非物质文化遗产名录,西北民族地区有287项列入其中。列入这些保护名录,对保护文化资源具有一定的效果,但是要实现长久的保护,需要从经济入手,以发展来促进保护。

正是西北地区的文化资源具有稀缺性和独占性,使得其他地区难以模仿,这是发展文化产业的绝对优势。利用这一优势,发展民族文化产业,既可以推动经济发展,又可以使文化资源得以传承和保护,实现"双赢",甚至"多赢"。

2. 产业的民族性

民族性是西北地区文化产业的固有属性,这与西北地区的历史文化分不开。在漫长的历史长河中,西北地区的文化碰撞激烈,各民族、多文化在这里交融,形成了绚丽多彩的民族文化,多民族文化成为该地区文化产业的核心资源。

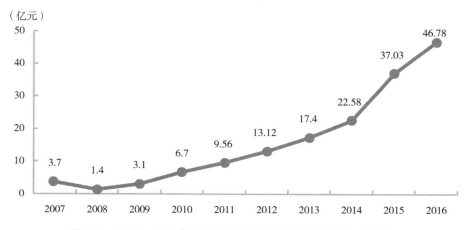

图5-1 2007—2016年甘南州文旅产业综合收入(单位:亿元)

数据来源:甘南藏族自治州政府官方网站。

以甘肃省的甘南藏族自治州为例。在历史上,这里曾是唐蕃古道的重要通道,茶马贸易繁荣,具有十分重要的历史意义。在这里生活着 24 个民族,创造了多姿多彩的民族文化。如表 5-3 所示,多种文化在这里交融碰撞,汇集了游牧文化、佛教文化、农耕文化、民俗文化、红色文化等文化,民族文化资源丰富。在全国文化产业发展如火如荼时,甘南州凭借着境内丰富的文化资源,大力发展文化旅游业,成功带动当地经济的快速发展。据统计,如图 5-1 所示,从 2007 年到 2016 年,甘南文化旅游业收入由 3.7 亿元增长到 46.78 亿元。文化旅游业的发展,助推了脱贫攻坚任务的完成。

表 5-3　甘南州民族文化资源

文化资源类型	具体内容
藏传佛教文化	夏河拉卜楞寺、米拉日巴佛阁、郎木寺、禅定寺、贡巴寺等 121 座藏传佛教寺院
民族节庆文化	藏历年、毛兰节、娘乃节、草原香浪节、采花节、莲花山花儿会、赛马会、插箭节等
民居文化	苫子房、碉房、切木囊、帐房、平房等
民族饮食文化	酥油、青稞、奶茶、酥油糌粑、蕨麻米饭、牦牛肉干、灌汤水晶包、手抓肉和血肠、烤全羊、石炙肉、酸奶、藏糕、人参囊
历史文化遗址	甘南有仰韶文化、马家窑文化、齐家文化以及寺洼文化等遗存,现存有桑科古城、甘加八角城古城堡、羊巴古城、华年古城、汉零王国天子珊瑚城和砖瓦窑等各类古遗址
红色文化遗产	甘南有俄界会议旧址、茨日那毛泽东故居、临潭苏望院旧址、冶力关肋巴佛纪念馆、卓尼杨积庆烈士纪念馆等红色旅游文化遗迹

资料来源:甘南藏族自治州政府官方网站。

总结甘南文化旅游业发展成功的经验,不难看出,正是由于该地拥有丰富且独特的民族文化,使得这里的文化旅游业脱颖而出,一跃成为当地经济发展新的增长极。甘南州民族文化独特性与多样性的特点,既是先天的资源优势,也需要善加利用、充分发掘,才能使民族文化资源发挥出最大潜力。

3. 多元性

多元性是西北地区文化产业发展的又一显著特点,这与该地区文化的多元性是分不开的。在文化产业发展的过程中,各地依托自身独特的文化资源发展特色文化产业,总体上呈现出多元化、特色化和聚集化的特点。新疆利用自身独特的民族文化与区位优势,借助文化资源,走传统文化产业化的发展道路;甘肃则促进科学技术与文化资源的结合,通过数字化开发,走数字化文创产业园区发展道路;青海依托文化旅游业,结合当地民族文化资源,走"文化+旅游"的特色发展道路;宁夏依托文化示范基地和文化产业园,利用当地历史文化资源,走融合发展的道路。

文化资源的多元性,在很大程度上决定了文化产业发展的多元性。这些地区虽然在发展方式上有所区别,但是归根结底还是依托当地多元的文化。

4. 价值性与可开发性

西北地区的文化资源是各民族在漫长的历史发展过程中,相互碰撞与交融的产物,既包含有形的器物,又包含无形的文化。其价值性体现在三个方面:一是各族人民共同创造灿烂文化;二是在传承与发展过程中融合了多种文化;三是这些文化的发展过程不可复制与重现。其开发性有四个方面:一是这些文化本身具有的价值值得开发;二是这些文化资源可以通过开发带来巨大的经济效益;三是这些文化资源对于其他地区的人们来说是新奇的,可以通过开发来吸引他们前来了解与感受;四是这些文化可以在开发的过程中进一步得到发展与保护。

如图5-2所示,游客对具有浓郁民族风情的文化有着消费的欲望,他们有时间与消费能力走进这些传统文化之中,在自然风光和人文景观中享受生活,陶冶情操。

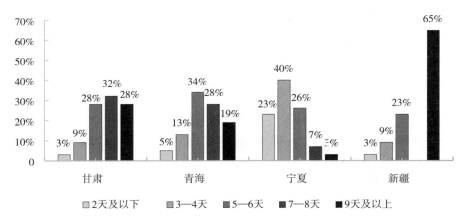

图 5-2　西北地区自由行平均游玩时间

数据来源:中国旅游研究院,马蜂窝旅游网自由行大数据联合实验室,2019 年 12 月 22 日。

表 5-4　2016—2018 年西北四省民族文旅产业发展情况

	2016 年		2017 年		2018 年	
	旅游总收入（亿元）	接待游客总量（亿人次）	旅游总收入（亿元）	接待游客总量（亿人次）	旅游总收入（亿元）	接待游客总量（亿人次）
甘肃	1220	1.9	1580	2.39	2000	3
宁夏	205	0.21	278	0.31	295	0.33
青海	310	0.28	382	0.35	458	0.42
新疆	1401	0.79	1823	1.07	2579	1.5

数据来源:根据相关资料收集整理。

如表 5-4 所示,在各地陆续出台的各种优惠政策和措施的推动下,西北民族地区文化产业的发展得到了大力开发与支持,其发展势头良好,服务也更完善,使得游客愿意不远千里前来感受不一样的风景。

(二)西北地区文化产业发展的影响

文化产业的发展在经济领域的效益是显而易见的,但是更深层次的是它能够促进产业结构的调整,使产业结构朝着高质量方向发展。西北地区文化产业的发展带来的影响是多方面的,在经济、政治、社会、文化等领域产生巨大的综合效益。

1. 经济影响

文化产业是经济领域的重要组成部分,产生经济效益是其自身所具有的根本属性之一。在全球化发展趋势的影响下,文化产业的发展也呈现出全球化的趋势,国际间的文化、经济交流越来越频繁。西北地区文化产业的发展不仅仅要借助本区域的文化资源,更要借助世界文化产业发达国家的先进经验和资本,共同推动该地区文化产业向更高层次、更高质量发展。随着更多资金的投入,可以解决西北地区文化产业发展面临的资金短缺问题。西北地区文化产业发展的经济影响主要有三个方面的内容:一是可以带动区域经济整体发展;二是可以增加就业机会;三是可以增加税收。

首先,文化产业在西北地区发展过程中,提高了整个地区的经济增加值,其聚集效应和带动效应又对该地区的整体发展起到了促进作用,最突出的表现就是,文化产业的经济增加值占地区 GDP 的比重稳步增长。2018 年,甘肃的文化产业增加值达到 178.16 亿元,文旅产业增加值占 GDP 的比重提高到了 7%;宁夏文化产业实现增加值从 2008 年的 25.11 亿元增加到 2016 年的 74.36 亿元,占 GDP 的比重达到了 2.35%;青海文化产业增加值从 2011 年的 29.45 亿元,仅仅 5 年的时间,就增长到 2016 年的 63.77 亿元,增长超过 30 亿元,占 GDP 的比重上升到 2.48%;新疆文化产业增加值由 2012 年的 77.2 亿元增加到 2015 年的 112.68 亿元,占 GDP 的比重上升到 1.21%。从这些数据来看,文化产业的发展对区域经济的推动效应明显。

其次,文化产业和其他经济产业一样,能够增加大量就业机会。但是文化产业与其他经济产业又有所区别,主要体现在对从业人员的文化水平和专业能力的要求上。文化产业作为知识密集型的产业,能够满足人们在精神文化层面的需求,这就要求相关的从业人员本身要具备一定的文化知识水平。

一方面,文化产业,尤其是文创产品的设计和生产,需要专业的人才来完成,专业技能需求凸显。文化产业在总体上对从业人员的文化素质有一定的要求,可以满足相关人才的就业需求。另一方面,文化产业链相对于其他产业链来说,产业链长度较长,上下游涉及的行业较多,有些对文化知识水平要求不高的行业可以吸纳社会上一些其他未就业者参与;而且文化产业与很多行业具有很高的耦合性,可以促进产业融合,带动相关产业发展,融合之后的产业也可以提高当地的就业率。以甘肃为例,2016 年,甘肃文化产业的从业人员就达到 22.7 万人,2017 年增长到 23.9 万人。2020 年,全省有 59 万余贫困人口通过发展乡村旅游摆脱贫困,以产业扶贫的方式实现了脱贫攻坚任务目标的顺利完成。①。在西北地区发展文化产业可以发展经济,促进当地就业,提高人们的生活质量,助力乡村振兴。

最后,大力发展文化产业可以增加税收。文化产业的发展直接带动了文化市场主体的增多,各类文化企业及相关产业的发展直接促进了当地税收的增加。税收与企业的发展不是对立的,税收增加使得政府可以有更多的资金投入到扶持文化产业之中,而文化产业的发展又能促进税收,二者之间形成了良性的循环,使得二者可以相互促进。

2. 社会影响

进入新时代以来,中国经济由高速发展开始向高质量发展转变,经济的发展更加强调质量,协调发展是促进高质量发展的重要方式。西北地区大力发展文化产业,可以促进区域经济社会协调发展,缩短西北地区与中部、东部地区的发展差距,有利于构建社会主义和谐社会。

在中国进行社会主义改革建设的实践中,文化的地位逐渐上升,并逐渐成为党和国家"五位一体"战略布局中的重要一环,成为中国特色社会主义现代

---

① 参见《甘肃省 59 万余贫困人口靠乡村旅游走上稳定致富路》,甘肃文化产业网,2021 年 3 月 17 日,见 http://www.gansuci.com/2021/0317/34683.shtml。

化建设中不可或缺的重要内容和重要目标。西北地区的历史悠久,文化内涵丰富,对该地区精神文化的传承与弘扬可以更进一步促进中华民族凝聚力和向心力的增强,增强各族人民的文化自豪感、民族认同感,也让世界人民更深入更全面地了解中国,可以改变西北民族地区贫穷、落后的形象,提高区域影响力。

改革开放以来,中国经济逐渐腾飞,人们的收入增加,对生活品质有了新的定义。随着社会主要矛盾的转变,人民群众对精神文化层面的需求展现出多样性,他们有时间、有精力、有经济能力去享受更高品质的生活,对文化层面的消费需求逐年增长。而西北地区发展文化产业顺应了人们消费方式的转变,可以为人们提供精神文化层面的享受。发展文化产业,将使文化生产迈入更高的水平、形成更大的规模,将会为消费者提供更多的文化产品和文化服务,文化生产和服务体系将会更加健全,从而满足人民群众不断增长的文化需求和精神消费需求。①

在整个社会文化消费需求激增的背景下,西北地区大力发展文化产业恰逢其时,要抓住机遇,将文化产业打造成促进西北地区经济发展的助推器,助力和谐社会的建设。

3. 文化影响

文化属性是文化产业的又一根本属性,多样化的文化资源决定了多元的文化产业发展路径。西北地区在发展文化产业的同时,也面临着在保护传承方面的挑战。只有合理有序的开发,遵循文化产业发展的客观规律,才能既促进文化产业的发展,又能保护和传承珍贵的文化资源。不合理、盲目地挖掘和利用文化资源,只会造成文化资源的破坏,即使文化产业获得了一定的发展,这也是暂时的,而造成的损失是不可估量的。因此,在发展西北

---

① 参见杨雪:《以丝绸之路文化遗产开发推动西北文化产业发展》,硕士学位论文,西北师范大学 2007 年。

地区特色文化产业的过程中,要促进文化产业发展与民族特色文化保护协调前进。①

良性有序地发展西北地区的文化产业,既可以促进区域经济的协调发展,又可以解决该地区文化传承和传播过程中遇到的各种问题,在最大限度保护的前提下对民族文化进行传承和开发。

首先,西北地区大力发展文化产业,可以促进地区文化资源的延续。文化遗产,大众通常认为只是放在博物馆展览的摆设物品物件。然而,文化是一个国家、一个民族发展的基石,没有民族文化,人民就失去了灵魂,更谈不上进行政治、经济建设。中华民族屹立于世界民族之林,凭借的正是中国几千年来不曾间断的文化。发展文化产业,是保护文化资源的另一种方式。西北地区蕴藏着丰富的历史文化资源的种子,是一个不可小觑的文化营养池,这也是中华民族优秀文化的重要组成部分,我们应该不遗余力地对这些优秀文化进行传承和弘扬。而大力发展文化产业,使得文化以另一种方式走进每一个人的生活之中,使得抽象的文化变得具体。

其次,西北地区发展文化产业可以提高国际影响力。当今世界的竞争是全方位的,经济、科技、文化、政治、军事等都是国际竞争的重要方面,良性的竞争可以促进各方面的发展。一个国家要在世界舞台上展现自身的文化,使各国对本国文化的理解进一步加深,最直接的途径就是发展具有本国文化的代表性产业——民族文化产业。韩国的娱乐业、日本的动漫业、美国的电影业等都是传播本国文化的突出代表。西北地区有很多具有很强的国际影响力的文化品牌,例如敦煌文化、丝绸之路文化等,这是该地区的优势。要充分利用这种品牌优势,坚持文化自信,不断推出具有代表性的精品,才能进一步扩大这种影响力。

---

① 参见丁智才:《民族地区少数民族特色文化产业发展研究》,《广西民族研究》2014 年第 6 期。

三、西北地区特色文化产业的空间布局

在产业结构不断转型升级的时代变革中,西北地区大力发展文化产业顺应了时代发展的要求,顺应了人们对美好生活向往的需求。文化产业的发展由以前的盲目发展转向资源的合理配置。长久以来文化产业的发展模式,各省域呈现出闭门造车、不协同治理文化市场环境的现状。但是,近年来,国家号召跨省域的产业融合发展模式,各省域的文化主导部门正着力于文化产业链的空间布局部署,实现跨省域旅游文化资源配置的联动合作。① 在西北地区发展文化产业,进行合理的空间布局,是十分重要的。合理的空间布局可以促进产业发展的各要素之间的合理调配,以最小的成本,获得最大的聚集效应和带动效应。

(一)西北地区特色文化产业空间布局概述

在文化产业融合发展的今天,采取措施促进各产业结构的合理配置、各产业的协调融合及相关配套设置的完善是十分必要的,要做到这些要素的合理搭配,进行合理的空间布局是关键。只有合理的空间布局,才能发挥市场对文化旅游资源配置的决定性作用。经过几十年的发展,西北地区的文化产业空间布局基本成型,该地区的产业聚集态势明显,区域文化产业的发展亮点不断对外绽放。在西北地区,各省在大力扶持文化产业的过程中,也在不断培育文化市场主体,截至 2016 年底,甘肃省的文化产业法人单位达到了 1.21 万家,宁夏有 1.22 万家,新疆有 0.76 万家,青海有 0.25 万家。

---

① 参见张美英:《中国文化产业空间布局态势及其合理度评价》,《中国石油大学学报》2018 年第 5 期。

表 5-5　2016 年全国和西北地区产业法人单位构成

	法人单位总数（万家）	第一产业（万家）	第二产业（万家）	第三产业（万家）	文化、体育和娱乐业（万家）
全国	1819.14	126.28	395.39	1297.46	34.12
甘肃	21.07	3.35	2.67	15.06	0.54
宁夏	8.09	1.17	1.18	5.74	0.15
新疆	22.21	1.54	3.03	17.65	0.50
青海	6.54	1.25	0.93	4.36	0.13

数据来源：国家统计局。

如表 5-5 所示，从 2016 年全国和西北地区产业法人单位构成来看，西北地区第三产业的法人单位有 42.81 万家，只占全国第三产业法人单位总和的 3.3%，文化、体育和娱乐业的法人单位仅有 1.32 万家，占全国的比重仅为 3.8%。从西北四省来看，甘肃和新疆的发展规模明显要高于青海和宁夏，反映出西北地区文化产业的发展也不均衡。

（二）西北地区特色文化产业布局特征

目前，西北地区的文化产业空间布局尚未形成一个统一的概念，就目前学界关于文化产业空间布局的相关研究，结合西北地区的文化产业特点，西北民族地区文化产业的空间布局具有以下几种基本特征。

首先，文化产业的空间布局对民族文化的整合性。西北地区存在着众多文化多元多样的民族，要解决这些多元多样的民族文化在产业空间布局中可能存在的文化冲突，势必要先对这些文化资源进行合理的整合与配置，这不仅体现在硬性的执行标准上，更体现在文化的归属感上。同时，也正因为文化的多元，西北地区特色文化产业的发展必须依靠并建立在这种丰富的民族文化资源之上，进而形成一定的空间布局。其次，文化产业布局对区域人口的依附性。甘、青、宁、新四省位于我国西北，多数地方处于荒漠之中，地广人稀，而文化产业布局需要紧邻人口聚集区，这就决定了文化产业布局所具有的人口依附性,人口越是密集的地区,文化产业的空间布局也越是密集,往往就能形成良好的聚集效应;再次,文化产业空间布局的层次性。文化产业与其他产业一样,具有一段产业链,产业链的上、中、下游的产品附加值各不相同,上游的研发与设计对于各方面的资源要求都较高,而中游的营销服务相对较低,下游的生产与制造则是简单的工业化生产,附加值最低。而就目前西北地区文化产业发展情况来看,其基本处于中低端产业附加值的层次上,相比我国东部发达省份而言,本区高端文化产业研发与设计方面依然有较大差距,这也是制约当地文化产业空间布局发展的重要因素。

下面分别就甘、青、宁三省的具体空间布局来具体分析西北地区文化产业空间分布特征的状况。

1. 甘肃省

甘肃的地形狭长,人口也相对集中,在进行文化产业空间布局时一般也是以带状分布。2013年"华夏文明传承创新区"的建设开始推动甘肃进行全省文化资源的调配,逐渐形成了甘肃文化产业空间布局的基本格局——"一带三区"的文化产业空间建设布局。所谓"一带"是指丝绸之路文化发展带,"三区"是以始祖文化为核心的陇东南文化历史区、以敦煌文化为核心的河西走廊文化生态区和以黄河文化为核心的兰州都市圈文化产业区①,如图5-3所示。"一带三区"的文化产业空间建设布局与甘肃的历史文化、地形、人口城镇分布等密不可分。

甘肃作为华夏文明起源和繁荣的重要发祥地,陇东南文化历史区有着显著的文化资源优势。受地形阻隔与文化资源相似性影响,庆阳、平凉、天水、陇南与甘肃其他地区的文化产业发展有所区别。这里虽然经济发展缓慢,但是这里的文化产业资源十分丰富,环县的皮影、庆阳的香包、麦积山石窟以及陕

---

① 参见梁仲靖、金蓉:《"一带一路"视野下的河西旅游业发展战略研究》,宁夏人民教育出版社2017年版,第238页。

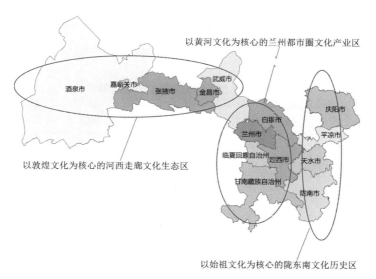

图 5-3 甘肃省文化产业空间分布情况

甘宁红色文化等都十分具有代表性,这些都是文化产业发展的基础,如表 5-6 所示。在文化产业空间布局上,陇东南由东北向西南呈带状分布,形成了以历史文化资源为发展主体的产业聚集。这里靠近陕西,可以与陕西加强区域合作,通过区域文化互补实现多方位文化产业的融合和相互促进。

表 5-6 陇东南文化产业集聚情况

地区	文化产业集聚情况
以始祖文化为核心的陇东南文化历史区	天水汉唐麦积山艺术陶瓷有限公司、庆阳市香包民俗文化产业群、庆阳农耕和民俗文化产业园、平凉市崆峒古镇、陇南天赐一秀文化产业园、陇南白龙江文化传媒基地、天水中华始祖文化园

资料来源:根据相关资料收集整理。

兰州都市圈文化产业区,由兰州至白银,有中华民族的母亲河——黄河,从这里穿过。这里的文化十分丰富,黄河文化、丝路文化、民间艺术文化、宗教文化、民族文化、现代科技文化等资源是这里发展文化产业的主要凭借,如表 5-7 所示。兰州作为甘肃的省会,人口密度大,经济发展水平高,人们的精神文化需求大;这里高校多,人才队伍健全,有着充足的智力支撑;这里的文化产业链完整,且有不断延长的潜力。这些优势,使得兰州成为该产业区的核心。①

表 5-7　兰州都市圈文化产业集聚情况

地区	文化产业集聚情况
以黄河文化为核心的兰州都市圈文化产业区	甘肃华源文化产业集团、甘南羚城藏族文化科技开发有限责任公司、兰州创意文化产业园、会宁红色文化产业园、武威雷台天马文化产业园、景泰影视文化产业基地、通渭书画产业基地、临洮彩陶艺术基地、兰州金城古玩城、甘肃纪元文化艺术有限公司、临夏民族文化产业园、兰州南特数码科技有限公司、兰州讯和网络科技有限公司

资料来源:根据相关资料收集整理。

河西走廊的历史文化内涵丰富,这里不仅是古丝绸之路的必经之路,还是古代少数民族政权与中原王朝反复争夺的战略要地。由于河西走廊的自然条件好,这里的人口分布也十分密集。在这里建立以敦煌文化为核心的河西走廊文化生态区,不仅可以充分发掘以敦煌文化、红色文化等为代表的文化资源,而且还可以利用"一带一路"建设的机遇,使得文化走向世界,如表5-8所示。

表 5-8　河西走廊文化产业集聚区

地区	文化产业集聚情况
以敦煌文化为核心的河西走廊文化生态区	敦煌飞天文化产业有限责任公司、张掖祁连玉文化开发有限公司、敦煌文化产业园、张掖大佛寺文化产业园、骊靬文化产业园、敦煌研究院文化保护技术服务中心

资料来源:根据相关资料收集整理。

2. 青海省

青海省位于古丝绸之路的南路,省内自然、文化资源丰富,发展文化产业

---

① 参见陈积银、李玉政、朱鸿军:《实证:数字时代新丝路文化建设研究——以甘肃省为例》,中国社会科学出版社 2016 年版,第 134 页。

的优势明显。在发展文化产业方面,青海省注重文化与旅游业的融合,适时推出文化旅游,促进区域经济发展。在文化产业发展空间布局上,青海建立了"一核三带四区"空间分布格局。"一核"是以西宁为核心的区域性文化名城,"三带"指青藏铁路(公路)文化产业带、唐蕃古道文化产业带、黄河上游文化产业带,"四区"是指河湟文化产业区、柴达木文化产业区、青海湖文化产业区、三江源文化产业区,如图5-4所示。

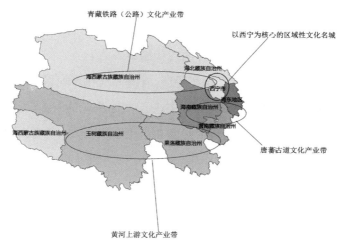

图5-4　青海文化产业空间分布情况

以西宁市为核心的区域性文化名城,充分发挥省会城市的带动作用,以西宁文化产业的发展辐射周边地区,如表5-9所示。这里人口分布最密集,居住条件相对其他地区来说较好,使得这里发展文化产业有着天然的优势;这里不仅具有现代都市所需的各种功能要素,还有宗教、民俗、民族文化等资源的强力支持。

表5-9　西宁文化产业集聚区

地区	文化产业集聚情况
以西宁为核心的区域性文化名城	西宁城南文化产业园区、西宁海湖新区影视旅游文化产业园区、"八瓣莲花"文化旅游产业园区、丹噶尔文化创意城

资料来源:根据相关资料收集整理。

黄河上游文化产业带,借助黄河文化的强大影响力,结合境内丰富多彩的民俗、民族、宗教、生态资源,将传统文化与现代理念结合,推出既有文化内涵,又符合现代人审美的文化产品,促进文化产业的发展,具体如表5-10所示。

唐蕃古道文化产业带,以唐蕃古道为载体,以河湟文化、环湖文化、三江源文化为纽带,将该产业带的文化资源加以整合,开发出文化内涵丰富、基础设施完善、服务体系周到的文旅精品路线。

青藏铁路(公路)文化产业带,借助青藏铁路、公路便利的交通运输条件,将河湟文化、青海湖文化、三江源文化、柴达木文化、昆仑文化串联在一起,形成了自然风光与人文景观高度融合的现代旅游方式。

河湟文化产业区、柴达木文化产业区、青海湖文化产业区和三江源文化产业区,基本上都以西宁为核心,围绕西宁进行文化产业的分布,接受西宁文化产业发展的辐射带动作用。在发展过程中,积极利用各地优势的特色文化资源,逐渐形成产业聚集,使得文化资源在开发利用的过程中逐渐转化为经济效益。

表5-10　青海"四区"文化产业集聚区

地区	文化产业集聚情况
西宁市和海东市	城南文化产业集聚区、海湖新区文化产业园区、湟源丹噶尔文化创意城、湟中"八瓣莲花"民族工艺加工制作基地、循化撒拉民族风情文化产业园、互助彩虹部落文化产业园、乐都古文化产业园、华隆群科新区文化产业园
海西州	格尔木昆仑文化产业园、德令哈蒙古文化产业园、都兰吐谷浑吐蕃文化产业园、天峻西王母文化产业园
海北州和海南州	青海湖景区文化旅游产业园、"中国原子城"红色文化旅游基地、海晏民族文化音乐城、祁连玉文化产业园、刚察沙柳河湟鱼文化产业园、贵德旅游文化产品加工园区
黄南、玉树、果洛州	热贡文化产业园、后弘文化旅游产业园、康巴文化风情园、格萨尔史诗展示园

资料来源:根据相关资料收集整理。

3. 宁夏

宁夏是中华文明的发祥地之一,坐落在黄河大"几"字形弯之上,这里自然条件较好,自古以来就有"塞上江南"的美誉,黄河文化、西夏文化等是这里文化的重要组成部分。随着文化产业的迅速发展,宁夏构建了"一城、两区、三带、四组团"的文化产业空间布局。"一城"指的是以银川为中心打造的文化产业中心城市;"两区"指的是回族风情文化产业区和西夏文化产业区;"三带"指的是黄河金岸文化旅游带、贺兰山历史文化带和大六盘红色生态文化产业带;"四组团"指的是石嘴山、吴忠、固原、中卫四市的文化产业发展实现区域联动、优势互补和差异化发展,成为宁夏文化产业发展的重要支点①,如图 5-5 所示。

图 5-5　宁夏文化产业空间分布情况

———————————

① 参见《宁夏文化产业发展"十二五"规划》,中国经济网,2012 年 8 月 23 日,见 http://district.ce.cn/zt/zlk/bg/201208/23/t20120823_23612684_1.shtml。

银川作为宁夏的省会城市,是宁夏的政治、经济、文化中心,这里的经济发展水平高、人口密度大、高校人才队伍健全,这为银川打造文化产业的中心城市提供了重要条件。银川位于黄河边上,又是古代西夏政权的中心,借此打造"塞上湖城、西夏古都"的文化品牌,具有得天独厚的条件。在银川大力发展文化产业,也可以对周边地区文化产业的发展起到带动作用,如图5-6所示。

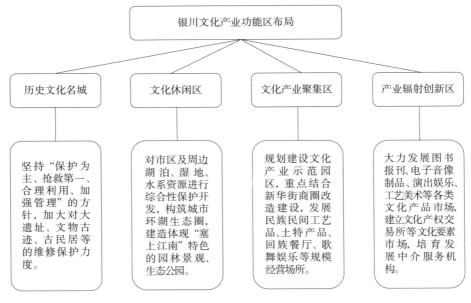

图 5-6　银川文化产业功能区布局情况

在打造回族风情文化产业区和西夏文化产业区的过程中,注重对本土民俗文化的开发与培养,在此基础上所形成的文化产业布局便有了这一方面的特色,如大力发展回族文化以及西夏古遗址文化,形成了"今古兼具"的产业特色。民族文化和民俗文化的开发前景广阔,以此为基础实施的回族文化精品项目工程,将回族文化与现代艺术融合起来,吸引了国内外游客的目光。与国外文化积极交流,推动区域文化向外部发展。

在宁夏地域民族历史特色文化资源的利用上,其重视整体产业规划布局,建设了黄河金岸文化旅游、贺兰山历史文化、大六盘红色生态三大文化产业带,推动了宁夏文化产业的发展,如表5-11所示。黄河、贺兰山、六盘山作为宁夏三大地理标志,在影响力上有着明显的优势,依托这三大地理标志,以各地区独特的文化资源为基点,以黄河文化、历史文化、生态文化、红色文化为纽带,以现代文创产品为载体,推出了旅游、休闲、影视、民俗、艺术等精品项目,极大地促进了宁夏区域经济的整体发展,使得宁夏文化产业形成了东西联动、南北呼应的新格局。

表5-11　宁夏石嘴山市、中卫市文化产业集聚情况

石嘴山市		中卫市	
沙湖影视文化核心区	完善沙湖水镇建设,拓展文化服务功能,把沙湖建成集商务、会议、康体、科普等功能为一体的国家级度假区	防沙治沙成果文化	打造"风雨沙坡头"文化品牌,建设世界沙漠博览园,构筑人与自然和谐共生的壮美景观
环星海湖特色文化产业	建设星海水镇、上下五千年雕塑馆,重点建设集文博会展、观光游览、影视演艺、文化商品销售等业态为一体的"五七干校"文化园	完善城市文化功能	依托黄河、大漠、边塞等各项文化优势,把文化产业发展与建设区域工业基地有机结合起来,发展市区居民文化事业,提升服务能力
开展多元文化项目	依托贺兰山古长城、古关隘、古战场、古城堡,开发边塞军旅文化旅游。开展工矿遗存展览,建设采煤沉陷区治理文化园、矿山博物馆等设施	特色农业产业发展	通过建设枸杞专题旅游等多种形式,提升中卫"枸杞之乡"品牌的影响力和知名度

资料来源:根据相关资料收集整理。

(三)西北地区特色文化产业布局的形态

文化产业的发展不是静止的,而是在动态中不断演化。进入新时代后,西北地区的文化产业在经济新常态以及供给侧结构性改革实施的大环境下,逐渐与各相关产业进一步融合,进而形成西北地区特色的"文化+"产业的新局面。在文化产业发展到一定的阶段时,其产业空间布局在动态变化中逐渐趋于稳定,上文通过对各省文化产业的分析,已基本了解了各区域产业的集聚情

况,现对其整体布局结构的形式特点进行总结,而根据《中国文化产业空间布局态势及其合理度评价》一文中的观点,目前中国文化产业的空间布局形态主要有三种:"点状布局""面状布局"和"跨区域网络"布局。

"点状布局"最突出的特点就是小范围内的文化企业的布局形态,以城镇为中心,向周边地区辐射。一方面,文化产业具有人口和市场的依附性,在人口密集的城镇,往往能够形成一些具有一定规模的文化市场,而文化产业的发展必定要有市场依托,因此在一些稍大的城镇就会形成以"点状布局"为特征的空间布局形态。如宁夏回族自治区内其红色文化、回乡文化、黄河文化、西夏遗址文化、特色农业文化均是环绕在当地中心点,以点状各自为主进行发展,而非通过政府园区规划利用本区内基础设施形成产业集聚。另一方面,文化产业的发展还需要文化资源、技术、资金等要素的驱动,而这些要素只有一些城市才具备,因此在高校众多、经济发展水平高、文化资源丰富的城市容易形成产业聚集,例如西宁、银川、兰州等城市文化产业布局就是如此。这种结构有利于广泛带动各地区创新机制的产生,促进城镇某区域形成企业聚集现象。

"面状布局"与"点状布局"的区别就是其覆盖范围更广,不是在一两个城镇零星出现,而是在相邻的周边城市集中连片出现。这与文化产业的聚集效应和带动效应密切相关。当文化产业发展到一定的程度时,其辐射范围将超出本城镇的区域,开始向外扩散,对周边城镇产生带动效应;当多个城镇的辐射范围出现大面积的交叉、覆盖,就会形成一定规模的产业聚集群,政府顺应这一发展趋势,建立文化产业园区促进产业聚集。西北地区中最具代表性的就是甘肃省和青海省。甘肃最为典型的是陇东南文化历史区、河西走廊文化生态区和兰州都市圈等3大文化产业区。青海省则是依靠黄河、青藏铁路、西宁中心城市等地域,在配合相关产业扶植政策,进而形成西宁城南文化产业园区、丹噶尔文化创意城、海西州格尔木昆仑和德令哈蒙古文化产业园;黄南、玉树热贡文化产业园、后弘文化旅游产业园、格萨尔史诗展示园等,这些均是成

"面状布局"的特定集聚区,在这些聚集区内,各文化企业可以共享配套设施,在很大程度上可以节约建设的成本。

　　还有一种类型的布局主要是"跨区域网络"布局。建设"丝绸之路经济带"是我国西北地区与中亚区域经济合作开展的一次重要尝试。"一带"在西北地区境内主要包括新疆、甘肃、宁夏、青海等地,在空间布局上从东到西跨越四大省份,将以往各自发展的格局打破,促进区域间经济文化的交流与合作。从各省产业政策上看,也基本围绕这一重大策略发展文化产业,进而形成"跨区域网络"型的布局形态,这种布局即各区域文化产业集聚现象突破原有行政界限的划分和产业门类的分割,使文化产业发展要素能够在区域间自由流通,充分发挥市场在文化产业发展中对资源配置的决定性作用。"跨区域网络"布局在西北地区的应用打破了该地区在文化产业发展中"闭门造车""各自为战"的现象,使得东西联动、南北呼应,促进资源配置,避免重复建设和产业趋同,实现西北地区文化产业的健康、高速和高质量发展。

第六章 "文化+"视域下西北地区 特色文化产业转型升级的 路径选择和政策走向

社会主义的本质,是解放生产力、发展生产力,消灭剥削、消除两极分化,最终达到共同富裕。2020 年 6 月,习近平总书记在视察宁夏时说:"各民族都是中华民族大家庭的一分子,脱贫、全面小康、现代化,一个民族也不能少"。①人类的物质文明和精神文明是世界各民族共同创造的,实现各民族共同团结进步、共同发展繁荣是马克思主义在我国民族工作中的具体贯彻,是坚持马克思主义民族平等观的实践体现,也是针对我国少数民族和民族地区经济社会发展现状而提出的新任务新要求。2020 年 10 月,党的十九届五中全会报告指出,要"坚持把社会效益放在首位、社会效益和经济效益相统一,深化文化体制改革,完善文化产业规划和政策,加强文化市场体系建设,扩大优质文化产品供给。实施文化产业数字化战略,加快发展新型文化企业、文化业态、文化消费模式。规范发展文化产业园区,推动区域文化产业带建设"。

文化既是国家的凝聚力、民族的向心力和事业的创造力,也是西北地区

---

① 习近平:脱贫、全面小康、现代化,一个民族也不能少——新华网,2020 年 6 月 9 日,见 http://www.xinhuanet.com/politics/leaders/2020-06/09/c_1126091063.htm。

经济的驱动力和支撑力。西北少数民族文化是中华优秀传统文化的宝库和重要组成部分。从文化意义上讲,大力推进西北民族地区文化产业的繁荣发展,是世代生活在西北地区的回、蒙、藏、维、哈萨克、东乡、保安、撒拉、土等几十个少数民族文化权利实现的保障;从政治意义上讲,西北民族地区的文化建设是建设中国特色社会主义文化强国和实现中华民族伟大复兴中国梦的重要内容,是社会稳定和谐的稳定器。西北少数民族文化产业尚待开发,产业发展空间巨大,但是,由于西北民族地区经济社会发展程度相对较低,民族文化产业发展基础薄弱,同时面临着如发展理念思路、产业转型、技术创新、人才、市场等诸多发展的瓶颈和挑战,迫切需要解放思想、创新发展,探寻出一条既具西北少数民族特色又充满发展活力的文化产业创新发展之路。这就要求西北民族地区不断探索"文化+"模式,推进文化与科技、旅游、金融等跨界合作与融合发展、激发市场主体活力,促进文化消费升级,转变政府职能、完善政策法规体系,改善文化产业发展环境,抢抓"一带一路"建设机遇,以文化产业"走出去"提升区域文化软实力、扩大区域影响力,增强区域综合竞争力和发展后劲,逐步使文化产业成为新时代引领西北地区经济社会协调发展的新动能。

"文化+"以文化为核心生产资料,具有低能源消耗与低生态污染、高知识附加与高增值空间特性。西北地区经济发展状况欠佳,继续依托传统资源要素驱动和中东部产业转移实际上仍然是在"走老路",是"新瓶装旧酒",从长远看并非可持续发展路径。而"文化+"融合发展主要依赖再生性资源和轻资产,如特色文化、知识、创意、商业模式等,这些资源的最大特点是生产过程污染少,对于以构筑生态安全屏障为重要责任的西北地区来讲,在减轻生态环境的压力方面优势明显。更为重要的是,以此来破解西北经济发展与生态保护互斥的困境,在一定意义上能够达到区域人与自然的和谐发展、实现绿色崛起,是西北地区经济社会可持续发展的理性选择。

一、推进"文化+科技"融合创新

文化与科技融合的产业部分,目前是文化产业增长最快的部分,也是最具备活力竞争的部分,比如网络视频、网络音乐、网络游戏、网络文学等。近年来,我国这些行业发展得非常快,有些领域已经超过美国。

在全面深化改革的关键时期,在经济社会适应"新常态"的重要阶段,在西北地区生态环境日趋脆弱的状态下,"文化+科技"融合发展对于西北地区文化产业实现跨越发展显得尤为重要。面对这种发展态势,党中央、国务院审时度势,将促进文化和科技融合作为我国的一项战略任务。党的十八大报告指出,要促进文化和科技领域产业融合,这是"文化+科技"融合发展的指导性意见。从文化领域来看,西北地区势必要着重发展新型文化产业和文化新业态,在调整传统文化产业结构的基础上,提高文化产业发展的规模化、集约化、专业化水平。

文化繁荣是社会和谐发展的基石,科技进步是经济持续增长的源泉。文化和科技融合发展是知识经济时代科技社会的重要特征。中共中央办公厅、国务院办公厅印发《关于加强文物保护利用改革的若干意见》指出,要加强文物保护领域的科技支撑,将"文化遗产保护利用关键技术研究与示范"纳入国家重点研发计划,文物保护领域,通过互联网、大数据的应用,以及利用人工智能技术,融合和创新文物的保护和利用方法,建设国家技术创新中心和国家重点实验室。

(一)"文化+科技"融合发展的内涵与路径

科技要素是文化产业集聚式发展的第一生产力。在文化产业融合上,西北民族地区科技进步将催生文化产业新业态的出现和发展,科技要素的广泛应用会促进创意文化产业发展的活力和动力。例如,重庆民族地区传统演艺中加入了大量高新科技元素,云南强力打造具有民族文化内涵的外观设计专利。文化科技融合不是简单地相加,而是有机地整合,是一种联袂并驾的动态过程,二者在其中交融存在、互动发展,从而形成新型业态。人是技术与文化的共同主体,文化在自身发展的过程中,不断促进科技水平的迅猛发展,而科技发展到一定程度,往往需要在文化领域中寻找上升空间。文化是发展,尤其是新常态下发展的增长极,是中国经济发展的重要引擎。

1. 文化创新成为创新驱动发展的重要基础

只要关注当前国际经济新业态就可以发现,文化注入经济领域中的内涵越多,物质生产中产品的档次和附加值就越高,竞争力也就越强,效益也就越好。在文化向经济、科技领域的融合渗透的国际趋势下,在经济新常态的国内背景下,中国提出实施创新驱动发展战略。加快推进"文化+科技"融合发展,是实施创新驱动发展战略的有效路径,也是提高西北地区文化建设高质量发展的必然要求。目前看来,传统文化产业的主要组成部分,包括出版业、广播电视业、电影业、新闻报刊业等,仍将是未来西北地区文化产业发展的重要形态。"文化+"视阈下,西北地区文化产业发展的重要任务之一就是要促进传统产业转型发展,让这些传统文化产业形态插上科技的翅膀,向现代文化产业转型升级。

2. 科技进步带来新文化业态产生

长期以来,文化产业发展主要依托于文化资源的浅层次、低水平、单方面的开发利用。但在当前中国特色社会主义文化强国建设中,"互联网+""数字+"已经成为文化产业业态发展的一大趋势。党的十九届五中全会报告《中共中央关于制定国民经济和社会发展第十四个五年规划和二〇三五年远景目标的建议》中指出,健全现代文化产业体系,要"实施文化产业数字化战略,加快发展新型文化企业、文化业态、文化消费模式"[①]。

[①]　国家广播电视总局网络视听节目管理司、国家广播电视总局发展研究中心:《中国视听新媒体发展报告(2021)》,中国广播影视出版社 2021 年版,第 253 页。

"文化+科技"融合发展成为创新的"新引擎",对于传统文化产业突破发展瓶颈、带动产业价值和产业链提升具有重要作用,有利于促进传统文化产业转型。2018 年 8 月,国家统计局制定了《新产业新业态新商业模式统计分类(2018)》,其中涉及文化产业的内容主要包括新一代信息技术设备制造等内容。① 诸如信息服务+互联网,现代技术和现代信息传输、文娱生产和服务,城市商业管理的现代化,内容设计与制作的数字化、软件开发等,在西北地区还处于起步阶段,作为实体文化经济的有力补充,虚拟文化经济类型将为西北民族地区文化产业的发展带来新的生命力。"文化+科技"融合,一方面要鼓励"文化+信息""文化+互联网""文化+数字"融合发展,另一方面还要鼓励原创,要加强内容创新和服务创新,在新产业、新业态、新商业模式的创新上做足文章。"文化+科技"融合是西北地区文化产业发展的新挑战,也是新机遇。西北地区"文化+创新"驱动的着力点,一是发挥"平台支撑功能",即提高科技对文化事业和文化产业发展的支撑能力,驱动民族文化创新,为弘扬西北少数民族优秀传统文化、保护文化遗产、创新文化发展、满足文化需求、改善公民福祉等文化产业发展的重要内容创造重要保障。解决新时代西北地区发展的主要矛盾,提出对文化建设的新要求;二是发挥"杠杆助推功能",即有效推进传统文化产业结构调整与升级,提升政府文化管理的科技含量,促生新兴文化业态、新兴文化市场的繁荣,促进西北地区经济社会全面转型、"绿色崛起"和可持续发展。

(二)促进文化数字化发展,为"文化+"提供创新基础

互联网是无边界的、去中心化的平台。随着国民经济结构升级、产业转型和经济高质量发展,互联网、移动互联网、大数据、人工智能等数字化的前沿科技与数字化媒介在中国经济社会文化等领域的生产、生活和工作中产生越来

---

① 参见国家统计局,新产业新业态新商业模式统计分类(2018)文化和旅游部产业司网站,2018 年 8 月 21 日,见 https://www.mct.gov.cn/whzx/bnsj/whcys/201809/t20180903_834547.html。

越大的影响。依托于互联网,传统文化产业实现了新的产业结构与商业模式的再造,进而催生了数字内容产业和数字创意产业的逐渐兴起,各种沉浸式体验(Flow Experience)和场景消费(Scene Consumption)快速增多,文化产业数字化已不再是简单地接受虚拟符号,市场对人与文化及所呈现物的时空关系之构建要求开始变得强烈。

人类历史上,文化遗产是反映人类所经历的真实生活世界的重要见证,是人类改造世界的重要遗存。文化遗产的最大特点是不可再生性,不可复制性。但是,人类对文化遗产的保护往往是不够的,其中有客观原因,如难以避免的自然灾害或者漫长岁月的风蚀,当然还有一些人为因素的破坏,如战争、城市化、人类经济活动的开拓,还有文物保护意识欠缺和保护技术落后等,都会造成大量珍贵文化遗产不可逆的消失或破坏。从文化角度看,文化遗产所附着的大量的人类发展信息、人类文明和文化传承的基因和密码也在历史烟尘中逐渐湮灭。所以,文化遗产的保护和传承的实质,就是应用"文化+科技"的先进管理和保护理念、科学的保护手段与技术,对人类文明和文化信息和基因进行保护和传承,这也是文化遗产保护传承的重要意义和重要任务所在。例如"云游敦煌""数字敦煌"等数字技术在敦煌莫高窟的应用,就是利用移动数字技术和区块链技术在"云"上点亮莫高窟,使线上"云游"变得更加立体和逼真,将数字化的虚拟实景展示与游客的实地参观两种体验结合起来,在丰富了参观方式、强化了参与程度、提升了文化产业对人类文化的高品质需求的同时,减轻了人的活动对文化遗产的不可逆影响。

数字技术对文化遗产的保护、利用和对文化密码的传承,主要采用了数字摄影、三维信息获取、虚拟现实(VR)、多媒体与无线传感器等数字和网络信息技术,将与文化遗产相关的文字、图像、声音、视频及三维数据信息数字化,可以永久性地、高保真地保存敦煌石窟艺术的珍贵资料。经过与国内外多家数字化研发单位和研究机构十多年的紧密合作,敦煌数字化技术中最直接和最基础的工作,如通过实现高精度色彩的数字采集、存储与处理 22 个敦煌典型洞窟的数字成像,42 个应用 Quick Time VR 技术的虚拟漫游洞窟等工作①已基本完成,可以使公众最大限度地、公平地享有文化遗产。以敦煌莫高窟为例,一位游客进洞参观时的动作、呼吸以及触摸,都会对洞窟带来不可逆的破坏。但是在 VR 状态下,动态化的场景展现还可以让人们在交互中领会文化视觉新体验。数字化可以带来的改善是,游客首先可以在等待区获取有关洞窟的基本知识,在莫高窟数字中心观赏到原尺寸壁画复制等具有震撼力、栩栩如生的动态视频,未来还可以直观感受到洞窟内的真实场景,包括空间位置、空气湿度,甚至呼吸到千年洞窟中特有的味道,与壁画进行 5D 交互式体验,实现世界文化遗产敦煌莫高窟永久保存、永续利用的目标。

数字动漫产品,是文化数字化的另一种重要表现。依托敦煌文化和计算机图形学技术及 IT 技术,首部以科技和文化融合为典范打造的本土作品,甘肃本土原创动漫系列剧《敦煌传奇》及其文化衍生产品展销,成为连续 3 届甘肃敦煌文化博览会上的亮点之一。尤其是在第三届敦煌文博会上,160 余种《敦煌传奇》的衍生产品成功吸引了大量国内外参观者的眼球,以小动漫展示敦煌大文化的做法,让千百年来静静伫立的壁画"动"了起来。

"文化+"视阈下,进一步整合西北民族地区深厚的本土文化、传统民族民俗艺术资源,以"文化创意"为核心,打造一批高科技、高水平的动漫产业,将是西北民族地区文化数字化和产业化发展的重要途径。其中,民族文化资源开发、动漫软件研发与制作、培育和支持动漫企业发展、原创漫画产业化运作将是数字动漫发展的关键着力点。2018 年 8 月,北京国际动漫展 BICAF2018 在北京国家会议中心盛大开幕,堪称中国最大型的国际热门 IP 综合展会。这次漫展的三个"首",更能看出其规模和硬实力,即首次由中美日大型 IP 主联合参展,经首都北京市文化局协办官方认证,掀起了首波国际二次元文化浪

---

① 参见陈振旺、樊锦诗:《文化科技融合在文化遗产保护中的运用——以敦煌莫高窟数字化为例》,《敦煌研究》2016 年第 2 期。

潮,给动漫迷们带来了一场"饕餮盛宴"。在该会展上,国产原创精品动漫 IP《京剧猫》作为唯一入选"中国梦"的文化类动画作品,以优秀的中华民族文化符号、内容和品质俘获大量国内外"粉丝",设计醒目的 LOGO、真人 coser 扮演、大型公仔秀,以及正版周边创意产品等,在北京国家会议中心掀起全方位"猫旋风"。更重要的是,《京剧猫》效应得到各大媒体的青睐,登上了央视新闻微直播,不但通过网络直播和没能来到现场的动漫迷们见面,还在后续报道中"点赞"了首部中华民族传统文化京剧元素与现代科技动画相结合的国产原创动漫《京剧猫》,对社会关注国产动漫发展的新成果起到了引导作用。2018 年 9 月,被誉为中国少数民族三大史诗之一的蒙古族英雄史诗《江格尔》,在内蒙古举办的第三届国际动漫展上首次被制作成 3D 动画电影,开启了蒙古族本土文化数字化历程。

可以看到,西北地区大都地处"丝绸之路经济带"沿线,通过加强数字化文化信息资源的分析挖掘与共享利用,民族文化资源得以有效保护保存和传播利用,同时也可以成为文化"走出去"过程中,更多人了解西北少数民族文化的新文化交流平台。这样,"文化+"融合发展,就可以在提升公共文化服务、满足人们的精神文化生活的同时,使文化遗产实现产业化过程中社会效益和经济效益的双赢。

(三)推进文化网络化,为"文化+"提供信息技术应用和共享平台

在"互联网+"技术引领和社会主流价值观传播背景下,担当经济发展新引擎新动能的文化产业,"十三五"时期其转型主要聚焦于在国家政策引导和立法促进下的产业发展体系的健全。"十四五"时期,"文化+互联网"将在数字化技术升级、多元主体运营、深度参与文化产业国际分工、文化交流与产业协作等方面进一步提升和优化,成为文化产业体系由发展阶段走向成熟阶段、再走向发达阶段的重要特点,促使文化产业传播主流价值观,走向价值链顶

端。在互联网背景下,西北地区所处的地理环境、自然生态条件和西北少数民族生活空间不会发生太大改变,但是这一区域内少数民族文化的感召力、生产力和影响力很可能已经从对传统生产资源和生产条件的依赖转向对"互联网+"的渴望了,因为新信息媒介传播在传播空间的拓展性、传播手段的适应性和文化内涵的表现力方面更具有优势。例如云南省,目前正在着力积极开发"互联网+"和搭建数字版权公共服务与交易平台,"文化+互联网"模式已产生了巨大影响力,并建立了少数民族语言节目译制中心、少数民族语言出版中心,以及西南少数民族文字出版基地等。贵州着力建设信息基础设施,在"文化+互联网"产业融合发展中取得了令人振奋的巨大成就,习近平总书记就曾盛赞"贵州发展大数据确实有道理"①。

首先,西北地区现有的信息科技领域的龙头企业,要大力推进互联网上网服务行业,以打造电子商务、移动互联、信息服务等平台为目的,鼓励企业新业态和新服务模式,推动各类平台间相互协同创新,联动合作,推动文化生产、市场经营等多领域跨界融合,多元发展,形成产业集群,加快实现高聚集性和强竞争力的文化科技业态。依托民族地区智慧旅游平台促进文化旅游、娱乐行业转型升级,电商平台等文化科技信息服务类平台,引导文化企业注重管理和服务水平,甄选出了一批具有带动引领作用的企业,推进电商服务、人才培养、数据采集等领域的企业联盟建设。整合文化、信息、旅游资源、网络视听、网络游戏等领域的企业联盟建设,实现动漫游戏类企业协同创新发展。同时,摸索新思路,创新古典名著与民族风情及传统民俗文化演绎方式。

其次,以开放的思路为导向,以高效的技术与设备为支持,通过协同创新的方式加快文化科技产业合作类平台建设。围绕电子商务、影视创作、动漫游戏、数据采集、信息服务等特色产业,建立特色产业孵化器,扶持文化科技中小型企业创新创业,鼓励企业协同创新,提升各企业的创业热情。通过依托民族

---

① 《贵州大数据发展大事记》,《人民日报》2016年2月16日。

地区中心城市的文化科技创意苗圃,形成以龙头企业为核心的产、学、研合作体系,实现企业间的跨区域发展,为企业参与竞争提供各类信息与资金扶持。

(四)提升文化软实力,以"文化+"提升区域发展竞争力

中国国内尤其是东南沿海地区的文化产业发展逻辑与西方相比则有所不同,中国文化产业的发展具有一定的被动性。主要表现在经济新常态下的文化产业发展的必要性,和抵御西方意识形态和文化入侵的迫切性。从这一意义上看,增强我国文化软实力与综合国力的重大举措就具有了深远的战略意义。文化软实力是决定区域综合竞争力的重要因素,促进文化产业与地区优势产业融合发展,就要努力把文化产业打造成为支撑西北地区创新、协调、绿色、开放、共享的重要产业,引领民族地区经济结构进一步优化,实现高质量发展,是新旧动能转换的必然途径。

"实践出真知",文化和科技的整体融合发展趋势不论是对文化研究还是经济领域、科技领域和政府治理来说,都为该领域的基础研究和实践形成了"倒逼"之势,如何去认识"文化+科技"融合发展的现象,如何规范和引导"文化+科技"融合发展等,都需要深入思考与合理解释。

西北地区"文化+科技"产业融合发展,一是应聚焦乡村文化振兴,重点扶持文化创意、数字创作等一批科技攻关项目,着力突破文化产品在创作生产、传播和展示等环节的一批共性关键技术,培育和带动一批有创新能力、有影响力的"文化+科技"融合发展骨干企业,让民族特色文化插上科技的翅膀,在科技服务、智慧旅游、动漫游戏软件、文物保护、创意设计、数字传媒、数字出版等科技专项领域发挥引领作用,培育一大批具有竞争力的民族文化特色和科技含量的文化产品。二是应重点发挥集群效应,推进产业聚集。例如建设研发平台,推动文化产业示范园区建设,形成产、学、研联盟,培育"文化+科技"融合发展,让各生产要素相互衔接、协同推进,实现增长的集约化和效益化。产业集聚的辐射和溢出效应,将有利于打造西北少数民族文化品牌,从而形成较

强的区域文化产业经济发展硬实力与经济竞争力,带动民族地区经济社会高质量发展。并在此基础上,优化西北民族地区的人文社会软环境,传承少数民族文化、构筑中华民族共有精神家园,形成区域文化软实力。

二、推进"文化＋金融"融合创新

金融是商品经济发展的必然产物,表示所有货币与信用关系的总和。金融随着经济社会和商品货币信用的发展而发展,同时又对经济社会的发展产生重要作用。如果说科技要素是文化产业要素集聚式发展的第一生产力,那么金融要素就是第一强心剂。在现代经济条件下,金融是经济的核心和血液,产业发展从来都离不开金融的支持。一般而言,金融发展能为经济发展提供基础条件,金融发展有助于储蓄向投资的转化,金融活动节约社会交易成本,促进社会交易的发展,金融业的发展直接为经济发展作出贡献。对于开放的发展中国家或小规模经济体而言,在金融方面还有一个很重要的需求,就是在金融冲击发生时能够获得有力的支持。①

从政治经济学层面考察,西北地区的金融体系在结构和功能上存在二重缺陷。其中,结构性缺陷是政府的银行处于绝对主导地位,民间资本型的中小商业银行和社区互助银行缺失、县域性和地方性银行机构缺失。发达地区以债券、股票为代表的直接融资占比较高、西北地区则更青睐银行贷款的间接融资方式,产生这种现象的原因在于经济发展实力的不同。

(一)西北地区"文化＋金融"融合发展实质

西北地区推进"文化＋金融"融合创新,其核心在于文化产业创新和文化新业态的金融支持问题应当如何去解决,进而保障文化产业发展路径的进一

---

① 参见陶春生:《丝绸之路经济带建设的驱动力与民族地区的对策》,《黑龙江民族丛刊》2015 年第 1 期。

步拓展。新的文化产业发展形态在创业、经营和创新的过程中,不可避免要面临各种不确定的投融资风险和市场风险,为规避风险,保障文化企业自身平稳运营,就需要依托现代金融的风险防范与管理功能来发挥保障作用。金融机构可以通过自身专业化优势,对文化市场所获取到的行业信息的金融风险进行衡量、分析和控制,一是达到帮助文化市场主体去实现其文化产业投资的利益的最大化,二是控制文化市场主体的市场风险最小化。三是获取金融行业自己的利益。例如新疆维吾尔自治区保监局探索扶持文化产业发展新模式,创新文化产业的各类保险品种,相应地拓展了承保范围,成为使"文化+金融"融合创新的优秀代表。①

　　"文化+金融"视野下的西北地区金融问题主要表现在:一是总量相对偏小,布局较为分散,金融机构信息沟通不畅,未能形成现代化的金融商务区,更难以发挥集聚效应;金融业整体发展不平衡,银行发展较为迅速,但证券业、保险业规模偏小;金融业对外开放程度相对滞后,外资银行极少。二是从贷款期限结构来看,"贷大贷长贷政府"现象十分突出。投向政府背景类的企业,尤其是国有文化企业的中长期贷款占比偏高,短期贷款占比偏低,灵活性差,不了解文化企业,尤其是小微生产经营者对于资金的需求,也不适应于文化产业新业态新模式的成长规律。三是西北地区文化产业发展中的金融产品单一,社会参与、多渠道融资方式严重不足,现有民营担保公司、小额贷款公司管理体制不完善,创投、融资租赁、消费金融等新兴金融业态发展不充分,股权质押、动产抵押和中小企业债权融资等业务开展不规范,导致文化类企业向国有银行贷款难、向社会资本融资难的两难现象,"文化+金融"创新力度亟待加大。

(二)西北地区"文化+"产业融合发展路径

　　解决西北地区"文化+"产业融合发展中的金融支持问题,应针对西北地

---

① 参见王资博:《民族地区文化产业跨界融合发展的路径思考》《贵州民族研究》2015 年第 10 期。

区"文化+金融"中存在的主要矛盾和问题采取专项措施。

开拓特色金融产品与服务。鼓励和引导当地金融企业在风险可控、商业可持续发展的原则基础上,开发适合西北地区文化企业特点和需求的特色金融服务方式,打造支撑民族文化企业的综合金融产品,开发设计适合文化产业发展的特色信贷产品,同时考虑民族地区文化企业"小、弱、微"总体特点,在授信额度、贷款条件、审批流程、抵押质押和对外担保、财务顾问等方面给予特殊优惠和支持,有效破解民族地区文化企业贷款、抵押、担保等发展瓶颈问题。一是鼓励民族传统文化企业,如民族影视传媒、民族类图书报刊发行转型、提升和高质量发展。二是支持民族文化内容创新,民族文化形式创新,在动漫网游、民族地区演艺娱乐、民族艺术培训、民族艺术品交易等新业态创新发展,建设西北民族地区的综合"文化金融服务中心"。三是引导西北地区文化企业积极参与"一带一路"建设,通过考核选拔一批符合条件的文化出口企业,以发行企业债券等融资工具进行融资,推动多渠道直接融资,全面推动形成民族文化企业高质量发展的"文化+金融"服务模式创新。

加快西北地区文化企业的信用体系建设。开发小微企业信用信息数据库、服务网和银企融资对接平台,实现民族地区文化企业信用信息的互联互通。建立有利于"文化+"产业融合发展的信用保险、文化"走出去"出口信用保险项下的保单融资业务;加强与进出口银行、出口信用保险公司的合作,进一步开发适应"文化+"产业融合发展所需要的保险产品;加强和完善对西北民族地区重点扶持的文化企业、项目和产品出口的保险服务;支持符合条件的文化贸易企业利用各种信用保险凭证、债券凭证,进行直接融资或再融资。

顺应"文化+金融+科技"融合发展新趋势。随着技术创新加速推进和科技成果在金融领域的广泛应用,以及以互联网为代表的信息技术的应用,金融创新、科技创新在催生文化产业新业态中如影随形、相互促进,极大地提升了文化产业发展的质量和效率。文化产业在传统向现代的转型过程中,"文化+金融+科技"融合发展在文化市场与文化产品、文化服务与文化模式等涉及文化创新相关的诸多领域越来越凸显其支持与引领；而在现代化经济体系的发展过程中，"文化+金融+科技"融合发展所提供的金融资本服务和金融风险管理的全方位保障，也深刻影响着文化产业发展过程中的每一次重大科技创新活动的实现。以互联网为代表的信息技术进步作为文化创新发展的重要动力引擎，首先促进了文化产业的业态创新，各类"文化+金融"新业务、新模式的大量涌现，在不同层级上极大地实现了文化市场资源的有效配置。"文化+金融+科技"融合发展还极大地改善了"文化+融合"发展中金融活动的信息不对称问题，从而有效地降低了文化产业的金融业务与文化产品服务创新中的交易成本，为金融资本参与"文化+"融合发展扫除了障碍，为社会资本参与"文化+"融合发展提振了信心。

西北欠发达地区的传统文化产业转型与文化产业创新发展，必须紧紧围绕提高文化产业和现代金融的全要素生产率，不断推动金融与互联网、大数据、人工智能和科技深度融合，重视在中高端消费、数字经济、绿色低碳、人力资本服务等领域培育文化产业新增长点，加快促进新旧动能接续转换，实现文化产业以科技创新带动金融创新和以"文化+金融"发展助大区域文化产业的经济崛起。

三、推进"文化+旅游"融合创新

近年来，随着宏观和微观环境的不断变化，现代化产业体系逐步推进，伴随着产业结构的调整，第三产业逐渐成为区域经济发展的重要领域。其中，文化产业发展迅猛，对 GDP 的占比和贡献率也在逐年稳步提高。文化产业相关门类中，文化旅游业正在逐渐成为领军业态，"文化+旅游"相应成为带动第三产业发展和促进产业升级的"关键引擎"。

（一）文化产业和旅游产业融合发展的关联度分析

进入新时代,文化旅游产业已经成为各省域经济增长、培育创新能力、增强省域综合竞争力的重要推动力量。如图6-1所示,根据中国文化和旅游部数据显示,2019年国内游客60.1亿人次,入境游客1.45亿人次,其中旅游产业占到我国GDP总量的11.05%,为1亿多中国人解决了就业问题。乐观预测,在全球疫情得到有效控制后,中国将成为世界第一大旅游市场,旅游业也将真正成为国民经济支柱性产业。[①]

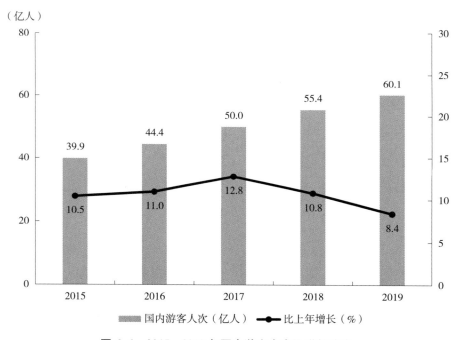

（亿人）

图6-1 2015—2019年国内游客人次及增长速度

如图6-2所示,2010—2020年中国旅游总收入从1.57万亿元飙升至

---

① 国家统计局:《中华人民共和国2019年国民经济和社会发展统计公报》,2020年2月28日,见 http://www.stats.gov.cn/tjsj/zxfb/202002/t20200228_1728913.html。

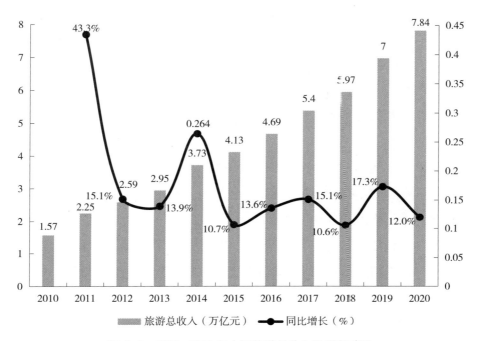

图 6-2 2010—2020 年中国旅游总收入及增长情况

7.84 万亿元,连续十年同比增长保持在 10% 以上。中国旅游业的强劲发展,为"文化+旅游"产业高质量发展提供了广阔的成长空间。旅游业和文化产业有着不可分割的密切联系,它们既相互促进,又相互制约。从文化传播的角度出发,文化是旅游的核心内容,是旅游的灵魂所在,是旅游业高质量发展的必然选择。一般来讲,少数民族地区的文化旅游,是以异质文化的存在为前提和指向的旅游体验。西北地区经济发展程度不尽相同,民族民俗、文化差异多姿多彩,特色明显,这些差异使旅游过程丰富多彩,让旅游者赏心悦目、释放压力。随着游客的足迹转换,通过观赏不同景致、感受不同文化,对内实现激发本民族文化自豪感、认同感的目的,对外实现交流和向外传播;从产业角度看,文化旅游的本质,是向游客提供了不同民族民俗风情的文化相关的服务和产品,游客旅游过程是通过具有民族特色的食、住、行、游、购、娱等途径来实现的,所以游客的旅游行为实际上就是消费活动,即为所提供的文化产品和配套服务买单,从而为目的地民众创造了传承和发展本民族文化的机会。

旅游业和文化产业的边界一般来讲都相对模糊,首先,产业相互间都没有明显的产业外延,特别是文化产业,既有软性的文化创意产业,又有高科技、高知识教育水平的硬性文化制造业,产业融合的方式多元,发展模式更为多样。有研究将文化产业和旅游产业融合模式归纳为:拓展型、渗入型和重装型三种。

从产业融合实践来看,文化产业与旅游业两者具有天然契合性,文化和旅游既可相辅相成又可相互成就,旅游业可以充分利此优势来提高旅游业的文化含量和质量,文化的传承、发展便可以通过旅游业来实现。根据两者相互融合的方向不同,从旅游产业发展出发,旅游是"文化+旅游"融合发展的重要载体,把文化产业融合进来意味着抓住文化的核心价值,文化成为传统旅游产业新的竞争力的核心要素;从文化产业的角度来看,文化产业有着极强的渗透力,把旅游产业融合进来便意味着文化产业捕捉到了一个相对发展成熟、具有广阔前景的发展市场,旅游产业成为新兴文化产业赖以生存的新的市场空间。

演出型文化消费是文化创意产业向旅游产业拓展融合的典型形式。一般来看,演出型节目是少数民族地方政府支持和发扬当地独特的民族文化资源的重要方式,通过运用富有创意的表现手法和先进的科学技术,将民族文化完美地融入富有创意的旅游产品中,既为传统的旅游市场带来了新的价值核心和生命力,又为当地少数民族文化的传承和发展带来新机遇。如《印象·刘三姐》,完美结合了美丽的桂林山水和刘三姐的故事,完美结合了勤劳的壮族文化与独特的山歌形式,完美结合了传统民族民间伦理和民族记忆,完美结合了传统山水风情与视觉到听觉冲击,让寻访刘三姐成为游览桂林山水的新目标,让自然景观融入了民族风情的新内涵。《印象·刘三姐》的成功和风靡全国及东南亚地区的现象,是"文化+旅游"融合发展的典范之作,开启了山水、文化、旅游融合发展的模式,并成为中国文化产业重点项目。截至2019年7月,《印象·刘三姐》创造了7000多场、1800万人次和超20亿元营业额的奇迹。相对案例还有吉林打造的朝鲜族与满族、蒙古族民族民俗文旅产品体系，以高句丽、渤海国文化文物遗迹等为主的历史文旅产品体系等；四川打造的集"文化+旅游"高度融合的康巴风情、彝族风情、藏羌风情文化旅游区；贵州打造的侗族大歌、苗族飞歌等"文化+旅游"融合发展品牌等。一项研究发现，甘肃"文化+旅游"融合发展水平的综合评价指数在逐年攀升，该研究认为甘肃文化产业发展速度相对快于旅游业，并且文化产业与旅游业处于高水平耦合阶段，两产业系统间协调发展水平稳步向好。目前，两者间由 2012 年的严重失调状态已平稳过渡到 2018 年的优质协调阶段，该研究同时建议，为更好地推动"文化+旅游"深度融合高质量发展，必须构建文旅融合发展新格局，探索文旅融合发展新途径，培养高素质复合型人才①。

"十四五"时期，系统推进西北地区"文化+旅游"融合发展和文化产业综合竞争力提升，对于实现区域文化产业可持续发展具有重大理论和现实意义。面对区域间的"文化+旅游"产业竞争，西北民族地区的文化旅游热点地区加快"文化+旅游"融合步伐，全面挖掘当地的"文化+旅游"融合发展的独特优势，积极探索旅游业与文化产业融合发展的创新模式有效路径。因此，文化产业与旅游业融合发展水平，文化产业和旅游业的互生共融的关系决定了两者融合是产业发展的必然趋势，文化产业和旅游业的融合在推动二者共同发展的基础上，还可以完善和延伸文化产业的链条，并会产生文化产业的新业态。文化产业与旅游业两大产业协调高质量发展，对于促进西北地区经济结构转型升级和文化传承创新发展具有重要意义。

但是，从现实来看，西北地区以"文化+旅游"类企业为代表的市场主体一般来讲"文化+旅游"融合发展意识不强、个体力量较弱又不善于积极合作，以市场力量为主导的"文化+旅游"产业领域生产要素自由流动机制、利益分配机制、利益共赢机制尚未形成。民族地区一般来讲自然生态资源都比较脆弱，

---

① 参见陈兵建、吕艳丽：《文旅强省战略下甘肃省文化产业与旅游业融合水平测评研究》，《兰州文理学院学报（社会科学版）》2020 年第 5 期。

一些在外来游客和造访者眼中来看山清水秀、景色宜人的地方,往往是少数民族贫困地区,所以就会有疑问"环境这么好的地方怎么可能当地人的生活会很艰辛呢?"实际上,很多少数民族地区一般都是高原、高海拔地区,年平均气温偏低、无霜期短,或是山区耕地坡度大、水土流失严重、土质墒情低,或是草原草场,其自然生态条件并不一定适合大规模农业种植业、畜牧业发展,无法承载过多的人口。但是这些地方由于本身就是国家级水源涵养区和生态保护区,风景优美,文化特色鲜明,非常适合旅游业发展。所以只有重视生态环境,让"绿水青山"真正变成"金山银山",才能解决可持续发展问题。因此少数民族地区的"文化+旅游"融合发展,首先要注重保护性开发,其次要突出旅游项目的文化内涵,将其作为产业持续发展最重要的依托和增长点,防止因旅游资源开发使文化和自然遗产遭到破坏。

(二)西北地区"文化+旅游"融合发展政策走向

制度保障和政策走向是西北地区"文化+旅游"产业融合发展的重要保障。2018年《国务院机构改革方案》将文化部和国家旅游局合并,成立文化和旅游部。这是从国家战略层面推动文化和旅游深度融合发展的有力举措。西北地区"文化+旅游"产业融合发展内容繁杂,同时"文化+旅游"产业融合发展涉及西北地区全区域,在合作的内容,合作的参与主体等方面的情况都较复杂,各省域、各主管部门,在"文化+旅游"产业融合发展的各环节之间并不存在自主、自动的协调关系,因而"文化+旅游"产业融合发展中出现的诸多问题,要有一个综合的、人为干预的协调机制,特别是在整个西北地区,或者有紧密联系的两个或几个文化旅游目的地之间,这种相互的协调开发与合作前景规划方面更是非常有必要。因而,相对于产业发展合作模式,相比较金融和财税支撑,相比较人才吸引和信息互通等环节,一个综合的制度框架和合作机制的创新更有必要。

2018年8月,《甘肃省文化旅游产业发展专项行动计划》要求,强力推动文化旅游深度融合,促进文化旅游产业转型跨越发展。加快文化旅游产业发展,是甘肃培育发展新动能、实现高质量发展的战略选择,也是决胜全面建成小康社会、打好脱贫攻坚战的重要支撑。提出 2020 年和 2025 年两个阶段甘肃文化旅游产业发展的 18 个重点任务,其中有敦煌国际文化旅游名城及大敦煌旅游圈打造。11 个大景区建设(嘉峪关、张掖丹霞、麦积山、崆峒山、马踏飞燕、紫金花城、兰州黄河风情线、黄河石林、黄河三峡、拉卜楞寺、官鹅沟);中国西部自驾露营地产品体系构建;《丝路花雨》《又见敦煌》等精品剧目驻场演艺打造。

2018 年 2 月,青海省发布《关于印发推进文化旅游产业融合发展实施方案的通知》"积极开创文化与旅游融合发展的新局面,构建具有鲜明青海特色的文旅融合产业体系,努力使文化旅游产业成为我省国民经济的支柱型产业",到 2020 年,"初步培育一批比较有活力的文化与旅游融合主体,特色文化资源得到有效保护和合理转化,文化产业与旅游产业深度融合,产业结构不断优化,产值明显增加,吸纳就业能力大幅提高,产品和服务更加丰富,在促进地方经济发展、推动城镇化建设、提高生活品贡、弘扬优秀传统文化、提升文化软实力等方面的作用更加凸显"。青海通过夯实"文化+旅游"融合发展的物质基础,加大了在文物展示、非物质文化遗产等方面的技术保护和资金支持力度,文旅融合精品提升工程、"一地一品"特色文化品牌战略、文化旅游节庆活动品牌、创演文旅演艺精品等重点任务,主要目标是依托青海独特的多元民族文化资源,以市场需求为导向,以融合发展为目标,以创新驱动为动力,以重点项目和文化品牌为引领,通过以文化带旅游、以旅游促文化,为文化旅游产业提供更广阔的发展空间,实现文化产业与旅游产业的良性互动、共赢发展。

2021 年 1 月,宁夏回族自治区印发《自治区九大重点产业高质量发展实施方案》,提出宁夏发展文化和旅游产业的总体目标是以"塞上江南·神奇宁夏"为形象定位,以"畅游宁夏,给心灵放个假"为价值定位,着力构建"一核、两带、三片区"空间发展格局,以全域旅游示范区创建为统领,打造文化和旅游融合发展"升级版"。到 2025 年,全区游客接待量年均增长 25% 左右,2025年接待人数力争突破 1 亿人次,旅游总收入力争突破 1000 亿元,建成全域旅游示范省(区),全力打造大西北旅游目的地、中转站和国际旅游目的地。方案明确,要打响特色文化和旅游品牌,打好黄河文化、大漠星空、酒庄休闲、红色主题、动感体验、长城遗址六张牌。推动全产业发展、全业态融合、全流程服务、全媒体营销、全方位辐射、全社会参与,挖掘品牌价值、扩大开放合作、改善服务条件,把宁夏建设成为西部国际旅游目的地。①

　　政府在西北地区的文化旅游产业合作和发展中是重要的引领力量和支持性力量,应重视发挥政府在"文化+旅游"产业融合中的引领作用,为"文化+旅游"提供多层级、多领域政策支持,尤其是"一带一路"建设引领西北地区文化产业发展重大战略举措,使西部地区和民族地区获得难得的发展机遇,必须牢牢把握。首先,"一带一路"建设中,西北地区成为发展尤其是人文交流的前沿地区,"文化+旅游"产业成为"丝绸之路经济带"的先导产业;其次,加快推进西北地区"文化+旅游"产业积极参与对外文化交流,提升传统旅游业发展的核心竞争力,也是契合国家"一带一路"建设,契合国家对西北地区的战略定位;再次,西北地区"文化+旅游"产业融合发展是促进中华各民族交往交流交融的重要途径,因为西北民族文化是中华文化的重要组成部分,是共存于中华传统文化之中的,因而政府层面还应在"文化+旅游"产业融合发展中,注重推进铸牢中华民族共同体意识,在少数民族文化的多样性差异性基础上,增进不同文化之间交往交流交融,增进中华文化共同性构建,加强西北地区各民族对中华文化的认同,对伟大祖国的认同,对中华民族的认同,对中国共产党的认同和对中国特色社会主义道路的认同。由此可见,区域"文化+旅游"产业融合发展的题中应有之义,

---

　　① 参见宁夏推动文化和旅游产业高质量发展,2021 年 1 月 8 日,见 https://www.mct.gov.cn/whzx/qgwhxxlb/nx/202101/t20210108_920601.htm。

是要求各民族、各少数民族文化单元建立跨区域、跨文化的对话和协调机制，以铸牢中华民族共同体意识为主线，以"文化+旅游"产业融合发展为契机，深入探讨"文化+旅游"产业融合发展资源开发中存在的共性、个性问题，这种从文化层面构建命运共同体的认同途径，是铸牢中华民族共同体意识的重要的、有益的探索。

表 6-1　文化和旅游部 2020 年"一带一路"文化产业和
旅游产业国际合作重点项目公示名单

序号	地区	项目名称	申报单位
1	北京	面向"一带一路"沿线国家的数字文化内容海外传播交易平台	咪咕文亿科技有限公司
2	北京	动画片《洛宝贝》海外推广	漫奇妙（北京）文化有限公司
3	广东	中医药文化沉浸式体验项目	粤澳中医药科技产业园开发有限公司[46]
4	江苏	《浮生为卿歌》手游"一带一路"沿线国家和地区推广	苏州友谊时光科技股份有限公司
5	广东	网易电竞全球赛事制作中心	广州博冠信息科技有限公司
6	江西	面向"一带一路"沿线国家和地区陶瓷文创产品设计研发推广	景德镇陶瓷大学
7	四川	面向"一带一路"沿线国家的彩灯艺术创意设计推广	自贡海天文化股份有限公司
8	新疆	面向"一带一路"沿线国家的儿童育乐数字文旅共享平台	新疆华特信息网络股份有限公司
9	安徽	《大天使之剑 H5》《斗罗大陆》手游海外推广	芜湖三七互娱网络科技集团公司
10	浙江	《小鸡彩虹》系列动画片海外发行推广	杭州天雷动漫有限公司
11	江苏	"百工造物"文化创意设计合作研发	江苏百工造物文化科技有限公司
12	四川	成都"一带一路"国际艺术中心	成都香颂文亿文化传播有限公司
13	四川	《吴哥王朝》大型文化旅游综合体	德阳美忆文亿文旅游发展投资有限公司
14	天津	《神雕侠侣 2》手游泰国发行	世纪优优（天津）文化传播股份有限公司
15	北京	"潮起东方　艺路同行"文旅产业国际合作项目	中国东方演艺集团有限公司

序号	地区	项目名称	申报单位
16	广东	深圳文博会·云上文博会·"一带一路·国际馆"	深圳国际文化产业博览交易会有限公司
17	湖南	面向阿拉伯国家的艺术旅游综合服务平台	天舟文化股份有限公司
18	湖南	面向"一带一路"沿线国家的文旅产业国际合作综合运营平台	湖南山猫吉咪传媒股份有限公司
19	北京	面向"一带一路"沿线国家的文旅国际营销与传播调查	中国旅游报社
20	湖南	肯尼亚中非艺术长廊	湖南河村农业科技发展有限公司
21	上海	"创意双城　匠心造物"手工艺品展销活动	上海创意城市科技发展有限公司
22	云南	老挝磨丁经济特区全域旅游项目	云南景兰文化旅游股份有限公司
23	北京	面向"一带一路"沿线国家的文旅合作信息服务平台项目	中国经济信息社有限公司
24	广东	一站式文化贸易金融综合服务平台	深圳文化产权交易所有限公司
25	北京	数字音乐版权管理及分发平台	北京太乐文化科技有限公司
26	河北	"发现柬埔寨"文创合作研发项目	廊坊市壹佰剧院管理服务有限公司
27	北京	面向"一带一路"沿线国家的文化旅游营销服务	北京兴旅国际传媒有限公司
28	陕西	丝路艺佳国际文化艺术品交易平台项目	大唐西市文化产业投资集团有限公司
29	四川	"四川礼物"海外营销推广	成都绿舟文化旅游投资管理有限公司
30	贵州	国风音乐"一带一路"沿线国家和地区巡演	贵州新湃传媒有限公司
31	北京	北京国际艺术品保税贸易服务平台项目	国家对外文化贸易基地（北京）
32	宁夏	基于区块链和云计算的数字文化内容版权服务及海外推广平台	宁夏盛天彩数字科技股份有限公司
33	浙江	面向"一带一路"沿线国家和地区的体场馆设施专业化设计服务	浙江大丰实业股份有限公司
34	北京	"丝路数字文旅"营销推广系列活动	中国文化娱乐行业协会
35	湖北	《秘宝之国》《巨兵长城传》《我是江小白》《兵魂》动漫作品海外发行推广	武汉两点十分文化传播有限公司

续表

序号	地区	项目名称	申报单位
36	广西	多语种旅游信息推介平台	桂林中国国际旅行社有限责任公司
37	新疆	迪拜·丝路演艺文化产业园	新疆丝路龙田控股集团有限公司
38	上海	中国风格数字艺术展示项目	上海国际文化装备产业园管理集团
39	上海	网络动漫《伍六七之最强发型师》海外发行	啊哈娱乐（上海）有限公司
40	新疆	"文游丝路"多语种手机 APP 应用及研究	乌鲁木齐一心悦读文化科技有限公司
41	北京	"数字奥林匹亚"古奥林匹亚遗址数字化推广项目	北京清城睿现数字科技研究院有限公司
42	广西	面向"一带一路"沿线国家的旅游资源服务支持平台	桂林唐朝国际旅行社有限责任公司
43	江苏	肯尼亚生态文化艺术工程项目	爱涛文化集团有限公司
44	宁夏	面向阿拉伯国家的动漫影视服务平台	智慧宫文化产业集团有限公司
45	上海	上海民族乐团《共同家园》俄罗斯商演	上海民族乐团

中国旅游业发展规划指出，中国将实现由旅游大国到旅游强国的巨大转变。面对未来的机遇与挑战，西北地区的现代"文化+旅游"融合发展，具有较高的产业联系效应，必须充分挖掘国家关于促进全域旅游改革发展的政策措施，加强各区域之间的全方位合作，通过大数据、云计算、"互联网+"等先进技术和管理理念，以此为契机，在保护与开发西北民族地区的"文化+旅游"产业资源，解决西北地区的基础设施与公共服务体系瓶颈问题，培育新型业态，更新和创新文化休闲娱乐、"文化+旅游"产品，拓展西北地区的传统旅游市场空间，抢占市场份额等方面，实现从产业开发规划、战略导向、实施重点和主要任务等方面的区域合作与共赢发展，增进西北地区所在各省域之间的大景区或者全域旅游建设的联系，形成"区域共享、点线联动、特色分享创新驱动"的"丝绸之路经济带"新丝路旅游协作共享模式。如表6-1所示，2020年文化和

旅游部"一带一路"文化产业和旅游产业国际合作的45项重点项目中,新疆入选3项,宁夏入选1项。甘肃文化产业中,文化旅游业发展一马当先,2020年已达到全省GDP的8%,位于十大生态产业之首,成为甘肃经济社会发展的支柱产业之一,但在上述项目中,甘肃无一入选,这充分说明甘肃对国家级重大文旅项目的认识、谋划和参与都远远不够。在西北地区之间统筹设计谋划跨行政边界的民族民俗文化旅游发展规划,特别是对旅游资源的布局与开发进行统一规划和合理设计,提升富有西北地区文化特色的旅游品牌(产品)、旅游线路、旅游市场,以西北少数民族文化风情特色实现最佳的旅游资源配置,因地制宜地、差异化发展。西北地区在项目谋划、金融产品、人才引进等方面仍然需要政策性扶持,以促进"文化+旅游"加快融合。

(三)"文化+旅游"产业融合发展对策创新

西北地区文化旅游业发展,应作为低碳经济时代民族地区重点和优先培育的"绿色朝阳产业",使之成为构筑西北乃至全国重要的生态安全屏障的首要产业,和提振西北地区发展信心、塑造西北地区"文化+旅游"新形象的首位工程。

1.多层次市场主体参与"文化+旅游"融合发展机制构建

在发挥好政府的协调作用方面,目前,西北地区大部分文化旅游景点都相当于"事业单位",没有遵循市场规律,没有形成产业化,导致其旅游产品的粗放性。

从实践层面分析,2013年以来,西北地区举办了多种形式的学术研讨、实地考察,以及参加了所在省域举办的旅游产品推介营销,但总体上看,这些活动主要以政府主导和推介为主,文化和旅游业的市场力量合作与参与不足,打造共同市场的市场主体"搭便车"现象明显,民族特色的文化和旅游品牌推介,民族地区优势文化旅游资源的开发和整合更依赖于地方政府,总体表现出政府"越位"和市场主体"缺位"。市场主体参与"文化+旅游"市场的积极性不高,或者调动不起来,一个重要原因是"文化+旅游"产业融合发展利益共享机制的涉及内容复杂、机制本身不健全。由于政府和其他利益分配主体在市场参与的范围、对市场的影响力等不同,最终利益分配中就存在分配话语权、分配比例和权重的不同,甚至还有针对一些地区的补偿和帮扶标准的不同。正是以上原因的存在,影响了市场对资源配置决定性作用的正常发挥,尤其是西北民族地区难以充分调动市场主体参与"文化+旅游"市场的积极性,其结果就是西北民族地区"文化+旅游"产业间的融合发展进程缓慢。

西北地区"文化+旅游"融合发展机制构建方面,仅仅靠政府组织、政府行为和单一投入渠道是难以实现利益共享的,必须遵循"文化+旅游"市场发展规律,本着由各参与主体共同认可的平等互惠的原则和规则建立利益共享机制,促进区域共同制定或签订跨行政区域、跨政府的政策体系。例如可以通力合作携手打造具有民族特色、创新能力强、具有世界影响力的民族文化旅游品牌、文化旅游骨干企业。可以通过对一些重大节庆活动给予政策优惠、联合举办、政府补贴等形式,提供更好的政策空间、优化市场环境,做大做强西北民族地区一些具有重大特点和影响力的文化旅游节庆活动,争取将节庆活动推广出去,打造区域性的品牌,最终为文化旅游产业发展提供坚实可靠的支持性保障条件。

西北地区"文化+旅游"融合发展机制构建方面,必须充分发挥市场在资源配置中的决定性作用。民族民俗风情旅游资源的勘查和开发,其出发点应当是一项惠民工程,应遵循回馈于民原则。例如丽江的旅游开发,大多由外地商家运作,本地居民尤其是当地的民族民俗文化完全游离于产业链之外,从而造成了开发的文化旅游项目形似而神不似,民族特色不再浓郁,民族地区应有的文化氛围和旅游氛围索然无味的情况。激发市场主体的创造活力,要在尊重市场规律的前提下,充分发挥当地少数民族的文化主体性,通过致富技术和旅游开发技能培训、参与式开发等各种形式和渠道,积极参与并融入旅游开发中,为旅游业开发真正注入文化的内涵。同时,由于文化旅游业在开发过程中,势必会干扰到当地少数民族的正常生产生活,势必会破坏当地少数民族赖以生存的自然生态,容易引起当地少数民族的不满情绪,因此,西北民族地区"文化+旅游"资源的开发应当在勘查、设计、开发的过程中,深入考虑和规划市场主体、当地民众参与利益分享的可能途径,鼓励更多的当地少数民族积极参与其中,让他们成为"文化+旅游"融合发展机制中的一环,切切实实享受到文化旅游开发的利益,实实在在地让他们得到补偿和回报。

2.全方位的经营管理模式和服务体系创新

旅游环境是目的地能够为游客提供的所有基础设施和服务的总和,是当前吸引游客的重要指标,一个旅游目的地是否具有吸引力和有影响力,旅游环境对此具有极大程度的决定性作用。一个成功的目的地,其基础设施的规划成熟度和资金投入是必须到位的,这也成为很多目的地政府把旅游业作为一种高投资回报率产业的重要原因。相对于其他旅游大省,西北总是给人漫天黄沙、环境较差、配套设施不完善、航班火车班车等通达度较低、路况较差等刻板印象,甚至连吃饭、住宿、洗澡都成问题,一定程度上影响了对游客的吸引力。

在为游客提供便捷在地服务方面,西北地区景区传统旅游业特征明显,对周边产品带动无力,在地消费需求难以满足。西部地区复杂多变的气候也使旅行设计问题,如夏季进入新疆,在北疆地区的喀纳斯、那拉提等景区就是非常适宜的选择,但是在必经的乌鲁木齐、吐鲁番还有南疆地区,则需要面对酷热的考验。甘肃很多景区,如白银黄河石林、沿丝绸之路的文化旅游,淡季旺季差别十分明显,尤其是现代娱乐设施和互动休闲产品、项目和服务,如交通、住宿、饮食、停车等基本设施都是季节性开放,受气候限制和影响仍然较大,旅游体验差,客人停留的时间短,产业链条短,产业带动效应有限。

如图6-3所示,选取了东中西部5个省域(直辖市)的2020年旅游业人

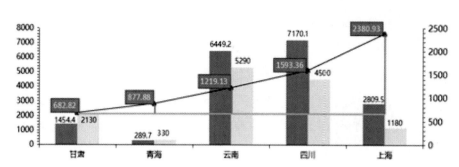

图6-3 2020年旅游业人均在地消费比较

均在地消费数据进行比较,结果发现甘肃旅游业收入为1454.4亿元、青海旅游业收入为289.7亿元、云南旅游业收入为6449.2亿元、四川旅游业收入为7170.1亿元、上海旅游业收入为2809.5亿元。从游客人数上看,甘肃游客人数为21300万人次、青海游客人数为3300万人次、云南游客人数为52900万人次、四川游客人数为45000万人次、上海游客人数为11800万人次,可见来甘肃旅游的人数还是非常可观的。但是相比较而言,人均消费这一指标,甘肃比青海低195.06元、青海比云南低341.25元、云南比四川低374.23元、四川比上海低787.58元。所以,2020年甘肃旅游业人均在地消费只有青海的77.8%,云南的56%,四川的42.3%,上海的28.7%。

现代文化旅游消费者对"文化+旅游"产业发展的要求高、消费偏好多元,这就要求"文化+旅游"抓住文化旅游业呈现出的由东部地区向中西部地区转移的趋势和良好局面,应通过现代运营管理方式,加快西北民族地区交通网络、完善交通系统,配套公共服务设施建设和相互联通,不断完善区域交通、餐饮、住宿、娱乐、购物、金融、商务等旅游基础设施和服务条件。

西北地区地域辽阔,决定了各景区景点之间相隔过于遥远、过于分散,这对前来旅游的人的旅行规划提出了严峻考验,如何在相对紧张的旅行时间内,安排交通成本最低、更便捷的旅行线路,让游客可以自由地往返于文化旅游景区、景点之间,往返于各城市与城市之间,避免造成时间和金钱的浪费,成为游客反复斟酌、难以选择的问题。因而制定一系列的优惠、打包政策,让游客同时能在同一个旅行圈内的多个景点之间自由设计往返,实现交通一体化、便捷化,实现文化旅游消费市场之间的无缝对接,和景区景点与周边城镇的通达性。从而促进游客在区域内消费,以达到提高收益的目的。2018 年 10 月 28日,在拉面大师娴熟地烹饪下,代表"一座城一碗面"的兰州牛肉面正式入驻兰州开往敦煌的 Y667/8 次列车,清香飘满列车。来游玩的游客可以在乘坐高铁之时边享受旅途自然风光,边品尝生于斯、长于斯的本土美食,标志着兰州牛肉面开启了舌尖上的"丝路之旅",这种"车上吃美食、车下看风景"的甘肃美食参与"一带一路"建设,非常适合甘肃省地貌狭长的特点,为创新服务和"文化+旅游"融合发展带来了新特点。甘肃和青海正在共同打造的"最美自驾风景线"——环祁连山自驾旅游线路,沿途海拔落差千米之大,自然人文景观多样,视觉冲击力强,能近距离欣赏祁连皑皑白雪,能俯瞰原始森林里,能感受广袤草原,能体验最美丹霞,更能深度领略沿途裕固族、藏族、回族等少数民族文化和风情。新疆是中国陆地面积最大的省级行政区,总面积约 166 万平方公里,占中国陆地面积的 1/6,边界线长度 5000 多公里,占我国边界线的1/4,比江苏省和浙江省的总和的 8 倍还多 4 万平方公里。甘肃总面积占中国总面积的 4.72%,但东西蜿蜒 1600 多公里,纵横 45.59 万平方公里。甘肃、青海、宁夏、新疆等西北民族地区,在大景区建设上,在专题旅游线路设计上,具有很强的互补性,因而西北各省区应将"文化+旅游"作为区域协调发展的重要合作领域,力争为西北民族地区"文化+旅游"产业融合发展创造可达性便利条件和全方位的经营管理模式和服务体系,从而在提升文化旅游产业整体水平和质量的基础上,形成区域互利共赢和协同发展格局。

3. 共享文化旅游产业开发带来的益处

民族文化取向和观念意识是发展文化旅游的灵魂之所在,文化产品、旅游产品是文化资源市场化运作的主要增值形式,西北民族地区地处"丝绸之路经济带"重点区域,西北民族地区"文化+旅游"产业融合发展必须注重保持其人文底蕴和历史价值。区域内各省区自古就是不同民族交往交流交融之地,是经济社会形态并存交融地带,文化历史积淀深厚,不同历史时期的文明遗产丰富,自然景观复杂壮丽,民族风俗风情奇特迥异,各省域得天独厚的文化资源禀赋,为促进区域"文化+旅游"产业融合发展奠定了坚实的物质基础,具有发展现代"文化+旅游"服务得天独厚的禀赋优势和现实基础。西北民族地区华夏文明与中华文化重要遗存众多,是中华文明的重要传承地和保护地,文化资源异常富集、旅游资源鲜明独特,大力发展文化旅游业条件得天独厚。各民族文化多元是文化旅游业发展的动力。所以,抓住这一特点进行发展,应该将注意力放在如何发扬自己的民族特色和民族地区现代化建设上。例如新疆"文化+旅游"产业融合发展,就要考虑与其他省域不同的、符合新疆特色的旅游项目。如阿勒泰地区推出"千里旅游画廊"后,新疆又推出"环游天山——千里黄金线",以及乌鲁木齐南山大景区、塔克拉玛干沙漠腹地最后的绿洲达里雅布依,传统饮食"库麦琪"的制作、成年礼的演绎,都是新疆特有的文化和风俗,游客通过体验不同的异域风情,形成体验式传播吸引更多游客到来,也使新疆各民族民俗文化得以保留。同时,形成既有民族民俗风情展示、文化宗教神秘体验,又有自然风光观览度假、科学考察探险,还能兼具商务会议会展、经济贸易洽谈、游学奖学修学、养生医疗保健等,紧密结合新疆民族民俗文化的文化旅游项目,促进新疆各少数民族在提升自我发展能力的同时,促进民族地区文化事业发展,增强了民族认同感和自豪感,增进各民族交往交流交融。同时,还能更好地与内地经济发展同频共振,实现文化发展和经济腾飞的双赢局面。民族地区属于文化边缘区,文化生态极度脆弱,强烈的外部文化冲击往往会引发民族地区出现文化传承危机。民族民俗风情旅游的特色要从当地民族文化中充分解读和挖掘,尊重民族民俗文化,而不是从投资回报率的角度肆意杜撰,为招揽游客歪曲其文化内涵,避免毁坏历史文物、拆真建假、迁出居民迎游客、改造民族村寨为主题公园、破坏民族生态文化等不良开发方式,并要注意旅游业可能引发的当地少数民族生活方式、文化认同、价值理念等方面的不适应,合理进行民族文化旅游建设。

4. 推动文化旅游产业发展中的遗产保护、技术和管理创新、信息支持等领域的合作

现代文化旅游可以注入更多的文化元素和工业元素,让游客能够在对西北少数民族传统文化了解的基础上,触碰现代民族文化的温度和民族地区经济发展的脉搏。西北民族地区"文化+旅游"产业融合发展,应根据民族地区资源禀赋特点和旅游资源优势,尊重本土文旅资源和消费特征,如甘肃临夏的砖雕工艺、擀毡织毯工艺,青海热贡的唐卡制作工艺。在西北民族地区内部形成差异化、多元化的错位发展优势,是区域"文化+旅游"产业融合的差异化发展路径。应立足民族地区经济社会发展水平,来考虑功能定位和发展路径开发多样化的旅游商品,如石河子"军垦旅游"、西路军长征线路红色游、金塔胡杨主题游、宁夏西夏文化游等,树立各自文化旅游产业发展的品牌,平凉康养旅游、沙漠戈壁自驾旅游、星空拍摄游等,避免山寨版的"宽窄巷子""水乡乌镇"或缺乏当地文化特色的主题公园等类似内地项目,加剧内耗和内部竞争。在加强对西北民族地区民族文化保护和传承的基础上,应充分发挥"文化+科技"等高新技术在文化旅游中的产业占比,通过在智慧旅游、动漫游戏软件、文物保护、文化创意设计、数字传媒、数字出版等专项领域的引领作用中,注入民族文化元素和现代工业元素,形成创新要素和新型产业形态的互动衔接、协同创新的西北地区"文化+旅游"产业融合发展特色产业链,形成文化旅游产业聚集效应,促进旅游消费带动产业投资,走可持续发展道路。

四、推进文化产业与实体经济的跨界融合

国务院关于印发《中国制造2025》的通知(国发[2015]28号)指出,制造业是国民经济的主体,是立国之本、兴国之器、强国之基;从18世纪中叶开启工业文明以来,世界强国的兴衰史和中华民族的奋斗史一再证明,没有强大的制造业,就没有国家和民族的强盛。打造具有国际竞争力的制造业是我国提升综合国力、保障国家安全、建设世界强国的必由之路。[①] 因而,西北民族地区的文化产业要实现高质量发展,必然要与实体经济紧密结合,共同发展。

(一)文化产业与实体经济跨界融合的发展背景

"中国制造2025"战略下,我国已进入全球制造业六国,建立起门类齐全独立完整的制造体系。到2025年,进入制造强国行列,2035年整体达到世界制造强国阵营中等水平,到新中国成立100年时,把我国建设成为引领世界制造业发展的制造强国。从目前我国国内环境来看,实体经济发展环境发生重大变化。随着脱贫攻坚和全面小康建设任务的完成,在新发展阶段,民族地区的新型工业化、信息化、城镇化、农业现代化也将随着乡村振兴战略的实施同步推进。在这一新的历史发展进程中,伴随着中、东部地区超大规模内需潜力的释放,民族地区的内需潜力同样会相继释放出来,因而我国仍然处于重要战略机遇期,内循环背景下的中国制造业仍然有广阔的发展空间。虽然经济发展新常态仍然存在,"三期叠加"影响仍然存在,工业化进程中,我国制造业大而不强,自主创新能力还需进一步提升,产业融合发展深度不够等问题仍然存在,仍然是制造业高质量发展的现实挑战。经济的平稳高质量发展,新常态条件下市场需求的改变,以互联网技术为代表的信息技术进步以及财政税收改

---

① 参见李国丽:《工业机器人编程及应用技术》,机械工业出版社2021年版,第19页。

革管制的有利政策,大大促进了不同产业间的互通融合,促进产业融合发展已经成为当代经济发展的必然趋势。

文化是经济交往的根基,通过开发丝绸之路经济带沿线诸多少数民族特色文化,能够给经济建设提供新的机遇、开拓新的空间。① 联合国教科文组织对文化产业的界定是:文化产业是按照工业标准,生产、再生产、储存以及分配文化产品和服务的一系列活动。但是,西北民族文化与实体经济的结合还处于初级阶段,文化产业和农业、制造业和服务业的融合度较低,对经济发展的推动作用不够明显。所以,积极推进西北民族文化产业与其他实体经济的融合发展,也成为西北民族地区适应新经济时代的必要之举。

近年来,随着我国制造业的转型升级和高质量发展,实体经济中,经济社会各领域各行业的文化创意和文化设计服务等已贯穿和渗透到制造业、建筑业等领域,呈现出"文化+实体经济"的多向度、多层级交互融合态势。相对而言,文化产业具有高知识性、高增值性和低能耗、低污染等特征,推进文化产业、文化创意和设计服务等新型、高端服务业与实体经济深度融合,是解决实体经济与生态文明建设悖论、培育实体经济新的增长点,和提升国家文化软实力与产业竞争力的重大举措,是实现创新驱动,促进当前我国经济结构战略性调整和发展方式转变,加快实现由"中国制造"向"中国智造""中国创造"转变的内在动力,是促进传统产品和服务创新,催生新兴实体经济业态、带动就业,满足人民对美好生活的向往和多元化消费需求,以及提高人民生活质量的重要途径。

(二)西北地区文化产业与实体经济跨界融合实践

首先,推进文化产业与第一产业的融合发展。第一产业主要指各类职业农民和各类水生、土生等农业原始产品,以利用生物的自然生长和自我繁殖的

---

① 参见王玉、杜君:《丝绸之路经济带建设中的少数民族文化开发》,《贵州民族研究》2015年第8期。

特性,人为地控制其生长和繁殖过程,生产出人类所需要的,不必经过深度加工就可消费的产品或工业原料的一类行业,一般包括农民和农业、林业、渔业、畜牧业和采集业,有的国家还包括采矿业。我国国家统计局对三次产业的划分规定,第一产业指农民和农业、林业、牧业、渔业等。

文化产业与第一产业融合,主要表现在一些农业新业态的形成,如服务型农业新业态,经过与文化产业的横向融合与拓展,形成休闲农业、会议农业、景象农业、阳台农业等农业服务业的新业态新模式。休闲农业是在原有农业生产条件下,将原有农业市场环境打造成观光、休闲、旅行目的地,目前我国休闲农业已呈全面开展态势,休闲农业产品日渐丰富,规模不断扩大,利润加快增加,竞争也趋于激烈。会议农业,即与农业相关的各种农业博览会、买卖会、农产品和其他产品订货会洽谈会、农业相关展览会,以及举办各种农业论坛、农业新兴技术交流会等。阳台农业是一种都市型现代农业新形态,即在阳台等有限空间上搞农业生产,培养形式更趋无土性,生产产品趋观赏性与自给性,在一些大城市开展较为迅速,部分区域的市场上已出现矮化的西红柿、苹果、桃子以及盆栽青菜等,满足了市民对农业和农村生活的需求。另外,还有一些社会化农业新业态,如订单农业,农户按照市场农产品的购买者的需求安排订单农产品生产的一种集农产品预定、生产、销售各环节在内的农业生产行为,订单农业很好地适应了市场需要,从市场调研开始,避免了盲目投入和生产,使农业生产变成中间流转和终端餐饮类服务型企业的原材料直供基地向前延伸到生产环节,从而建立了"从供到需"转向"从需到供"的工业链,有些大型公司和企业甚至将生产基地划归公司所有,作为企业员工的福利供给基地,种植农产品,将生产基地转变为企业休闲体验的新场所,实现公司福利的内部供应。另外,社会上还出现了一些"市民菜园",即市民预先支付,将资金提前打入生产环节,由市民在生产基地或农场安排下承担生产劳动的产前、产中、产后各环节,或由生产基地或农场帮助市民直接或部分履行生产劳动,最终按市民要求提供农产品的生产模式。

由于休闲农业在我国已整体上进入成长期,随着以城市市民为主体的社会群体越来越多的参与,休闲的农业在一些起步早、开展较快的,尤其是中东部大、中城市周边的业内竞赛开始激烈,业态转型晋级已显急迫,市场竞赛逐步加剧,东中部地区休闲农业已面临转型晋级。2015 年全国休闲农业和乡村旅游接待游客超过 22 亿人次,营业收入超过 4400 亿元,从业人员 790 万,其中农民从业人员 630 万,带动 550 万户农民受益。虽然新业态的开展水平可能远不如经济发达的东部、中部地区,但农作物品种具有新颖性,吸引力强,同时,由于更远离城市,更贴近生态休闲、更健康安全反而更容易被市场青睐。西部市场正在积极成长中,西北民族地区文化产业与第一产业融合发展具有广泛的市场前景和资源禀赋,未来这些新兴农业业态开展空间仍然很大。

目前,作为新型产业形态和消费业态,西北民族地区农业新业态在快速发展过程中,发展方式还比较粗放,存在着思想准备不足、人才资源匮乏、基础设施滞后、服务意识和市场开发有待完善等问题。还需要从民族地区经济社会发展的重要性和全局中认识和把握,充分认识到农业新业态对民族地区文化旅游业带动农民就业增收,保障西北民族地区产业脱贫与产业振兴的顺利推进,从"文化+"产业的长远发展出发,把农业新业态和乡村文化旅游打造成深度开发农业资源潜力,调整农业结构,改善农业环境,农民就业增收新的增长极。西北民族地区的民族特色农业文明、农业新业态发展需要创造一个良好的人才成长环境,不断完善农牧业部门、高校和培训机构"三位一体"的联合机制,探索和培养产业跨界所需的复合型人才,逐步形成满足西北民族地区文化产业与第一产业融合所需要的人力资本积累体制机制和专业性强、素质高的人才后备力量。

其次,推进西北民族地区文化产业与制造业融合。与中东部地区相比,与非民族地区相比,西北民族地区制造业一般来讲基础薄弱,发展并不尽如人意。文化产业与制造业融合发展、相互渗透与交叉,将民族文化特色及其内涵的价值功能和文化理念等,渗透到传统制造业的研发、设计、生产与营销各环节中,能够促进西北民族地区的传统制造业转型,提升制造业的附加值。以科技手段为辅助,将文化内容与创意渗透到信息、电子设备、数字终端中,能够带动这类技术密集型制造业升级,推进民族地区制造业同文化产业融合,同样也扩展了文化产业的发展空间。西北民族地区文化产业与制造业的关联融合,将文化产业链条从单纯文化产品的生产过程,延展到带动相关文化载体、文化用品、文化器材、文化生产设备等文化制造业的发展与升级。

第一,推进西北民族地区文化产业与第三产业跨界融合。文化产业与第三产业融合的实质,是文化与产业之间的融合,融合需要可行的操作模式指导,需要民族特色文化元素的渗透,营造创新生态圈,在增强文化创新能力的同时加大研发力度,投入更多的资源到研发工作中,通过设立研发部门、举办研讨会议等多种途径,在制度建设上倾向于实现文化产业创新,在企业内部形成创新的文化氛围,以此带动文化与服务业深度融合。例如,西北民族地区各地政府应该积极转变角色定位,联合起来,营造外部环境,利用多种政策工具,支撑文化产业与第三产业融合,通过规模集聚、协同创新,提升集聚区域内文化企业的融合发展创新能力,通过制定税收优惠政策、建立产业投资基金等资金支持手段,推动文化资源在第三产业产业领域内的应用,提升文化产业的竞争力。

第二,西北民族地区文化产业与体育产业融合。西北少数民族体育活动是少数民族群体在生产和生活具体实践中形成的民族体育文化形态,与少数民族的文化内涵、行为准则、思维方式有密切联系,是少数民族价值认知的外在体现。西北少数民族体育资源丰富且具有鲜明的民族民俗特色,蒙古族、裕固族体育活动,如被誉为"草原三技"的摔跤、射箭、赛马就与游牧生计方式和草原生态密切相关;藏族传统体育如锅庄体现着高寒山区人民的质朴;"大象拔河"则源于藏族崇尚大象力大无穷的习俗和较力型竞技传统。但是,由于少数民族大多生活在交通不便的地区,人们对于少数民族体育的参与还相当少见,加之一些少数民族体育项目本身缺乏规范性,导致很多优秀体育项目难以被普及、被认可、被推广,参与度低、市场化程度低。因此,要实现西北少数民族文化产业与体育深度融合,应当加大政府扶持力度,将传统体育项目作为公共文化服务的重要内容,进入到少数民族群体的健身、娱乐、社会交往交流中,提高民族传统体育的公众参与度。同时,鼓励民族传统体育团体和组织争取社会化资本,提高市场参与能力,促进传统体育与文化旅游业的融合,激发传统体育的产业化能力。

除了上述农牧业、制造业、旅游产业、科技产业、体育产业等与文化产业的融合,西北民族地区还应该拓展思路,将高端策划、系统规划、文化创意和设计服务与其他实体经济产业如建筑业等融合,在我国经济发展新常态下,把民族文化资源优势转化为民族地区经济发展优势,更好地发挥文化产业在优化产业结构、改善生活品质、提升西北民族地区文化软实力等方面的重要作用。

五、深化文化体制机制改革,激发民族
特色文化产业市场活力

计划经济体制保障了中国从旧制度下千疮百孔的经济社会逐渐复原,"当经济发展再次道路阻塞,社会文化生态严重失衡之时,主动的制度调整和改革再次成为中国之幸。肇始于 1978 年的改革开放不仅是一般市场经济意义上的生产力解放,也是中华文化生产力的解放"[1],改革开放带动了中国现代文化市场的繁荣兴盛,保障了中国成为世界第二大经济体的现代化进程。激发全民族全社会的文化发展和文化创造活力,进一步深化文化体制改革的顶层制度设计与制度供给优势,既是以往文化建设的宝贵经验总结,也为在新的起点上加快文化改革发展指明了前进方向。

---

[1]　魏鹏举:《40 年来文化管理制度的演变脉络》,人民论坛网,2018 年 12 月 10 日,见 ht-tp://www.rmlt.com.cn/2018/1210/534980.shtml? from＝singlemessage。

（一）加大制度供给，释放现代文化市场生产力

中国现代文化市场并非一般现代市场，而是具有鲜明中国特色社会主义文化特征的特定文化市场。这种特定性表现在，由于中国是从计划经济体制转向社会主义市场经济体制的，也就是说，中国的市场经济发展必然不会遵循西方自由社会的完全市场经济规律来发展，它是在坚持"社会主义"原则的中国特色发展道路的市场经济，社会主义市场经济的运行机制，是国家宏观调控与市场调节相结合、计划经济与市场经济相结合。

从改革开放40余年的实践经验来看，现代文化体制改革的动力来源已经形成。资本、制度、市场自我实践推动力、经济体制改革立动力之间相互作用、协同推进的供给模式如图6-4所示。中国的制度供给显然比经济或文化的自发调节效用更直接、更显著，它是改革开放40余年来，中国经济社会整体快速、健康发展的重要保障，是推动中国现代文化市场的形成和发展的重要力量，不可否认，制度供给也是当今构建现代化文化产业体系的重要依托。

1981年党的十一届六中全会提出，我国的主要矛盾是"人民日益增长的物质文化需要同落后的社会生产之间的矛盾"，党和国家工作的重点必须转移到以经济建设为中心的社会主义现代化建设上来。这是从顶层设计上对当时我国主要矛盾的认识，改革开放这一制度设计由此开启。随之，经济体制的改革带来了人们对社会物质产品需求在一定程度上的满足，人们开始转向对精神文化生活的追求。于是，人们的文化需求与文化供给之间出现偏差，一些非常态的文化供给方式如明星走穴、走私、盗版等现象"暗流涌动"，混乱的低成本文化快餐充斥着当时的文化市场。这说明，中国的文化市场已经形成，但文化管理体制尚未适应这种市场化浪潮。

1988年，文化部、国家工商行政管理局在发布的《关于加强文化市场管理工作的通知》中，正式提出"文化市场"的概念，同年国务院批转文化部《关于加快和深化艺术表演团体体制改革的意见》和1989年中共中央《关于进一步

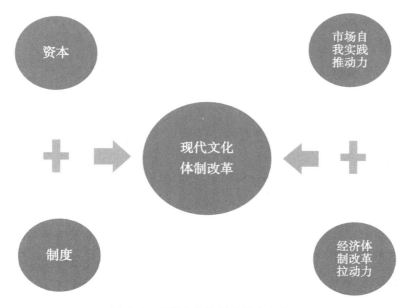

图 6-4　现代文化体制改革动力演示

繁荣文艺的若干意见》出台,提出了文化市场实行"双轨制"的具体改革意见。1989 年,在文化部下面设置文化市场管理局,虽然当时的管理权限仅仅在文化演艺等小文化领域内,但这种行政管理归属设置实际上是我国全国性文化市场管理体制进一步完善的标志性事件。2003 年 6 月,国文化体制改革试点工作会议在北京召开,文化体制改革试点工作正式开启。2004 年 8 月 31 日,《关于在文化体制改革综合性试点地区建立文化市场综合执法机构的意见》出台,意味着我国文化领域的综合执法进入了规范性操作阶段,综合执法进入正式试点。

2013 年 10 月党的十八届三中全会对深化文化体制改革做出一系列重大部署,把文化体制改革作为全面深化改革的有机组成部分,成为与经济、政治、社会等领域的改革密不可分、相互作用的一部分。这是我们党已经认识到了文化领域的制度供给改革势在必行。

2013 年,站在新的历史起点上,党的十九大明确了文化体制改革的四项重点任务,即完善文化管理体制,建立健全现代文化市场体系,构建现代公共文化服务体系和提高文化开放水平,为新时代推进文化体制机制改革的创新指明了坚持中国特色社会主义文化的发展道路、建设中国特色社会主义文化强国的发展方向。随着中国文化体制改革的不断深化,文化产业的市场化改革思路逐渐形成。

2020年,立足新发展阶段,党的十九届五中全会提出提高社会文明程度,提升公共文化服务水平,健全现代文化产业体系三大任务,这是顶层设计层面对文化体制改革的战略性考量和科学谋划。

从2020年初开始,新冠疫情在全球肆虐,全球经济增长基本停滞。目前全球主要经济体中,只有中国经济实现了正向增长。可以说,当前激励经济增长最大的因素是国家宏观调控,与国家队牵手合作,就能在第一时间享受政府政策红利,把握发展先机。

(二)深化文化体制改革,激发民族文化创造活力

经过前一轮文化体制改革,西北民族地区的改革成效初现,但是还存在较多问题,诸如如何既考虑统筹、全面谋划,又能将重要领域和关键环节的改革抓紧抓好?如何顺畅与现代文化产业体系相适应的民族特色文化产业发展体制机制?如何重新激发民族地区国有传统文化企业的活力?如何优化民族民营文化企业的发展积极性和发展环境?如何建立民族地区小微企业与新兴业态的生存、成长机制等。这就说明,我们还需通过深入和持续推进体制机制改革,壮大民族特色文化产业市场主体,从而达到进一步释放文化生产力的目的。

西北地区现代化文化建设的制度性建构应从两个方面来思考,一是制度供给,二是产业主体活力。前者是要承认市场在文化产业发展中的决定性作用,后者是要承认西北少数民族在文化产业发展中的主体性作用,关键则是两者都要基于文化体制改革来进行重塑。当前文化体制改革的成果,一是实现

了传统公有制文化企业、文化单位的"双轨制"改革,诸如新闻传媒、文化艺术等部门的市场化探索。二是通过文化市场管理机制的改革,非国有身份的准市场主体逐渐出现。但是在以公有制为主体、多种所有制共同发展的文化产业总体发展布局的指导下,国有资本在文化市场准入方面具有优先性和便利性,民营资本只在某些文化领域具有或部分具有准入资格,境外资本在西北民族地区的准入还停留在讨论阶段。

近年来,西部民族地区的民族特色文化资源优势得到利用,特色文化产业开始出现,占领了一定的市场份额,市场规模有所扩大,对区域经济社会发展的贡献率不断提高。当前,西北民族地区的文化体制改革进入全面深化阶段。"行百里者半九十",越接近成功的关头,改革的阻力越大,就越要坚持到最后一刻。西北民族地区的文化体制改革面临诸多的特殊情况和特殊问题,迫切需要进一步解放思想,实事求是,依据民族地区文化发展的实际情况,以自我革新的勇气破除妨碍文化体制改革的思想包袱和传统思维模式的束缚,锐意改革创新。毋庸置疑,西北民族地区文化体制改革将会带来民族文化产业赖以存在的体制环境的深刻变化,将会进一步推动民族地区特色文化与市场经济接轨,也必然会在培育民族特色文化产业发展市场主体方面发挥重大作用。

深化文化体制改革要在始终做到"四个坚持"的原则。"四个坚持"即在西北民族地区坚持以社会主义先进文化为主导的前进方向,坚持将西北少数民族文化发展的道路纳入中国特色社会主义文化发展道路之中,坚持让民族地区文化产业发展以西北少数民族人民为中心并且将优秀民族文化发扬光大的工作导向,坚持把文化产业的社会效益放在首位、实现民族地区社会效益和经济效益相统一,实现西北民族地区公共文化服务体系建设与文化产业共同协调发展的原则。立足新发展阶段,党的十九届五中全会提出,要深化文化体制改革,健全现代文化产业体系。在规划和政策上下功夫,以完善的文化市场体系推动优势文化产品的供给。因此,西北民族地区也要释放民族地区文化体制改革的推动力,加快发展新型文化业态、促进形成新的文化消费模式,在文化产业数字化、规模化和高质量发展上做深度文章。

本土性文化与本土文化资源的利用是西北民族地区文化产业的核心资源。必须认识到,西北民族地区文化产业发展的重要优势,就是对西北少数民族文化资源的开发。西北独特的民族文化资源无论在数量上还是价值上,在全国乃至世界都占有十分重要的位置。而在西北民族地区的文化资源中,可以直接利用和开发的重要资源之一,就是文化旅游业。以民族文化为内核的文化旅游业的发展,是振兴民族文化和提振民族地区经济的重要突破口,这是西北各省的共识。它可以让游客在游览的同时了解民族的文化底蕴,也可获得巨大的经济效益。

西北民族地区文化产业创造活力的激发要坚持将西北少数民族纳入市场主体的范围。德国当代文化人类学家兰德曼曾言:"文化如同生命内里的血管系统,而血管里流淌的是主观精神的血"①。兰德曼认为"人是文化生物"。这一著名论题至少有四层意思,第一,人是文化的创造者,没有人这一主体,就没有依附于他身上的文化;第二,人为文化所产生,没有文化的人只是徒具躯壳的行尸走肉;第三,文化是区别他者的标志,人与人之所以不同,是因为分属不同的文化系统;第四,人是文化的实践者,没有人去实现文化,也就没有文化的存在和发展。我们决定文化,文化塑造我们,这是一个"因果循环体系"。以西北少数民族文化旅游业为例,一些文化,尤其是民俗民族文化内容,明明是很优秀的文化资源,却无法产生很好的经济效益,究其原因,主要是缺乏民意基础的培育和作为文化创造者的民族群体的参与。唯一能看到所谓"文化"的地方,就是风情园,而风情园,往往因为是"伪民族文化"的集中展示地而饱受诟病。在主体性语境下,西北少数民族既是该地域内的文化需求者,又是文化的创造者和文化产品与服务的创造者。要激发西北民族地区文化产业的创造活力,必须从激发西北少数民族文化创造活力入手。

---

① 陈前进:《受益一生的 600 个哲学常识》,天津科学技术出版社 2012 年版,第 119 页。

必须关注西北民族地区文化供给与需求的多元化和多层次性。西北民族地区文化供给与需求的多元化和多层次性,是由世代生活在西北民族地区民族群体的构成的多元性,和他们的文化的组成的多元性所决定的。西北民族地区的市场主体培育和文化产业体制机制创新,必须坚持以生活在西北民族地区的人民为本,实现好、维护好、发展好当地群众的文化权益,把满足当地老百姓的实际需求作为文化建设的原则,构建完善、公平、均衡、协调和可持续发展的民族地区公共文化服务体系。激发少数民族群体的文化创造活力,就是要以满足人民对美好生活的多样化文化需求为目标,要牢固树立人民群众是文化创造主体、建设主体、分享主体和评价主体的观念,把各族人民是否满意作为民族地区文化工作是否成功的衡量标准,实现参与主体的多元化,真真正正做到文化建设为了人民、依靠人民,文化成果由人民共享。

在建立健全民族地区现代文化市场体系方面,要鼓励各类文化市场主体、民族文化企业公平竞争、优胜劣汰,要鼓励和支持专、精、特、新等小微民族文化企业优先发展,做大做强一批骨干民族文化企业。打造一批西北少数民族文化品牌,增强民族地区文化产业和文化企业的核心竞争力,最终实现西北民族地区文化产业发展的市场主体多元化和多层次性。

六、加强统筹规划和分类指导,
完善政策法规体系

西北民族地区位于丝绸之路经济带重要区域,各少数民族文化底蕴深厚,人文内涵厚重久远,但在传统发展视野中,往往因为地理区位差,交通条件闭塞,经济社会发展滞后等客观因素,文化资源优势难以转换成经济发展优势。新发展阶段,统筹规划和分类指导能够发挥的作用,就在于能够提前谋划民族地区产业发展的重大战略、主要目标和重点内容,而政策法规体系则是这些重大战略和重点任务得以推动和落实的制度保障。

(一)健全文化经济政策和制度规范

党的十九届四中全会强调,要"建立健全把社会效益放在首位、社会效益和经济效益相统一的文化创作生产体制机制。深化文化体制改革,加快完善遵循社会主义先进文化发展规律、体现社会主义市场经济要求、有利于激发文化创新创造活力的文化管理体制和生产经营机制。健全现代文化产业体系和市场体系,完善以高质量发展为导向的文化经济政策。完善文化企业履行社会责任制度,健全引导新型文化业态健康发展机制。完善文化和旅游融合发展体制机制。加强文艺创作引导,完善倡导讲品位讲格调讲责任、抵制低俗庸俗媚俗的工作机制"①。坚持和完善繁荣发展社会主义先进文化的制度,巩固全体人民团结奋斗的共同思想基础,是对我国文化建设的顶层设计,为西北民族地区的文化制度建设同样提出了制度化要求。《中华人民共和国民族区域自治法》是根据中华人民共和国宪法制定的,其中第 38 条规定:"民族自治地方的自治机关自主地发展具有民族形式和民族特点的文学、艺术、新闻、出版、广播、电视等民族文化事业,加大对文化事业的投入,加强文化设施建设,加快各项文化事业的发展。"

目前,尽管西北民族地区都制定了一些有关本地区文化产业发展方面的条例和法规,例如宁夏回族自治区政府出台的《关于加快文化产业发展的若干政策意见》,明确了与文化产业发展相关的财税、投融资、土地等一系列优惠政策,但总体上看不全面也不完善,特别是有些自治州、自治县等自治地方对于自己独特的民族文化和非物质文化遗产并没有相关立法保护或者立法相对滞后。因此在制定有关文化产业发展的政策法规过程中,要广泛征求当地的少数民族群体的意见,让法律法规真正促进民族地区文化产业的发展。

文化产业立法,应以铸牢中华民族共同体意识为主线,以促进各民族交往

---

① 中共中央党史和文献研究院编:《十九大以来重要文献选编(中)》,中央文献出版社2021 年版,第 285 页。

交流交融为目的,以增进"五个认同"为原则对当地涉民族法规进行"立、改、废、释"工作。同时,西北民族地区还应根据国家的相关政策与法律法规,结合本地区实际情况制定有关文化市场主体准入、文化产业投资和发展的财政、税收支持和文化市场管理方面的制度。

资金是产业发展的血液。西北地区民族文化产业发展大多处于起步阶段,需要政府制定较为倾斜的财税政策和投融资政策,减少因缺乏资金给产业发展带来的压力。《民族区域自治法》第 32 条规定:"民族自治地方的自治机关有管理地方财政的自治权。凡是依照国家财政体制属于民族自治地方的财政收入,都应当由民族自治地方的自治机关自主地安排使用。"第 34 条规定:"民族自治地方的自治机关在执行国家税法的时候,除应由国家统一审批的减免税收项目以外,对属于地方财政收入的某些需要从税收上加以照顾和鼓励的,可以实行减税和免税。"①西北民族地区大多数地方属于民族自治区,在财政、税收等方面具有较大的自主权。对于那些具有发展前景和巨大社会效益的民族文化产业项目应通过政府注资或贴息贷款等政策促进其成长发育。

(二)建立统一、高效、协调的综合执法体系

在执法方面,西北民族地区需要进一步明确现有执法部门之间的关系,规范各自的职责,建立统一、高效、协调的综合执法机制。这是因为民族地区往往因牵扯到文化执法权的部门较多,导致部门间执法领域中或存在权责交叉、重复或存在盲区和遗漏等情况。因此,有必要根据民族地区文化执法权限和各部门权责重新进行界定和厘清,形成执法权相互配合和互补,提升民族地区文化市场综合执法能力,完善综合执法协作机制,形成责权明确、监督有效、保障有力的文化市场综合执法管理体系,保证执法的公开性、公正性、公平性。

当然,建立一支高素质的民族地区文化执法队伍,对促进西北民族地区文

---

① 金鑫:《中国税收实务全书》,经济管理出版社 1995 年版,第 843 页。

化产业发展也至关重要。根据我国治理体系和治理能力现代化要求,要把制度执行力和文化领域的治理能力作为文化管理人才、文化专业人才选拔任用、考核评价的重要依据,建设一支政治坚定、行为规范、业务精通、作风过硬的文化市场综合执法队伍。进一步整合文化市场执法权,加快形成跨部门、跨行业的综合执法队伍,其中的关键之处就是要加强执法人员的理论、法律法规学习,要用科学的理论解决遇到的问题。西北民族地区地处边疆,执法环境比较复杂。2014年9月,习近平总书记在中央民族工作会议上强调,民族地区条件艰苦、形势复杂、任务繁重,强调要准确把握和全面贯彻我们党关于加强和改进民族工作的重要思想,以铸牢中华民族共同体意识为主线,坚定不移地走中国特色解决民族问题的正确道路,构筑中华民族共有精神家园,促进各民族交往交流交融。民族地区的好干部一定要做到"三个特别",即明辨大是大非立场特别清醒、维护民族团结行动特别坚定、热爱各族群众感情特别真挚。作为文化执法人员应当更加了解党的民族宗教政策,了解民族风俗习惯,既要公正、严格执法,又要尊重当地的民族风俗习惯和宗教信仰,搞好民族团结,构建和谐执法环境,努力提高民族、宗教事务治理的法治化水平。

西北地区文化独特、内容丰富,现代化体系下,文化专利申请、商标保护等工作迫在眉睫。应进一步推动对西北民族文化创意作品及形象的专利申请、商标注册、著作权保护等工作,加大对民族地区文化市场主体在知识产权确权登记环节的扶持力度,加强知识产权的立法和保护。西北民族地区由于社会、历史、经济、地理等方面因素的影响,社会发展相对滞后,司法队伍建设问题诸多,很多偏远民族地区司法人员短缺,编制不满。选拔不严、专业素质不高,对涉文化案件的办案质量、司法公正有很大影响。因而加强对民族地区现有司法人员的专业培训,打造一支高素质、专业化的司法队伍对于保障司法的公平与公正,切实维护民族文化权利人的利益,维护民族地区社会和谐稳定至关重要。

发挥政府引导职能方面。一是进一步加大具有公共服务性质的财政投入力度。政府应当发挥引导职能,可以设立"文化+金融"融合发展专项资金,加大各级财政对文化贸易企业和项目的扶持力度,专门集中支持"文化+金融"融合发展领域中的项目研发攻关、成果转化、创新创业等。引导银行和金融机构积极创新、加快研发符合小微文化企业融资特色的金融产品和服务项目,对处于孵化期或成长期的文化企业给予融资方面的重点支持。二是引导民间资本积极参与"文化+"相关领域的创新研发项目。鼓励股权交易机构、文化产权交易机构、创业投资机构、担保机构、保险机构等,共同搭建政府+企业+社会"三位一体"文化投融资服务平台,推动发展较好、条件成熟的文化企业上市融资。三是加大重点项目扶持。鼓励、支持非公有制经济参与文化和互联网金融融合示范园区建设,支持文化示范园区、文化重点项目和龙头企业的发展,对重点龙头企业在开展面向国际市场的研发创新、广告宣传、商标注册、产品论证、国际管理体系认证、申报知识产权及进行保护、跨境电子商务、参展参会和境外收购技术和品牌等业务环节的费用给予减免。四是在有关文化产业发展专项资金和外经贸发展专项资金中加大对文化产品出口的支持力度,对文化贸易基地和公共平台建设给予资金支持,充分利用"丝绸之路经济带"地缘优势促使西北少数民族文化产品"走出去",提升西北民族地区文化软实力与竞争力。

税收优惠政策扶持。一是西北地区在享受国家应针对文化和金融发展的各项优惠政策的基础上,根据西北地区文化创新型企业的实际情况,给予文化企业包括财政贴息、以税抵息、投资返还、比例补助政策在内的更多的税收优惠政策,支持符合条件的文化企业按规定通过申报获得认定享受现有的省(自治区)、市税收优惠政策,并减免征收对文化企业提供贷款和融资服务的各级商业银行应缴的营业税和所得税。二是细化落实国家对文化贸易企业相关税收优惠的政策扶持,对文化创汇企业制定有针对性的税收优惠政策,研究细化文化创汇企业营业税差额征收等税收优惠政策,对文化企业的出口退税,应积极推动开展账户托管,以账户托管的方式衍生出有利于文化企业的贷款、退税优惠等的待遇和相关便利。对纳入增值税征收范围的文化服务出口,应当按照国家营业税改征增值税的有关规定实行增值税零税率或免税优惠政策,对国家重点鼓励的文化产品、文创产品出口一律实行增值税零税率。

七、促进传统文化产业转型升级,
构建现代文化产业体系

竞争是市场经济的重要标志之一,市场经济起源于西方并发展于西方,因此市场竞争力问题的提出和研究亦开始并深入于西方。但是,对竞争力的关注却不是首先来自学术界,而是来自西方实业界和政府①。党的十九大报告指出,要"建设现代化经济体系是建设社会主义现代化强国,特别是建设社会主义现代化经济强国的基础工程。"党的十九届五中全会提出,要"推动文化事业和文化产业发展。健全现代文化产业体系和市场体系,创新生产经营机制,完善文化经济政策,培育新型文化业态"。作为战略性新兴产业的文化产业日益发展成为衡量一个国家或地区经济综合竞争力的关键因素,也客观要求西北民族地区实现文化和科技共发展同繁荣,形成民族地区现代文化产业体系。

(一)西北地区现代化经济体系构建的发展基础

现代化经济体系,就是与建设社会主义现代化强国的要求相适应的现代产业体系及其运行机制和管理体制。在经济发展过程中,不同产业的增长速度和所处生命周期各不相同,总有一些产业衰退以至渐渐退出市场,也总有一些产业不断发展壮大并逐渐占领或主导市场。不同产业间此消彼长的"自然演化"过程,构成了产业结构变迁和优化升级的主要内容。产业结构优化是

---

① 参见杜智涛:《大国博弈之基国家信息资源的开发与利用》,知识产权出版社 2013 年版,第 13 页。

指产业结构效率、产业结构水平、产业结构协调能力不断提高的过程,它包括产业结构高效化、产业结构高度化、产业结构合理化。从民族地区客观实际来看,在今后相当长一段时间内难以摆脱资源依赖型的传统发展道路,文化资源的粗放开发仍然存在,因此,生产出来的文化产品,亦基本属于一些附加值较低的初级产品,而一些具有较高市场潜质的文化资源可能被浪费、被埋没,还有可能失去再度开发的机会。

推动西北民族地区经济发展质量变革、效率变革、动力变革,建设现代化经济体系是新时代解决社会主要矛盾的重要手段。西北民族地区文化产业转型升级,就是要抓住新时代文化产业发展的利好环境,实现文化产业结构效率、结构水平的不断提升,从而实现文化产业结构高度化、高效化和合理化。

建设现代化经济体系是促进西北民族地区文化产业迈向我国价值链中高端,提升民族地区文化产业竞争力的必由之路。当今的国际经济竞争已由传统的发挥比较优势的竞争转化为利用文化价值、核心技术提升资源整合能力的竞争,民族文化资源整合能力的提升,民族文化产业的资源优势和技术创新将推动民族地区文化产业在创新引领、绿色低碳、传统文化产业的优化升级,以及在民族地区现代文化产业相关服务业等领域中,提供新动能,成为新的增长点。

(二)西北地区现代化经济体系构建的现实路径

首先,构建西北地区的特色文化产业链,推进文化产业创意开发和转型升级。"一带一路"建设背景下发展西北地区的特色文化产业,促进文化产业进一步转型升级,要从现代文化产业的视角出发,构建独具地方特色的文化产业链,培育现代文化市场体系。尤其重要的是加大对传统文化、民族文化产业的开发力度,加强与现代新兴文化产业的融合,打破现有的对现代和新兴文化产业开发程度低、创新能力不足的状况。一方面,在内容上,要围绕地区民族文化特色,突出本土文化的多彩性,打造富有区域特点的文化城镇和乡村,深入挖掘其文化资源与发展潜力,促进民族地区自然生态、传统建筑、文化遗址、特色美食、工艺技艺、文学艺术、节庆民俗、宗教信仰的深度开发与交互;另一方面,在形式上,随着数字信息技术的发展,民族地区的文化消费数字终端将迅速推广开来。要根据市场动态与消费需求来加工西北民族文化符号,发挥独特的民族资源文化优势,通过在艺术展现形式、产业运作模式等方面锐意创新,利用互联网信息技术建立文化产业网络传播新渠道.采用全景拍摄以及H5 技术制作的民族文化产业和文化旅游业宣传图册、影像资料,将科技、信息、大数据、新媒体等现代文化创意元素巧妙嵌入,民族地区的各大博物馆、文化馆、艺术馆等,应逐步引进虚拟现实技术(VR 技术)、全息影像技术,让参观的游客可以身临其境地体验民俗风情和民族文化魅力。设计与完善西北民族文化知名品牌,提升文化产业的审美力与鉴赏力,利用三维立体体验式文化消费为消费者带来良好的感官体验,新消费模式也逐渐进入了人们的生活,从而使民族文化资源优势转换为产业发展优势,实现西北地区的民族文化产业化。同时,要加强民族文化产业与经济、社会、生态建设等的融合,促进产业集群与特色文化产业链的形成,在具体实践中拓展民族文化的内涵和外延,使文化产业的不同环节实现有机互联,从而构建一体化全方位的产业文化体系,以此来增强西北地区民族文化的品牌力量,从单一产品的粗放式经营转变为高品质的精细化发展,带动文化产业转型升级和规模化、一体化,提高其在国内市场中的吸引力和竞争力。

其次,注重西北地区的文化保护与传承,实现不同区域与产业合作联动转型升级。西北地区较为脆弱的生态环境、较少的人口数量以及社会快速发展带来的生活方式、观念的巨大变化,给其现今民族文化的保护与传承带来了严峻挑战。民族传统文化面临着衰落与消亡的威胁,如民族语言的加速流失、传统技艺的后继乏人、建筑古迹的毁损破坏等。因此,实现西北民族地区的文化产业升级,就必须做好民族文化资源的保护工作,构建民族文化与经济发展间的良性互动业态,实现民族地区的可持续发展。政府作为文化产业发展的倡导者和主导者,要积极组织相关的专家、学者等组成考察队伍对各个少数民族地区进行调查研究,同时主动听取当地少数民族群众和文化群体的声音,在整体性开发的总体方略下制定专业有序的、有针对性的、行之有效的民族文化保护性开发策略,为民族文化的原生性、独特性保留历史传承的文化空间。推动建立民族文化生态保护区和产业示范区,保护民族文化的多样性,注重民族文化在当今社会的传承,就是更好地实现民族文化资源的经济价值,以文化促发展,以发展促繁荣。此外,还要重视不同民族地区文化资源的跨区域整合和产业联动。西北各个民族地区地理位置上相距较远、分布较为分散,推动民族文化产业转型,就必须制定全局性的发展规划,加强民族地区之间的联合力度,促进西北民族地区文化产业的区域协调发展。推动多点合作,形成空间集聚和产业集聚效应,需要各民族地区的政府统筹协调、支持引导,培育民族文化产业发展的良好外围环境。民族文化地区在提升自身发展能力的同时,更需要实现文化资源的空间配置优化与升级,建设合作共建、互利共赢的发展机制,促进西北各个民族地区文化产业的联动与融合。以特色文化产业为主链条,带动衍生产业发展;以中心地区为核心,带动周边文化产业发展。各民族地区优势相长,各文化产业互联互通,平衡区域间文化资源的利用率,实现文化产业的集约化、高效化、多元化,以此实现产值增长和经济社会效益的提升。

再次,建立多元化融资机制,通过搭建民族文化产业资本平台促进西北民族地区文化产业转型升级。西北地区民族文化产业的培育、发展、壮大、创新都离不开资金的支持。推动建立多元化的融资机制,除了依靠政府对民族文化产业的财政拨款和资金投入外,还要充分发动社会力量来筹集资金。一方面,拓宽融资渠道,吸引外商投资、引入民间资本和业外资金,鼓励各个渠道的资本进入,支持西北地区民族文化产业的发展,让个人、社会组织和企业也能从文化产业中受益,均衡协调相关方的现实诉求,营造多主体相互关联的良性生态;另一方面,借鉴国外文化产业融资的经验,采取多元化的融资方式,在不同阶段有侧重地采取相应的融资模式。民族文化产业发展初期以内源融资为主,中期和后期可以适当引入债权融资、代理融资、合作融资等来扩大融资规模,成熟阶段可以实行股权融资的模式。此外,将发行彩票、成立基金会、采取税收优惠措施等作为辅助文化产业融资的渠道。当然,在实现融资路径多元化和主体扩大化的同时,必须明晰产权和责任,增强风险意识,建立融资机制的风险防控体系,确保民族文化产业融资稳步有序运行。通过搭建民族文化产业发展平台,营造公平良好的投融资环境。加强对西北民族地区文化资源优势的宣传,提高社会对民族文化产业的关注度;制定和完善相关的制度法规,保障投资者的利益实现;实行有利于投资者进入的鼓励措施,深入挖掘民族文化的商业价值,充分发挥其巨大的市场潜力;建立地区、行业、产业之间的融资管理联动机制,健全利益冲突解决和补偿机制,避免一哄而上和无序竞争现象的出现,为市场拓展和产业发展建立制度性保障。

最后,要鼓励少数民族文化产业多元化发展,促进民族地区的文化产业与教育、体育、旅游、休闲、科技等领域联动发展。在充分挖掘和整合优势文化资源的基础上,建设一批少数民族文化产业园区和基地,使西北民族文化优势转化为地缘优势,人文优势转化为经济优势。同时,运用现代文化创造技术、营销手段和传播工具,打造一批具有民族特色、时代精神和市场竞争力的文化品牌,让文化资源优势变成文化市场优势。

八、建立扩大多民族共同的
文化消费需求长效机制

(一)新时代建立民族特色文化消费需求长效机制的理论依据

党的十八大报告指出,要牢牢把握扩大内需这一战略基点,加快建立扩大消费需求长效机制,释放居民消费潜力。党的十九届五中全会指出,"加快构建以国内大循环为主体、国内国际双循环相互促进的新发展格局"①,"'要全面促进消费,增强消费对经济发展的基础性作用,顺应消费升级趋势,提升传统消费,培育新型消费,适当增加公共消费;要以质量品牌为重点,促进消费向绿色、健康、安全发展,鼓励消费新模式新业态发展;要促进线上线下消费融合发展,开拓城乡消费市场。'发展服务消费,放宽服务消费领域市场准入②。"进入新发展阶段、贯彻新发展理念、构建新发展格局,是由我国经济社会发展的理论逻辑、历史逻辑、现实逻辑决定的,对于指引"十四五"及更长时期民族地区经济发展具有深远意义。

消费是促进产业发展和带动经济增长的重要拉动力量。建立扩大西北民族地区特色文化产业消费需求的长效机制,需要从消费能力、消费观念、消费时间等方面创造适宜的消费条件。其中,消费能力、个人收入水平是消费者扩大对西北民族特色文化消费的物质基础。通常情况之下,人们的经济收入掌握在市场这个大环境的手中,而市场环境所发生的变化则是能够人为引导的。所谓文化消费体制,是指涉及文化消费领域中各种消费关系、消费权益、消费组织、消费安全、消费教育及其运行机制、调控手段、网络布局、信息传递的总称。文化消费体制同文化生产体制、流通体制、分配体制相互联系和牵制,任何一种消费都是在一定体制下共同完成的。文化消费不仅是个人生活问题,它涉及一系列其他经济活动。因此,既要发展潜在的文化产业优势,还要挖掘民族文化深层次的独特优势。

(二)西北地区建立文化消费长效机制策略选择

第一,政府层面应满足人们的基本文化需求,创造适宜的消费条件,刺激

① 中共中央党史和文献研究院编:《十九大以来重要文献选编(中)》,中央文献出版社2021年版,第791页。

② 中共中央党史和文献研究院编:《十九大以来重要文献选编(中)》,中央文献出版社2021年版,第791页。

文化消费等享受类的消费。与此同时,还需要重视消费结构的失衡的问题,使得消费结构平衡发展。正确的消费观念是消费者扩大对西北民族特色文化消费的思想指引。一部分文化消费是属于精神文明类的享受型消费,由于受到经济条件的限制,或者受到传统消费观念的约束,人们在面对这一消费的时候往往会产生犹豫和退却的心态。因而培育人们对享受型文化消费的需求,需要对消费者的消费观念进行正确的引导,进而带动文化消费需求。在建立新的消费观念时可以通过一些媒介来进行消费传导,比如说电视、报纸、网络等。在进行消费观念的引导时,应该结合西北地区所具有的独特风俗习惯及民族特色,潜移默化地引导消费者建立对西北地区民族特色文化的正确消费观念。除此之外,积极完善社会保障制度是提升文化消费的重要保障。时间、空间是保证文化消费提升的基础条件,但对于民族地区消费者来讲,为了保障基本生活质量,人们往往会拼命去工作努力获得物质型消费,而忽视了精神层面的消费和文化消费所带来的附加价值。为了改善这种状况,我国在新的经济发展形势下不仅要努力提高自身经济实力基础,还需要逐步完善相关制度来保证文化消费时间,例如完善的休息休假制度等。

第二,建设良好的宣传平台是提升西北地区民族特色文化的传播效果的关键。文化传播与社会宣传、企业宣传不同,从某种意义上而言它更多是在宏观层面的人文关注和公共文化服务。然而,在政事不分、政企不分、管办不分的管理体制中,容易产生权责不明、产权不清、投入与产出脱节的情况。因此,地方政府和行业协会要承担起更多的责任,积极构建民族文化产业传播平台。政府应负责对民族文化产业传播平台及产业发展的规划、引导和组织工作,提供相关的文化扶持政策和配套政策,发布全面、准确的文化市场信息,加大引进民族文化产业传播的高新技术,建立整体、统一、合法的传播机制。

第三,运用"借船出海"策略,提升西北地区特色民族文化产业传播效果。西北民族地区文化产业正处于起步阶段,企业的规模一般较小,经济实力较差,传播能力有限。因此借助政府文化传播平台,提升西北地区民族特色文化的传播效果,更能加强消费者对西北民族文化的了解,进而刺激对西北地区民族文化产业的消费,建立扩大西北民族特色文化消费需求的长效机制。当然,西北民族地区也可以合理利用外资、利用中、东部发达地区资本,利用社会化资本推进文化产业资源配置,提升民族地区文化传播和产业核心竞争力。

第四,探索改革民族地区文化消费体制机制,建立扩大西北民族特色文化消费需求长效机制。深化民族地区文化消费体制改革的任务之一,是进一步调整和完善各种消费关系,从而达到改进在不同层级的消费权力分配。应保障消费者的权益,在生活消费中充分发挥市场机制、财政机制、法律机制的调控作用,兼顾各方面的消费利益。建立和完善现代西北地区民族文化消费者组织,一方面,它把政府的、社会的文化消费观念和指导理念传达给消费者,使消费者理解文化消费精神;另一方面,又把消费者的要求反馈回政府和相关部门、组织,帮助消费者解决遇到的困难和问题。现代消费者组织的这种双重作用,可以化解许多矛盾,有力地促进西北民族特色文化消费需求长效机制的建立。应该大力加强消费的科学指导,切实尊重消费者的消费自主权、选择权以及决策权,以群众喜闻乐见的方式提倡正确的文化消费观念,促进文化消费文明。文化消费的选择权,就是消费市场应有符合民族地区消费者的各种各样消费偏好和兴趣的、可供选择的西北民族文化商品;消费的安全权,就是民族文化的消费者在进行文化消费的过程中,对于食品、药品、洗涤用品、卫生用品、交通工具、家用电器等,获得相应的消费安全保障;消费的反馈权,就是消费者有权把消费体验和消费意见,通过正常和通畅的渠道反映给当地司法机关、政府以及工商企业,并有权根据自己的损失获得相应的经济和精神赔偿。基于以上文化体制机制改革,为消费者扩大对西北民族特色文化的消费创造公平、和谐的消费环境,进而建立扩大西北民族特色文化消费需求和建立长效的消费促动机制。

九、全方位开放促进文化产业对外贸易发展

文化产业作为一项新兴产业和新的经济形态,近年来在各国国民生产总值增长中所占比重越来越大,已日益成为国家软实力和竞争力的重要组成部分。党的十九届五中全会提出,"十四五"时期,应"深化公共卫生、数字经济、绿色发展、科技教育合作,促进人文交流","以讲好中国故事为着力点,创新推进国际传播,加强对外文化交流和多层次文明对话"[①]。

(一)以民族地区文化对外贸易实现中国文化"走出去"

文化贸易是具有资源消耗少、环境污染小、吸纳就业多、附加值高等特点,且与其他产业融合度高、前景广阔的"绿色低碳产业",其发展受资源和环境的制约较小,在目前西北民族地区资源环境保护压力较大的情况下,发展文化贸易前景广阔,是最具有发展潜力的新兴行业,它不仅能够提供精神动力,而且能够开辟经济发展的新途径、新空间,是西北民族地区加快转变经济发展方式,实现经济转型升级,提高民族特色文化发展的质量和效益,实现跨越发展的重要突破口。实践证明,随着经济增长和居民收入水平提升,文化消费会逐步成为拉动内需、促进文化产业增长的内生动力,也是促进结构调整、产业升级、经济增长新的着力点。文化贸易的发展水平取决于文化产业的发展水平,反过来,文化贸易的发展壮大又为文化产业发展提供了更加广阔的空间。随着"一带一路"建设的加快推进,国际化和特色化将成为我国文化产业发展并行推进的两大趋势。一是贸易提升,加强与中亚、东南亚以及非洲等欠发达地区的文化艺术商贸往来,是对当代影视作品、艺术产品的推广,也是对传统丝路文化产品交易的显著提升;二是反向输出,主要是面向日韩、欧美等发达地

---

① 罗碧琼、唐松林:《国际人文交流的价值与路径》,《人民论坛》2021 年第 3 期。

区的文化产品与服务,促进我国流行文化内容传播。因此,西北民族地区大力发展文化产业对外贸易有利于优化文化产业与对外贸易结构,带动文化产业实现跨越式发展,推动文化产业成为区域经济社会发展新的增长点。特别是"一带一路"建设实践中,贸易发展中的文化因素越来越重要,文化贸易在地区综合竞争中的地位和作用越来越突出。

在当今全球化的浪潮下,西北地区民族文化产业需要打开国际市场,扩大自身的辐射范围和增强在国际社会的影响力,才能以国际化的方式更好地实现产业转型升级。相对于东部地区,西部地区总体上国际化水平不高,外向型经济发展缓慢,急需开拓对外开放和经济发展的新平台。西北地区处在西连中亚与欧洲,东通我国中东部地区的重要位置,在文化上与中亚等国家和地区有着相似相通之处,易产生较强的文化认同感。要在文化相似性的基础上,加强与国外市场的沟通交流,全方位地展示西北地区民族文化生活,寻找适合在国际上传播的文化亮点,推动优质的民族特色文化产品输出,宣扬民族文化形象与精神气质,扩大民族文化产业的市场和阵地,充分发挥西北地区少数民族的文化亲和优势,通过市场途径让西北民族文化顺利"走出去",坚持走国际化发展之路,通过"走出去"实现西北地区民族文化产业优化升级。

发展文化贸易对提升文化软实力,扩大区域影响力,增强区域综合竞争力和发展后劲具有十分重要的作用。西北民族地区要缩小与其他区域的发展差距,必须加强"一带一路"沿线国家和地区的文化交流与合作,推动文化贸易跨越发展,促使文化资源优势转化为文化竞争优势和文化市场优势,使文化贸易逐步成为地区综合实力竞争的主"战场",为构建现代文化产业体系和市场体系提供重要保障。

文化产业作为由市场化的行为主体实施的,以满足人们的精神文化消费需求为目的而提供文化产品或文化服务的大规模商业活动的集合①,也成为

---

① 参见胡慧林、陈昕:《中国文化产业评论》,上海人民出版社 2011 年版,第 285 页。

各国和区域间进行文化经贸活动的重要内容。

从发展现状来看,西北地区文化产业对外贸易发展从规模到质量都还处在总量少、档次低、效益差的起步阶段,尤其是对外文化贸易还很弱,使民族地区丰富的文化资源难以更好地转化为现实的竞争优势。文化贸易人才缺乏,尤其是缺乏既有较高专业知识、又懂策划、善管理、会经营的外向型复合型的文化贸易人才。同时,文化企业"走出去"能力不足、渠道不畅,推进文化贸易快速发展、运行畅顺的体制机制尚待建立,政企不分仍然是制约西北民族地区文化"走出去"的桎梏,文化贸易的管理体制仍然没解决好"政府引导"与市场配置资源起"决定作用"的关系。区域整体发展战略中文化的要素和站位仍然不够,缺乏文化走出去的整体战略思维。由此,也导致西北民族地区文化贸易品牌少、产品匮乏、品种单一、品质不高,文化贸易竞争力弱、效益低,有文化内涵和思想深度的原创作品太少,缺少叫得响的文化品牌,缺乏民族文化内涵挖掘较深,民族民俗文化风情独特,文化贸易形式新颖,"文化+科技"融合的精品力作和知名文化品牌,附加值高的强势文化贸易品牌更需长期打造。

(二)西北地区文化对外贸易全方位开放探索

"十四五"时期,西北地区文化产业发展必须深入贯彻中央推动中华文化"走出去"的总体战略,以民族文化保护、华夏文明传承、特色文化建设和丝绸之路国际文化交流为目标,以政府引导、企业主体、市场化运作和社会参与为工作机制,以创新、融合、开放、合作为发展主线,进一步扩大文化贸易规模,优化文化贸易结构,构建文化贸易发展环境,创新文化贸易发展模式,完善文化贸易服务体系,培育文化贸易特色品牌,提高民族地区文化贸易企业的国际影响力和竞争力,推动西北地区文化产业"走出去",实现民族地区文化贸易跨越发展。

为此,首要的任务就是深入研究丝绸之路经济带向西开放的政策与对策,制定既适应丝绸之路经济带建设,又符合西北民族地区特点和区域实际的监管政策,降低文化贸易市场准入门槛,在吸引外商投资文化产业文化服务业等方面迈出新步伐;要针对不同国家和地区的情况,将官方、民间与商业渠道加以结合,积极推动西北民族文化采用商业运作的方式输送到国外。充分利用传播媒体,开展与国外文化产业的合作,采用市场网络等模式进行宣传、开拓国际市场。

其次,必须抢占以知识产权为核心的文化贸易服务产业价值链的高端环节,发挥文化贸易对文化产业的推动作用、对经济社会发展的促进作用。鼓励西北民族地区特色文化、丝绸之路经济带精品旅游线路、民族民俗文化精品和民族优秀剧目演艺等文化企业,积极参与"一带一路"建设。鼓励民营企业在境外开办和设立分支机构,建立中华文化品牌形象店,搭建贸易平台。鼓励"走出去"的企业将一部分文化服务开展国内生产和定制的回包业务。同时,抢占国际文化贸易发展制高点,依托西北民族地区深厚的文化底蕴,利用华夏文化、黄河文化、草原文化、藏医药文化、伊斯兰文化、丝路文化、民俗传唱艺术、多元交汇文化等优势,在文化贸易行业,重点细分市场,培育若干具有区域影响力的集团公司,打造西北民族地区文化产业的知名文化贸易品牌。

再次,扶持各类市场主体,推动形成多种所有制共同发展的文化贸易开放格局,支持社会资本进入文化产业文化贸易领域,支持民营企业发展,在新型产业领域重点扶持一大批"专、精、特、新"和有核心竞争力的文化贸易企业,推进文化企业上市。同时,重视打造文化贸易载体,拓展国际贸易,深化国际间交流合作,扩大文化产品出口和文化服务贸易,支持西北民族地区各类有条件的文化贸易企业参加国际会展、开拓国际巡演、生产具有国际竞争力的外销型重点文化贸易产品,提升民族地区文化产品和服务在国际市场的竞争力。

最后,重视以点带面建设对外文化贸易的产业基地,从出口产品开发生产、国际市场开拓、货物通关、商品报检、外汇结算到出口退税等环节提供全程服务,形成政府引导、企业主体、市场运作的文化贸易新格局;注重文化产品的表现形式,做到"民族元素、区域表达",打造西北民族地区具有国际影响力的文化品牌;重视引进高层次的国际化人才,从西北地区民族文化产业发展的实际出发,实现国内外产业链的有效把控;建立文化产品和服务"走出去"资源库,定期发布文化出口重点企业和项目目录,加大对入选企业和项目的扶持力度。

中国特色社会主义进入新时代,西北少数民族文化的使命担当应当放在实现中华文化与域外其他文化交流互鉴的大视野下,在不同文化的交流和碰撞中增进中国和世界各国的互信友爱关系,坚持走国际化发展之路,构建"各美其美,美人之美,美美与共,天下大同"的跨区域、跨民族、跨文化的经济文化共同体,为深度参与"丝绸之路经济带"建设,搭建优良的人文交流平台,为中华文化"走出去"贡献应有之力。

附　录　国外文化产业发展模式及启示

在经济高速发展的当今世界,文化产业的发展水平日益成为衡量一个国家竞争力及综合国力的重要指标。在西方发达国家中,文化产业的发展,也带动了国民经济的发展,并逐渐成为促进国民经济发展的支柱型产业。世界的联系日益紧密,文化产业的发展也不能"闭门造车",要将视野投入到国际的大环境中,学习世界各文化产业发达大国的先进经验,遵循文化产业发展的内在规律,充分发挥我国文化产业的"后发优势",走中国特色的文化产业发展之路。

本书以美国、韩国和英国为研究对象,对三国文化产业发展模式进行梳理、分析和研究,希望能够为我国的文化产业,尤其是本文重点研究的西北民族地区特色文化产业及其发展,提供一些新的思路。

一、国外文化产业发展的基本模式

不同国家有着不同的文化特征及文化资源禀赋,这不仅赋予了各国文化产业更多的地域特色,而且逐渐形成了适合本国文化产业发展的发展模式。不同国家依据自身优势条件发展文化产业,在此基础上形成了不同的发展模式。研究这些不同的文化产业发展模式,分析其成功的经验,借鉴其先进的做法,对西北民族地区文化产业的发展具有十分重要的作用。

(一)美国:"市场驱动模式"

美国文化产业起步早,在20世纪20、30年代,美国的文化产业就已经开始萌芽。美国政府很早就认识到文化产业对社会经济发展的重要作用,通过采取一系列优惠政策,鼓励和支持文化产业的发展,使美国取得了文化产业发展的先发优势。经过近一百年的发展,美国的文化产业经历了一个从无到有、从小到大、从弱到强的阶段性发展过程。国内学者刘悦笛综合国内外学者的观点,将美国文化产业的发展划分为:"萌芽—初步发展—快速发展—集群化发展"四个阶段①。在近几十年的不断发展下,美国的文化产业已经十分发达,形成了巨大的聚集效应、规模效应和带动效应。

美国文化产业的发展主要依靠的是市场驱动,市场驱动模式能在最大限度上满足消费者文化需求。美国的好莱坞电影是其文化产品的典型代表,很长一段时间内占据了很多国家的绝大部分市场,以加拿大、法国为例,它们国内电影市场份额超过70%都是美国产品,加拿大更是高达96%;美国在全球电影市场份额高达85%。中国国内的电影市场一度也被美国电影占据,随着近些年中国电影的发展,美国电影在中国电影市场的份额开始大幅度下降。这些影视产品表面上看是单纯的文化输出,但其中包含的美国的思维方式、价值观念等,有着十分明显的政治因素。除此之外,麦当劳、肯德基、可口可乐、迪士尼、各种美国节日等,这些文化输出成功的例子数不胜数。

以产业链为核心的好莱坞影视制作基地是美国文化产业的巅峰之作,其成功经验也不得不引起我们的重视。

1.建立了完善的法律法规体系

美国文化产业发展的关键是依靠有效的市场机制。重点是制定规范的市

---

① 参见刘悦笛:《对美国文化产业的政治考量》,《学习月刊》2006年第17期。

场规则来维护文化市场稳定有序的发展。同时,通过各类法律法规加强对文化产业的保护和约束,不仅为其文化产业的发展搭建了公平、有序、合理的国内竞争平台,而且还赢得了更为广泛的国际支持,开辟了更为广阔的国际发展空间。

(1)不断加强和完善国内立法。

美国"知识产权保护制度"的实施领先于世界上绝大多数的国家。第一部《版权法》(1790年)的颁布和实施,可以说为美国文化产业的发展,从萌芽阶段就奠定了坚实的法律基础,提供了有力的制度保障。在经济社会发展的过程中,对知识产权的保护是至关重要的,因为它决定了文化产业的核心竞争力和发展动力。美国在不断调整和完善《版权法》的基础上,继续出台了《计算机软件保护法》《反盗版和假冒修正法案》《版权保护期延长法》等法律法规,进一步加大对文化产业的保护。加强和完善国内对于文化产业的法律法规,可以充实和细化知识产权保护的内容,从而构成了较为完善知识产权保护法律制度体系。美国政府还通过《宪法》《合同法》《劳工法》等相关法律法规,规范、扶持和鼓励本土文化产业的发展。

(2)积极提升版权保护的国际化水平。

在全球化发展的大形势下,美国的文化产业迅速适应国际文化市场环境,使得美国文化产业走向世界,这得益于美国将版权保护提升到国际化的水平。美国政府一方面在不断完善国内立法,另一方面则通过双边、多边机制,积极推动知识产权保护的国际化进程,不断提升知识产权保护的国际化水平,以谋求更高的国际市场地位。1986年,美国借GATT"乌拉圭回合谈判",建立了与国际贸易相关的国际版权保护机制。1994年,最终达成的"TRIPS"协议(即《与贸易有关的知识产权协议》),减少了国际贸易中的一些障碍,对知识产权进行了充分、有效地保护,大大提高了国际版权保护的整体水平。美国还通过建立"争端解决机制",解决各类国际版权纠纷问题。以上种种,都为美国的文化产业发展提供了强有力的国际保护。

（3）实施积极的政策扶持。

美国文化产业的发展充分依据市场规律。一方面，提倡政府最小化的行政干预，重视文化产品的品牌价值，鼓励高度市场化的营销手段，细化文化市场的销售渠道，充分发挥市场机制的作用，鼓励多元化投资和多方式经营，鼓励自由竞争；另一方面，政府往往通过采取一些间接性的财政政策、税收优惠等政策，对文化产业进行适度的调控和监管。与此同时，鼓励企业及社会投资，引导社会财富向文化产业流动。美国政府和相关大众传媒产业密切合作，也为本国文化产业打入国外市场创造了便利条件。

2. 拥有畅通的投融资渠道

美国文化产业的迅猛发展势头，依赖于美国政府当局构建的投融资体制。美国政府通过建立和完善投融资政策体系，畅通了文化产业发展的资金渠道，吸引了大量外来资本。

（1）政府的直接资助与政策支持。

政府、财团、社会团体和个人等是文化产业投资的主体，其中政府在文化产业发展中的作用是巨大的。首先，美国政府主要是对一些非营利性的艺术领域进行投资，虽然资助方式多元化，但投资金额是有限的，一般不能超过该项目所需资金的20%；其次，政府部门除了直接提供资金外，还会通过法规制度、政策杠杆等，积极引导配套的社会资金和产业资金参与文化产业投资。

（2）通过完善的融资体制和金融制度筹措资金。

美国文化产业发展的资金来源，除了联邦政府的投资之外，还包括一些大公司、大财团、基金会及个人捐助资金。美国金融体系的完善，使得资本的流动通畅，这为文化产业的发展提供了融资便利，获取了大量资金。许多大金融财团、产业集群等陆续进入文化产业，不仅为美国文化产业的发展提供了巨额的资金来源，而且还能够促使文化产业与制造业、旅游业等行业实现联动发展，产业融合质量更高。

（3）充分利用国际市场直接投资。

在经济全球化进程中,面对国际市场的不确定性,美国政府当局采取了比较严格的贸易保护战略,他国文化产品只能以直接投资的方式进入美国市场,但美国政府对外资进入的限制却比较少,许多跨国公司对文化产业进行投资与运作。政府鼓励文化企业的兼并与重组,通过对文化行业内部兼并,可以实现多种资源的共享,降低生产成本,可以规避税收、许可等方面的限制,推动企业整体效益的提升;通过跨行业兼并的方式,可以规避行业内部诸多不可预测的风险,拓展发展空间,收获更大利益;通过跨国兼并,可以提高跨国公司的国际化水平,从而使这些文化跨国集团,为世界文化产业的发展发挥领航人的积极作用。

美国在文化产业领域不断创新金融制度,创新跨国公司商业运作模式,极大地推动了美国文化产业在国内的发展,也促进了文化产业的对外扩张,这为美国带来了丰厚的利润,却也对其他国家的文化产业产生了较大影响。

3. 注重文化产业和技术创新的有机融合

美国文化产业发展最大的特点之一就是创新。文化产业是知识、技术、人才密集型的产业领域,在整个文化产业的发展链条中,都必须以知识和创意为核心来推进、展开。[①] 美国的主体文化是从欧洲文化继承和发展而来的,但并不是对外国文化的简单复制,而是通过大胆创新,加入了美国文化和科技手段,打破了传统固有模式,保持了美国文化产品的创新品质,使其更具感染力和影响力,能够更好地适应国内国际市场需求。

（1）技术创新推动了美国文化产业的发展。

科技的投入和应用,对于产业发展有着关键性的影响。众所周知,技术因素是影响经济活动的重要因素之一。科学技术作为第一生产力,是社会经济

---

① 参见吴德金:《美国文化产业发展研究》(硕士学位论文),吉林大学 2015 年。

发展的核心竞争力。纵观美国文化产业发展的历程,不难看出,其文化产业的发展往往伴随着科学技术的发展与创新,文化的演进为科技创新提供了动力,技术的创新也为文化的传播提供了更为便捷的方式。将最新的科技成果不断地融入和应用到文化产品中,可以创造出更好的物质条件,从而最大限度地满足消费者日益增长的物质文化需求。科技创新的重要意义在于,它不仅能够改变传统的文化传播方式,改变文化产品的消费方式,提高生产效率,而且还能够衍生出更多的新兴产业,提升文化产业发展的整体水平。

（2）创意园区是美国文化产业发展的新型平台。

美国是世界上第一个创立文化创意产业园区,并通过创意园区成功推动了文化产业迅速发展的国家。所谓创意园区,是介于政府、市场和企业之间的一种新型社会经济组织和一种企业发展的新型平台,园区通过为新创企业提供一系列发展所需的管理支持、资源网络等,帮助这些处于初创阶段或者发展相对弱小的企业能够独立运作并健康成长。① 美国的创意产业园区主要括了政府主办、私人主办、学术机构主办和公私合营四种基本形式。园区企业必须通过不断地创新来保持技术上的领先地位,这既可以使企业立于不败之地,又可以使园区获得源源不断的发展动力。创意产业园区克服了产业园区依靠外来资金维持发展的瓶颈,通过建设企业孵化器来提供专业化和多元化服务,形成集聚效应,从而形成创意产业链和一系列产业发展群落,实现文化产品的商业开发。总之,作为文化产业发展的创新平台,创意园区已经成为一个美国文化产品与技术创新相融合的重要载体。

（3）企业特色经营是美国文化产业发展的新思路。

从商业性角度来看,文化产业的发展过程,实际上也是文化产品作为商品,占据市场份额的一种营销推广方式。为了更好地满足消费者的需求,企业特色经营已然成为美国文化产业发展的一种新思路、新趋势。从实质上来看,

---

① 参见李小兵:《美国文化产业的四大特点》,《企业改革与管理》2011 年第 1 期。

许多文化企业都是以消费者为核心,从契合消费者精神需求、心理需求和实际需求等多角度出发,通过自身特色经营,适时开发和培育各种类型、多种层次的品牌文化产品,把大众的眼球最大程度地吸引至琳琅满目的文化产品及文化市场上,以谋求文化产业的长远发展。

4. 拥有雄厚的文化产业人才基础

专业人才的强力支撑是文化产业发展的关键。美国一方面非常重视对文化产业理论的相关研究,另一方面也非常重视对文化管理人才的培养。从美国文化产业发展的成功经验来看,其复合型人才培养战略起到了非常重要的作用。根据文化产业发展的需求,美国在国内建立起了适合本国文化发展的人才培养体系,在高等教育领域开设了艺术设计、艺术管理等与文化产业发展相关的专业学科,目的是培养自身专业素质过硬的文化产业发展所需的专业人才;从国际情况来看,美国凭借其雄厚的资金实力、广阔的市场前景等,从世界范围内吸引了大量的优秀人才,并为其提供了各种宽松的外部环境。正是这些优秀文化产业人才的加盟,给美国文化产业的发展注入了新鲜血液。

正是在这些大力支持文化产业发展措施的推动下,美国的文化产业与市场结合紧密,形成了以市场驱动为导向的发展模式。正是这种模式,使得美国的文化产品市场适应性强,也奠定了美国文化产业成为世界文化产业发展的"领头羊"角色。

(二)韩国:"政府驱动模式"

东方文化是世界文化的重要内容,在文化产业的竞争日趋激烈的今天,以东方文化为内容的文化产业有着重要地位。

韩国的文化产业在短短十多年的时间里得到了迅猛发展,韩国也因而成为东方文化产业大国,并在世界文化产业发展中产生了较大影响。其文化产业中电影、电视、音乐、动漫、游戏、时尚、娱乐、大众文化艺术等都具有重要影响力,尤其是韩国的影视剧及音乐,曾在世界范围内掀起了巨大的浪潮,"韩流"一度成了韩国文化输出的代名词。韩国文化产业在短时间内,是如何快速崛起的呢? 这值得我们深入地分析与研究。

1. 充分发挥政府的主导作用

(1)颁布相关政策法规,建立完善的法律体系。

20 世纪 90 年代末,韩国为应对亚洲经济危机,确立了'文化立国"的发展方略,并将"低消耗、少污染、创新创意"的文创产业定位为国家经济发展的支柱型产业。出台了一系列政策文件,对文化产业的发展方向和发展模式做了战略性的规划与部署;2008 年韩国发表了《文化蓝图 2012》,本蓝图的发表要义旨在韩国政府计划让韩国的文化产业冲进世界文化强国的前五名甚至是在国际文化产业发展的大平台上有资格发出自己响亮的声音,为了保障文化蓝图可以在规划的时间 2012 年如期完成,确定了走"有品位的文化国家——大韩民国"的发展道路,并确定了"文化绽放的国家""以内容实现富有的国家""有故事的旅游国家"以及"通过体育快乐的国家"四大发展目标[①];2011 年,政府出台《内容产业振兴基本计划》《文化产业振兴基本法》《文化产业促进法》等,通过这些政策法规进一步界定和明确了推进文化、娱乐及内容产业发展等文化产业方面的主要内容。同时,修订和完善了《著作权法》《电影振兴法》《演出法》《广播法》等相关法律法规,为韩国文化产业的良性发展提供了坚实有力的法律保护屏障。

(2)设立相应的组织机构,形成科学的组织管理机制。

一是韩国政府设立了主管文化产业的最高文化行政机构'文化产业观光部",并下设"文化产业局"等相关职能部门。文化产业观光部又协同产业资源部、信息通讯部,建立了"游戏综合支援中心"和"游戏技术开发中心"。同

---

① 　参见王山:《韩国文化产业发展及运作对中国的启示》,《辽东学院学报(社会科学版)》2013 年第 2 期。

时,将其下属部门(包括文化产业振兴院、电影振兴委员会、广播影像振兴院、游戏产业开发院和国际广播交流财团五个部门)组建成立了"文化产业支援机构协议会";二是成立文化产业振兴委员会,负责制定国家文化产业政策及其发展计划,负责制定文化产业振兴基金的使用规划,兼顾设计基金运营方案,负责检查、督导文化产业相关政策的落实进度、及时开展相关评估调研活动等;三是成立文化产业振兴院,振兴院的主要职责是制定文化产业相关政策规划、策划文化产业中长期发展战略、安排专门人才学习交流活动、开发海外文化产业市场渠道、加强国际化交流。总之,韩国通过设立相应的组织机构,构建科学的组织管理机制,对文化产业活动进行统筹管理,加强了信息交流,极大地提升了工作的整体效果。

2. 充足的资金支持

任何产业的发展都离不开源源不断的资金支持,韩国政府为发展文化产业也在积极筹措资金,主要表现在以下两个方面:

(1)政府加大文化产业投资预算。

在韩国,政府对文化发展的资金预算居第三位,仅次于政府对国防、教育方面的预算,足见韩国政府对文化产业投资的重视程度。韩国在1997年前对文化产业的投资仅占当年政府总预算的0.02%,此后逐年增长,1998年文化产业发展财政预算为168亿韩元。1999年后政府继续加大对文化产业的资金投入,2000年文化产业资金预算,史无前例地突破国家总预算的1%。2003年财政预算为1878亿韩元,2005年为1911亿韩元。2011年财政预算比2010年高出6.2%。与此同时,韩国进出口银行也为支持韩国文化产业发展提供了资金支持,且支援金额不断增长,2017年达到2.5亿美元。

(2)多元化的投资渠道。

韩国一般以政府注资为引导资金,利用多种投资渠道来调动和吸引民间资本进行投资,共同加入文化产业发展事业中,主要包括政府的财政拨款、大型企业的投资、文化产业基金的运营、专业投资公司的投资等投资方式。韩国发达的资本市场也为文产企业提供了便利的直接融资以及退出渠道。[①] 韩国政府通过设立专项基金来扶持文化产业的发展,早在 1997 年金融危机爆发时,就设立了"文化产业基金"来提供贷款,随后"文化产业基金"不断发展并积极探索更为灵活稳健的投资方式。除此之外,韩国还设立了"电影振兴基金""广播发展基金""文艺振兴基金""出版基金"等多项专项基金,集中扶持相关产业的发展。同时,政府也重视完善文化产业税收优惠等方面的政策,适当向网络领域、音乐领域、电子游戏领域这三大占有市场份额较多的产业减少税收,加大政府补贴力度,提高了投资者的积极性和主动性。韩国有计划、有目的、有重点地通过多种渠道来筹措资金,逐步形成了"以动员社会资金为主,官民共同融资"的筹融资方式,确保了文化产业发展资金链不断裂。

3. 注重对外交流,不断开拓文化市场

韩国是一个国土范围局限、国内市场狭小、自身资源有限的国家,但韩国政府部门非常重视对外文化交流,主张以成本价的营销方式在国内仅满足内需,通过海外市场盈利的出口战略,谋求对外合作。韩国政府意识到了国内市场规模的局限性,认为文化产业的发展不能仅仅依靠国内市场,而是要走向国际,在国际舞台上大放异彩。为此,韩国制定了放眼国际大市场,采取海外盈利出口战略的长远规划。想要踏入国际世界舞台,关键是先要进驻东亚地区的中日两国,为开拓海外国际市场占领前沿阵地。[②] 一方面,韩国将国外文化产业发展的先进技术引进国内并加以完善,积极学习国外在文化管理方面的先进经验,加紧将国内政策与国际文化市场规则相对接,不断推进文化产业技术革新,强化市场运作,通过互联网技术,利用代理商、开发直销、合作经销等

---

① 参见谢韡:《韩国促进文化产业投资的政策》,《文化学刊》2015 年第 6 期。
② 参见梁自平:《国外文化产业模式及对我国的启示》,《中共云南省委党校学报》2014 年第 3 期。

多种方式,积极开展跨国贸易生产链合作,积极举办相关文化产业的世界展博会、参加各国邀请的洽谈活动等,逐步构建起了一个文化产业国际营销网络,增强了韩国文化产业的国际竞争力,为韩国文化产业走出国门,开辟了更加多元的发展渠道;另一方面,韩国非常重视自身文化内容、文化产品及文化服务的独创性和民族性,政府集中资金,积极推动文化产品及民族品牌重点项目及高附加值文化产品的生产、营销与出口,不断拓宽国外市场,率先进驻东亚地区的中日两国,积极研发适销对路的文化产品。

4. 健全的人才培养机制支撑文化产业发展

人才是推动一个国家社会经济发展和科学技术进步的核心力量。韩国文化人才的培养旨在服务于国家的"文化立国"战略,注重人才储备与选拔、人才培养与发展的有机结合,形成了较为完善的人才管理与人才培养体系。

(1)通过政府扶植不断完善文化人才培养与管理系统。

在韩国的诸多教育战略中,有一个非常重要的战略就是"培养文化复合型人才"。因此,韩国政府加大投入,培养复合型文化产业人才。自2000年至2005年连续的5年时间内,政府将发展的重点放在了电影、卡通、游戏、广播影像等文化产业人才的培养上,共计投入2000多亿韩元。韩国重视产、学、研合作,成立专门机构,负责文化产业人才培养计划的制订与协调、分析文化产业发展基本状况、制定文化产业发展基本战略等,努力推动学校、企业等机构和组织积极培养文化产业相关人才。韩国通过设立"文化产业人才库""文化产业人才培养委员会"和"教育机构认证委员会"等,建立起文化产业专有人才数据库,从体制上保障了文化产业人才的培养。同时,政府还积极派遣留学生出国学习,这不仅加强了对文化产业专业人才的培养,还强化了与其他国家在文化产业方面的交流与合作。通过建立奖励机制,加大对一些重点产业(影像、游戏、动画等)的奖励力度,评选获奖产品、获奖单位等。

（2）通过加强学校教育培养专业化文化产业人才。

为加快培养文化产业专门人才，韩国一些大学开设的与文化产业相关的专业课程多达80多种。据有关调查显示：2017年韩国开设内容相关专业的大专、大学、研究生院等高等教育机构共564所，相关专业1483个。2012年大专、大学、研究生院的全体专业数量为26233个，2017年下降为26093个，内容产业相关专业的数量在全体专业中所占比重从4.5%上升到5.7%，可见网络动漫、游戏、广播影像、音乐等内容产业相关专业人气较高、受政府扶植力度较大①。同时，学校还加强艺术学科的实用性教育，相关教学不仅仅局限于对课堂知识的学习和对基本理论的掌握，还通过校内讲座与校外实习相结合等方式，实现了理论与实践的结合，达到了理论指导实践的目的。此外，学校还为学生们提供职业规划、就业指导等相关服务，引导学生树立积极、正确的就业观等。

（3）通过企业磨炼促进文化产业人才的成长与发展。

在韩国，多数文化企业都建立了文化产业人才储备系统，保证了文化产业人才的有效供给。公司往往根据自身需求，通过建立内部研修院，有针对性地对员工进行系统的技能培训，并为其提供更多的学习机会，定期组织一些表现优秀的员工到国外交流进修，提高员工的专业水平。同时，还制定了配套的晋升、内部轮岗等计划，为其提供人性化的工作环境，使员工拥有工作的自觉性，激发了员工的潜力，提高其工作的积极性和主动性。此外，还利用网络，通过与相关教育机构的合作等，开展文化产业人才的系统性培训。韩国文化产业人才的培养，是基于政府主导和社会、企业联动相配合的模式，该模式为文化产业的发展奠定了坚实的基础。

韩国文化产业得以在短时间内获得飞速发展，并一度成为亚洲的文化产业强国，这得益于韩国政府在组织管理、资金投入、产业政策、人才培养、技术

---

① 韩国文化体育观光部和韩国内容振兴会的调查结果。

引进等方面给予了文化产业大力的扶持,逐步形成了"政府积极引导,私人兴办为主"的文化产业管理与发展模式。这种以政府驱动为导向的文化产业发展模式,有着充足的资金保障、完善的法律体系保护、源源不断的人才支持、先进的技术支撑,这是其他国家文化产业发展所无法比拟的。

(三)英国:"社会参与模式"

英国的金融服务业是第一大产业,文化创意产业目前发展势头迅猛,跃居至第二产业,使英国实现了由以制造业为主的"世界工厂"向以文化产业为主的"世界创意中心"的成功转型。目前,英国的很多文化产品享誉全球,其中具有世界知名度的文化品牌更是数不胜数。英国的文化资源十分丰富,这使其成为文化产业强国不可或缺的一部分。为了传播宗教文化与英国文化,英国在近代就开始关注文化政策制定和文化管理体制机制建设。英国利用其娴熟的市场化手段,通过对其丰富的自然资源和历史文化资源的合理开发和有效整合,不断打造着属于自己的文化品牌。

经多年的努力和探索,英国逐渐形成了一些独具特色的文化产业,如:博物馆文化产业(公益性质)、文化旅游产业(市场性质)、表演艺术产业(公益性与市场性相结合)等。1992 年,英国文化产业就以超过 5% 的 GDP 贡献率,成为英国的支柱性产业。英国也因此,被称为世界上首个将"文化产业",自定义为"创意产业"的国家,同时英国积极研究制定创意产业发展战略,出台创意产业相关政策。早在 1997 年,英国就成立了"创意产业特别工作小组",并于 1998 年进一步明确了"创意产业"的基本概念,其范围涵盖了广告、建筑设计、广播电视、电子游戏、音乐等诸多种类。随后,英国逐步形成了包括法律政策、组织管理、资金支持、人才体系建设等在内的较为完善的文化产业政策体系和文化产业管理运作机制,更为有效地推动了其文化创意产业的快速发展。

1.“一臂之距”的独特文化管理制度

英国的文化体制最早建立于 19 世纪 40 年代。在 CEMA（鼓励音乐和艺术委员会）诞生于英国开始，英国就有了扶持艺术的国家组织，为了更好地适应文化产业的发展需要，CEMA 逐渐演变成著名的“大英艺术委员会”。1990年，英国政府意识到了一个国家的“文化战略”在本国文化发展中的重要地位和积极作用，于是经过深入调研和论证，于 1992 年形成了“国家文化艺术发展战略（讨论稿）”，并于 1993 年正式公布为《创造性的未来》。1992 年，英国政府第一次设立了国家遗产部，主要负责协调和处理各方面的文化事务。英国的文化扶持制度逐渐步入正轨，最典型、最独特的特点就是“一臂之距”（也称“一臂间隔”）的文化管理模式。

所谓“一臂之距”，就是国家要对文化的管理采用一种从“集中”到“分权”的管理方式。政府、各级艺术文化机构间要形成“协定”，明确各自的权责边界，政府不再是包揽，而是采用市场化的政策措施和非政府组织进行一种“互动式”的文化管理。英国的文化管理体制是一种包括了由政府、非政府公共部门、各种行业性文化联合组织在内的三层文化管理体制。

英国的三层文化管理体制

层级	名称	主要机构	主要作用
第一层	中央政府行政主管部门	文化、新闻和体育部	统领全国文化、新闻和体育事业；负责制定文化政策；统一管理全国文化经费，进行财政预算和拨款；对各类文化中介组织进行指导、协调和监督
第二层	非政府公共部门（中介组织）	艺术委员会、产业技术协会、电影委员会、国家科技艺术基金会	负责向政府提供政策咨询、负责文化拨款的具体分配和评估、协助政府制定并具体实施相关政策、负责对个文化乳构进行评估和拨款，负责为各行业性联合组织提供专业咨询和服务

续表

层级	名称	主要机构	主要作用
第三层	各种行业性文化联合组织	电影协会、旅游委员会、广播标准委员会	接受类拨款,开展各类培训和创意产业发展相关的文化艺术活动;与各类高校、学术机构合作实施各类文化产业发展计划;提供艺术与商业界的工作网络等免费服务;采取各类市场措施,增加商业赞助,提高经济效益

资料来源:刘咏梅、饶世权、习洁:《英国政府发展创意产业的主要措施及经验启示》,《天府新论》2014年第3期。

"政府"主要是指中央政府文化行政主管部门(包括文化、新闻和体育部),它只负责制定相关的文化政策以及负责财政拨款。政府通过拨款方式从政策上协调与非政府公共文化机构之间的关系,实质上二者之间是一种"协调"的关系,并不存在"行政领导"的关系。一些具体的文化管理事务则是交给非政府公共文化机构(各类艺术委员会)执行,它们始终与政府保持着"一臂之距"并独立运作,主要负责资助、联系全国文化领域范围内的文艺机构、文艺团体及个人,从而形成一种文化事业管理的社会网络体系。

可见,这种"一臂之距"的管理方式更具灵活性和高效性,主要表现在:一是减少了政府机构的行政事务,提高了政府工作的效率;二是政府机构与文艺团体之间不发生直接关系,便于检查监督,防止了腐败的滋生;三是非政府公共文化机构作为一种中介组织,独立于政府之外,独立履行职能,避免了过多的政府行政干预,使文化发展保持了延续性。①

2. 完善的法律体系和多方政策扶持

在文化产业的发展中,英国政府对文化"只管不办",不用行政手段来干预市场行为,也不直接参与文化企业的活动,而是充分发挥企业、个体等市场主体的主动性和积极性,不断挖掘资源、开拓市场。具体表现在用法律法规和

① 参见张雪莹:《英国"一臂之距"文化管理原则的启示》,《传承》2012年第1期。

相关政策,对文化产业市场进行宏观调控。

英国作为判例法国家,虽然没有成文的宪法,但英国政府仍然十分重视用法律支持、规范和保护文化事业及文化产业的发展,尤其是重视对博物馆、图书馆等具体文化部门的法律保护,与之相关的法律条款也在不断完善。如《计算机信息系统安全管理法典》《广播电视法》《著作权法》《电影法》《国家彩票法案》等一系列法律法规的出台,从制度上为文化产业的健康和持续发展提供了有力保障。1993 年,英国颁布了《创造性未来》报告,这是有史以来英国第一次以官方文件的形式颁布的国家文化发展政策。此后,知识产权、文化遗产保护及其他方面的一系列文化产业发展政策性文件陆续颁布。2001年,《文化与创新:未来 10 年的规划》提出了"创新式文化合作政策",强调"个人创新才能"与"英国多元文化"关联的重要性,力图通过整合教育、经济、文化等多方面的政策,为个体文化创意的发展提供支持和保护。英国还出台了相关法律和税收优惠政策,鼓励私人投资文化产业,推广创意出口等,为文化产业的发展提供了更大的政策空间。

英国政府希望以这些政策为基础,建立更加完善的文化产业发展机制,以满足文化产业的未来发展需求。因此在英国创意产业的形成与发展过程中,主要是由一系列国家政策法规为引导,鼓励地方政府和各种专业性组织积极开展合作,为创意企业提供全方位的咨询和服务,为创意产业的发展创造良好的社会土壤。①

3. 完整的文化产业融资系统

英国文化产业的快速可持续发展,一方面得益于其高水平的创新能力,另一方面也离不开文化产业融资系统的鼎力支撑。政府部门在文创产业发展的过程中,始终提供资金支持,使得英国的文创产业发展很快。在公益性文化领

---

① 参见李淑芳:《英国文化创意产业发展模式及启示》,《当代传播》2010 年第 6 期。

域,英国政府予以重点支持,政府在资金、技术、政策、人才等方面采取了全方位的支持。

除此之外,英国政府在财务上对文化产业的支持也很大,表现在风投基金的设立、贷款业务的放开、融资渠道的拓宽等方面,对文化产业的发展解决了急需的资金需求。政府除了在政策扶持以外,还进行了直接的资金资助,政府采用多元化的方式来筹措文化产业发展资金,如"三三制"即:三分之一的投入来自政府财政拨款,三分之一来自社会资金(彩票收入、社会捐助、银行信贷、风险投资),三分之一则来自企业自身的商业活动。① 此外,有关部门还出台工作手册,对相关企业或个人进行专门指导,使其能够从政府部门或一些金融机构那里获得很多的投资援助。英国政府还密切联系银行和各个行业,形成合力,共同推动,成立诸多文化产业发展基金,从而形成融资网络系统,使英国的文化产业发展有了丰厚的资金支持,极大地提高了工作效率。

4. 产学研相结合的人才支持体系

英国政府,同样重视对文化产业人力资源的培养,主要是以"资金""项目"为导向的支持和引导,创意人才培养对象的范围也开始下移。在创意理念的培养方面,政府出台了一系列长期性、综合性和系统性的人才培养规划和相关专门性文件。在这些规划及文件中,对人才的培养、吸引、交流等都做了明确规定,以"产学研"的结合来推动英国文创产业的快速发展,以充足的人才支持和智力支撑作为文创产业发展的核心动力。具体而言,一是设立"人才再造工程",在高校或研究机构,创立创意人才培养中心。政府充分利用高校资源,通过增设文化创意产业新课程,使学生们能够最大限度地了解和掌握文化创意产业的前沿知识,能够熟练掌握运用科技产品的能力,从而增强创新力和创造力。例如:英国的产业技能委员会在大学针对电影、电视、多媒体等

---

① 参见刘咏梅、饶世权、习洁:《英国政府发展创意产业的主要措施及经验启示》,《天府新论》2014年第3期。

文化行业举办"人才再造"工程,为这些行业人士提供涉及电影摄制、编剧、动画、导演、作曲、录音等 10 个方面的专门学科,设置了上百门课程供其学习,使得文创产业人才不断涌现。① 为了进一步促进产、学、研之间的交流与合作,英国政府还不断举办各种相关论坛、交流会等,成立专门的产业机构与组织。二是重视对青少年的艺术天赋的发掘,重视对青少年创造力的引导,从小就在青少年的生活、学习中埋下了艺术的种子。2008 年,由文化、媒体、体育部联合多部门共同颁布了《创意英国:新经济的新人才》报告,提出政府要为更多的孩子提供"创意性教育",具体政策如:政府实行免费对学生开放博物馆、美术馆、艺术馆的政策。三是加强国际人才的交流与合作。政府为吸引更多的文创产业人才,积极与国际知名文创企业交流与合作,吸引国际资本,投注英国文化产业关键行业,对人才予以高薪待遇,使得英国文创产业的国际人才占比不断增加。

二、国外文化产业的比较分析

通过以上对美国、韩国和英三国文化产业模式的介绍,可以看出,不同国家在文化产业发展的过程中往往采取不同的产业模式。综合分析,这与不同国家的文化产业概念、文化产业分类及不同的文化发展政策等密切相关。美国、韩国、英国以不同的文化理念和不同的标准对其文化产业进行分类,使得三国在文化产业战略地位、运作模式等方面有着不同的发展优势和各自的特点。下面主要从文化产业概念、分类、特点等方面对美国、韩国和英国的文化产业及其发展模式进行比较分析。

(一)国外文化产业内容比较

从文化产业内容的层面对美、韩、英三国的文化产业进行比较,主要包括

① 参见陈忱:《中外文化产业比较研究》,《中国经贸导刊》2004 年第 12 期。

文化产业概念及文化产业分类两个方面。实际上,就文化产业的概念而言,世界各国也没有形成一个统一的界定(如表文化产业概念及分类所示)。

在美国,一般主要是从"文化产品具有知识产权"的角度来界定文化产业,也就是美国通常所说的"版权产业"。NAICS(北美行业分类体系)将美国的"版权产业"定义为:所有以版权为基础的产业。美国虽然是世界上公认的文化产业大国,但在美国的文化产业行业中,并没有专门的、统一的分类标准,美国的文化产业实际上包含在其"版权产业"的概念之中,NAICS 根据版权在美国文化产业中的地位,将其版权产业分为两种,即:核心版权产业和外围产业,其中"外围产业"又包括了部分版权产业、发行类版权产业以及与版权有关的产业。① 也就是说,核心版权产业、部分版权产业和发行类版权产业,成为美国"文化产业"的支柱产业。

韩国《文化产业振兴基本法》(1999 年 2 月)中将"文化产业"明确规定为"与文化产品的计划、开发、制作、生产、流通、消费等相关的服务的产业"。根据韩国统计厅的指标界定,韩国文化产业包括:游戏和电影产业、唱片和出版产业、演出产业和广播产业以及广告、摄影、图书馆等与文化内容相关的行业。从前文关于韩国文化产业发展的主要做法来看,韩国文化产业的发展更关注和强调创造性、综合性的内容开发,并包括与内容开发相应的法律制度建设、人才培养、国际合作和投资流通等。

英国则将本国的文化产业定义为"创意产业"。1998 年,英国创意专责小组正式将"创意产业"定义为:一种源于个人创造力、技能及才华的,通过知识产权的生成及取用,在创造财富、增加就业等方面具有一定潜力的相关产业。创意产业作为一种超越行业界限的新经济形态,其核心要素在于"创意"(或"创造性")。因此,"重视创意"也成为英国文化产业发展的主要特点之一。英国的创意产业主要包括:出版、电视广播、电影录像、电子游戏、时尚设计、软

---

① 参见刘志华、孙丽君:《中美文化产业行业分类标准及发展优势比较》,《经济社会体制比较》2010 年第 1 期。

件与计算机服务、设计、音乐、广告、建筑设计、表演艺术、艺术与古玩、工艺等
13个子行业。经过不断发展,英国发达的、多元的创意产业,已逐步成为英国
的支柱性产业,并且创意产业对英国全年的 GDP 贡献率的份额,也超过了金
融服务业。

文化产业概念及分类

国家	概念	文化产业分类
美国	版权产业	核心版权产业:为了创造、生产、发行或展示版权产品的产业(包括报纸、图书、期刊、电影、唱片录音带、音乐出版、广播电视及计算机软件等) 外围产业:部分版权产业(生产中部分产品具有版权的产业,包括纺织品以及珠宝、家具、玩具甚至游戏等)、发行类版权产业(对有版权的作品进行批发和零售的产业,如运输业、电信业以及批发零售业等)、与版权有关的产业(生产销售过程中要使用或部分使用与版权有关的产品)
英国	创意产业	出版、电视和广播、电影和录像、电子游戏、时尚设计、软件和计算机服务、设计、音乐、广告、建筑设计、表演艺术、艺术和古玩、工艺等
韩国	内容产业	游戏和电影产业、唱片和出版产业、演出产业和广播产业、其他文化产业(广告、摄影、图书馆等)

资料来源:根据相关文献资料整理。

从上述分析可以看出,不同国家在文化产业的概念、行业分类方面都有着
一些区别。究其原因主要在于:一方面,不同国家在其经济发展、文化背景、战
略规划等方面存在着实际性的差异;另一方面,文化产业的相关研究者,在自
身认知方面也存在明显差异,不同研究者往往从不同的角度出发,对文化产业
的性质、内涵、价值等诸多方面进行研究。总体而言,虽然上述国家对文化产
业的理解各有不同,但实质上文化产业主要还是指为社会公众供给文化产品、
文化服务的需要,它更加注重文化的实体内容,强调知识产权、创意、内容等具
体要素的作用。其实质都是在不同程度上体现着文化产业的内容要素、商业
价值和产业属性等基本内涵。美、韩、英三个国家基本都将文化产业作为国民
经济的独立分类,并且表现出一些具体的文化形式,而不是一些抽象的文化概

念。同时,文化产业在这三个国家的国民经济发展中也起到了至关重要的作用,是一个国家的文化"软实力"的物质载体。

(二)国外的文化理念及文化产业发展战略比较

一个国家的文化产业发展战略是基于这个国家的不同文化特点和文化理念。美国的文化发展战略处处彰显着"个人主义"色彩,美国有计划地将文化发展战略作为实现国家利益的工具,制定并实施了"知识产权保护""文化输出""复合型人才培养"等文化发展战略。其中,"知识产权保护"战略不仅包括对本土知识产权的保护,还包括对知识产权的国际保护;"文化输出"战略主要是通过文化外交,传播美国的主流价值理念,以塑造美国民主、自由、繁荣的国家形象。美国通过提倡境外贸易自由,为他国输出烙印美国品牌印记的文化产品,迅速瓜分广阔的国际文化市场份额,悄无声息地给世界各国渗入美国文化元素。[1] 还有观点认为,美国的文化输出战略主要表现在:持续不断地对其他国家实施"和平演变",利用经济、技术及军事援助等方式强行输出美国式民主观念及人权标准,巧妙地利用国际文化教育交流方式进行文化渗透,广泛地利用各种大众媒介进行文化扩张等。[2]因此,美国文化产业能够得到强势发展的主要原因在于美国政府高度重视文化产业发展,并根据国家经济、政治、社会和科技发展的不同现实需求,从国内和国际两大市场出发,适时制定、实施、调整和完善文化产业相关政策及文化产业发展战略。

韩国文化具有"兼收并蓄"的特点和优势。一方面,为了应对亚洲金融危机的影响,韩国确立了"文化立国"的发展战略,重视发展"低消耗、少污染、创新创意"的文化产业,并颁布了相关政策法规,建立了完善的法律法规体系,

---

① 参见邓显超:《中国文化发展战略研究》(博士学位论文),中共中央党校,2007 年。
② 参见李荣静:《当代美国政府的对外文化战略及其实质》,《理论与现代化》2004 年第6 期。

设立了"文化产业观光部""文化产业局"等组织机构,形成了科学合理的组织管理机制,通过多元化的文化产业投资渠道,吸引了多方投资;另一方面,韩国能够取他人之长,注重吸纳西方文化的精华,学习西方发达国家的先进技术,借鉴其丰富的文化产业管理经验,采取积极措施,通过实施"利用国内市场收回成本""通过海外市场赢利"等文化出口战略,不断开拓国外市场;再次,韩国也能够意识到自身文化产业发展的短板所在,在自身文化内容、文化产品及文化服务上进行大胆创新,积极发展本土传统文化,努力打造民族品牌,从而形成具有鲜明时代特色的韩国现代文化模式;另外,韩国积极实施"文化复合型人才"培养战略等,目的在于不断完善其文化人才管理与人才培养体系,为文化产业的发展提供充沛的智库来源。

英国政府也意识到"文化战略"在本国文化发展中的重要地位和积极作用,确立了"文化立国"的发展战略,设立了专门负责协调和处理各类文化事务的国家遗产部,并在不断的发展中形成了"一臂之距"的独特文化管理模式。英国通过创意出口推广等"创意发展战略"来鼓励文化市场的发展。一方面,通过对外文化交流及贸易手段,使得英国文化在海外唱响主旋律;另一方面,通过政策手段、经济手段,使得本国的国粹文化得到有效的传承,从而提高英国国民的文化素养,提升英国本土文化的国际知名度;与此同时,英国还成立了创意出口团队(如"创意产业输出推广顾问团"),设立了创意出口网站等,从而加强了英国创意产业与国外市场的协调与联系。总之,英国以"文化立国"战略为主导,重视"创造性"功能的发挥,树立面向全球市场的发展理念,合理开发和利用本国丰富的文化资源,并通过有效的商业化运作,建立文化产业集群、积极培育中小创意企业发展,不断拓展创意产业海外市场,最终形成了具有英国特色的产业文化。

(三)国外文化产业运作主体及具体模式比较

从文化产业发展运作模式的主体来看,主要包括政府运作模式、企业(市场)运作模式和社会运作模式三种。下面主要从这三个方面对美国、韩国和英国的文化产业发展及运作做比较分析。

文化产业运作主体及作用

国家	政府	企业（市场）	社会
美国	间接管理，不直接控制文化机构，为文化产业发展提供良好的政策环境	以市场为主导，注重发挥市场机制的调节作用，发挥了较大作用	协调作用，是政府服务职能的一种辅助和延伸
韩国	政府起主导作用，从宏观层面提出战略规划和指导措施，统一国家文化产业整体发展	文化产业建设的具体实施者	虽然发挥了一些政府和文化企业难以发挥的作用，但仍然比较有限
英国	政府只管文化不办文化，不干预市场行为也不直接参与企业的活动	积极发挥市场作用	综合作用，形成文化事业管理的社会网络体系

资料来源：根据相关文献资料整理。

文化产业运作模式及措施

国家	政府运作	企业（市场）运作	社会运作
美国	①政府没有管理文化事务的专门机构；②有限的政府资金投入；③完善的法律法规体系；④积极的政策扶持（税收减免政策等）；⑤完善人才培养机制	①完善的融资体制和金融制度；②利用国际市场吸引投资；③注重企业发展规划和内部管理；④以市场需求为导向及时调整文化企业生产策略；⑤注重文化企业集聚和发展规模经济；⑥发展文化产业关键领域、注重特色经营；⑦实施品牌战略和企业营销策略、重视海外市场及市场调研；⑧注重文化产业和技术创新（推动文化企业科技创新、建设文化产业创意园区）；⑨实施贸易保护主义政策⑩强文化产品数字化建设	①文化类基金会、学会、研究会、文化艺术团体；②文化中介服务组织
韩国	①完善的政策体系建设；②制定与完善文化产业发展相关法律法规；③政府的组织管理；④人才培养；⑤资金扶持；⑥新技术开发与应用；⑦积极拓展海外市场	①文化企业产业链；②文化产品综合开发与品牌建设；③文化行业之间的良性互动；④文化企业"走出去"战略	①文化产业行会；②文化产业民间组织；③韩国国民

国家	政府运作	企业（市场）运作	社会运作
英国	①设立国家遗产部；②完善的法律政策；③科学的组织管理；③资金支持（多方融资）；④人才体系建设	①支持中小型文化创意企业发展；②文化产品的研发、制作及营销（出口）；③成立风险基金；④奖励投资；⑤贷款及区域财务论坛等财务支持系统	①非政府公共部门；②各种行业性文化联合组织

资料来源：根据相关文献资料整理。

1.美国文化产业运作模式分析

一是市场运作。美国文化产业的发展以市场为主导，注重发挥市场机制的调节作用。美国拥有完善的融资体制和金融制度，充分利用国际市场吸引跨国公司及外来投资。注重企业发展规划和内部管理，以市场需求为导向，灵活经营，及时调整文化企业生产策略。注重文化产业企业集聚，形成文化产业规模经济。集中重点发展文化产业关键领域，注重文化企业特色经营，实施文化产业品牌战略。美国的文化企业营销策略不仅重视开拓海外市场，更加重视市场调研。美国注重文化产业与技术创新的有机结合，积极推动文化企业科技创新，推动文化产业创意园区创新平台建设。通过实施贸易保护主义政策、加强文化产品数字化建设等，积极构建公平有序的文化产业市场秩序。美国依靠大规模的商业化运作，使其文化产业迅速占领了国际市场，但是在市场运作过程中，由于市场本身所具有的自发性、盲目性和滞后性等缺陷，使得美国文化产业发展也出现了一些问题。例如：产业集聚加速了美国文化企业的收购、兼并及整合，虽然扩大了市场，形成了规模经济，但是这种急速扩张有些仅仅考虑了眼前利益，过度开发文化资源而忽视了文化产品质量的提升，过度强调短期内的经济利益而忽视了行业未来发展的长期效益。美国文化产业的频繁并购和联合也容易导致行业垄断，企业集团内部容易出现管理不畅、资金脱节等问题，导致经营障碍，从而削弱行业竞争，在某种程度上阻碍了行业的多元化发展。

二是政府运作。美国政府对文化产业实行间接管理,一般不直接控制文化机构。美国没有专门管理文化事务的行政机构,也没有正式的官方文化政策文件,各类文化单位多为私人自主经营、自行管理。美国政府通过建立完善的法律法规体系,制定新闻法、版权法、图书馆法等各种文化法规来规范、保护和制衡文化产业发展,并出台开放、优惠的文化产业扶植政策,使每个地区都有符合法律规定的文化活动。美国政府对文化的直接投入有限,主要是通过一些基金会、学会等对文化产业给予资助,大多用于某些表演艺术和展览艺术领域。政府还通过立法来鼓励一些社会团体、企业和个人对文化产业进行捐赠。据相关统计:美国的文化团体及个人,从社会各界得到的捐赠数倍于联邦政府和州政府的财政拨款。[1] 另外,政府还建立了完善的文化产业人才培养机制,为其文化产业的发展提供了充足人才保障。

三是社会运作。美国以市场经济为主体,倡导文化产业的自由发展,与文化产业相关的各类行业组织,如:文化基金会、学会、研究会、文化艺术团体及文化中介服务组织等体系庞杂、功能全面。这些非政府行业组织主要开展一些和文化产业相关的社会化服务工作,可以说是政府服务职能的一种延伸。同时,各类行业组织还发挥调节作用,协调行业内部竞争秩序、协调与行业相关的各界社会关系,从而更好地实现文化产业的行业自律,实现行业公平。

2. 韩国文化产业运作模式分析

一是政府运作。在韩国文化产业的发展过程中,韩国政府主要是在宏观上对文化产业进行管理,这种宏观管理不仅能够促进文化的快速繁荣发展,而且能够防止文化发展偏离既定的发展目标和方向。[2] 从前文的描述可以明显看出,韩国政府高度重视文化产业发展,采取了一系列积极措施,如:加强组织

---

① 参见李微:《中美文化产业比较研究》(硕士学位论文),重庆大学,2006 年。
② 参见韩虹新:《韩国文化产业管理与发展模式探析》,《前沿》2011 年第 20 期。

管理、不断完善相关法律体系、积极培养文化产业人才、建立多元化投融资渠道、努力开拓海外市场等,这些都使得韩国能够在较短时间内实现文化产业的飞速发展。但是,与美国等发达国家相比较而言,韩国政府运作模式的一个明显弊端在于:韩国文化产业发展较晚、发展时间较短、发展规模较小、发展经验不足。大多文化企业都是在政府的扶植、推动以及相关的政策保障之下才正式建立的,这在某种程度上必然会导致韩国文化产业对政府及其宏观管理措施的过度倚重和过分依赖,也在一定程度上增加了文化产业发展的风险性,一旦政府战略或政策方向出现问题,势必会造成整个文化产业乃至国民经济的严重损失。同时,政府主导的另一个问题在于,在任何产业的发展过程中政府所能发挥的作用也是有限的,不可能作为一种推动力而永远存在。如何处理好政府与市场的关系,是韩国文化产业发展所面临的一个新问题新挑战。

　　二是企业运作。韩国经济是典型的政府主导型经济,政府作为"孵化器",通过出台相关产业政策及配套措施有效地促进了韩国文化产业的崛起,但要真正实现文化产业的可持续发展,根本还在于企业的创新与活力,在于依靠企业自身的市场行为,充分把握国家政策所带来的机遇,积极参与市场竞争,逐步壮大自己。① 企业是韩国文化产业发展的实施主体,韩国文化企业在遵循市场经济一般规律的基础上,充分利用政府所提供的良好政策环境,按照企业自身的特点和经营方式,在国内和国际两大市场开展相关文化产业活动。韩国不断发展文化企业,并逐步形成文化产业链,进行文化产品的综合开发及文化品牌建设。韩国大力实施文化企业国际战略,推进行业间的良性互动。但是,在政府主导的韩国,企业在文化产业发展中所能发挥的作用还相对比较小,仍需要进一步挖掘企业在文化产业发展中的推动力,更好地发挥企业和市场的作用。

　　三是社会运作。韩国的社会运作模式主要由韩国文化产业行业协会、民

---

　　①　参见姜洪民:《韩国文化产业的特色》,《企业改革与管理》2010 年第 1 期。

间组织团体、韩国民众等在文化产业发展中起到作用。行业协会作为政府管理职能的一种拓展和延续,在对文化产业提出一些具体的指导意见和管理办法的同时,实行行业监督、推动行业自律,并衔接与整合政府、社会等多方资源,及时向有关政府部门反馈文化产业相关信息;文化产业民间组织则主要是在政府的支持下成立或者由民间自发形成的。如前所述,在韩国一般由政府注资作为引导资金,同时要充分调动民间资本共同投资。"引入民间资金"是韩国文化产业社会运作模式的主要特点之一,韩国民间资本主要是以一些民间专项基金的方式存在于不同的文化领域内,如:文化产业基金、广播发展基金、电影振兴基金、文艺振兴基金、信息化促进基金、出版基金等,这些专项基金的设立,目的在于集中力量扶持不同类型文化产业的发展;韩国民众是韩国文化产品的消费者和推动者,具有极强的危机意识和维护本国文化产业发展的民族精神。可以说,韩国的社会运作模式在一定程度上弥补了政府运作和企业运作的某些弊端,发挥了政府和企业难以发挥的重要作用。同时,也应该意识到,韩国文化产业行业协会和民间组织等发展较晚,仍需韩国政府的大力帮助和扶持,但其与政府的关系尚未完全理顺,而且韩国的社会运作模式尚未涵盖其文化产业的大部分领域,只是在游戏、动漫、移动互联网等较少领域和较小范围内相对比较成熟。因此,韩国的文化产业发展,不仅要发挥好政府的职能,更要理顺政府与社会运作的关系,形成政府职能和社会运作有机结合的新模式,从而进一步拓展更为广阔的韩国社会运作模式领域,为韩国文化产业的发展提供更多服务。

3. 英国文化产业运作模式分析

从英国创意产业发展的具体实践来看,在创意产业的发展内生路径中,英国政府突破"办"文化的传统青睐方式,把"管"文化摆在优先位置,重视发挥市场主体的作用,不通过行政手段来干预市场行为,也不直接参与企业活动。政府通过运用各种法律和实施相关政策,如加强法律保障、多元筹措资金、给予税收优惠、积极培育创意人才等,来实现对创意产业的"管",从而进一步发挥对文化产业市场的调控作用。而各类文化企业或个体需要充分发挥自身主观能动性和积极性,充分挖掘潜在资源,主动开拓文化市场,积极寻找创意产业发展的新机遇。

在前文中,已经了解了英国文化产业发展最大的特点之一就是其"一臂之距"的独特文化管理制度。通过对"一臂之距"的分析,不难发现其实质是一种包括了"政府""非政府公共部门"和"各种行业性文化联合组织"在内的"社会化"运作模式。在这种模式中,政府负责制定文化政策和财政拨款,英国政府把提供资金支持作为扶持文化创意产业发展的关键,对公益性文化产业领域予以重点资助,重点支持中小型文化创意企业,并对文化产品的研发、制作、经销、出口等也实施系统性扶持,通过法律法规和相关政策对文化产业市场进行宏观调控。而非政府公共文化机构则负责具体的管理事务,从而与政府、中介组织及各种行业性文化联合组织形成一种文化事业管理的社会网络体系。

总之,横向比较下文化产业的整体发展,我们可以得出"文化产业的发展实际上一直处于一个'政府'与'市场'互动调适的关系网络中"这样一个结论。不同国家、不同的文化背景和不同的历史发展阶段,政府与市场起作用的方式和作用发挥的程度都各不相同,或是政府在政策措施上采取了较强的力度,或市场在资源配置中发挥了较大的作用,但最终要通过理顺政府与市场的关系,找到二者良性互动的临界点,才能有效推动文化产业的发展。

三、国外文化产业发展模式对我国西北民族地区特色文化产业发展的启示

2000 年,在《中共中央关于制定国民经济和社会发展第十个五年计划的建议》中,首次使用了"文化产业"这一概念。2010 年,党的十七届五中全会提

出要"推动文化产业成为国民经济支柱性产业",这无疑将中国的文化产业发展提升到了一个崭新的高度。2017年,党的十九大报告进一步提出,新时代文化建设的目标是坚持中国特色社会主义文化发展道路,激发全民族文化创新创造活力,建设社会主义文化强国。可见,国家对于文化产业的发展已逐步上升到一种战略层面。

就西北地区特色文化产业而言,其发展尚不成熟,在发展实践中仍存在一些问题与不足。因此,在分析世界上一些文化产业较发达国家的经验基础上,结合前文对西北地区特色文化产业发展现状的分析,总结出以下几点启示。

(一)打破认识误区,促进特色文化产业发展

随着文化产业的迅猛发展,一些问题也开始凸显,例如产业结构雷同、发展思路单一等。在西北地区文化产业发展的过程中,依然存在着很多误区。这些认识上的误区,在实践过程中变成了制约发展的瓶颈。西北地区文化产业要想获得进一步的发展,必须要打破这些误区。

1.特色资源等同于特色产业

首先,西北地区特色文化产业的发展依托的是该地区特色的文化资源。但是很多地区将特色资源与特色产业等同起来,认为具有特色资源,就能促进特色产业的发展,其实这是一大误区。"特色"是一个相对概念,就全国范围而言,西北地区的文化产业的确具有十分明显的特色,但是就西北地区而言,这些特色又不是十分明显。例如甘南的藏文化在甘肃乃至全国都有十分鲜明的特色,但是青海的藏文化也同样具备;新疆的伊斯兰文化浓郁,宁夏等地的伊斯兰文化同样浓厚。在小区域范围来说,特色资源的优势并不是十分明显。

其次,特色资源的优势也并非等同于特色产业优势。西北地区的文化资源在全国范围内是颇具特色的,但是众所周知,这里文化产业发展的基础设施落后、生产组织形式落后、很多都尚未形成产业链等。这些因素从根本上制约

着该地区文化产业的发展,资源优势并没有充分发挥出来,产业优势更是不复存在。要实现特色资源优势向特色产业优势的转变,必须要转变发展方式、改变产业结构、完善配套基础设施建设等。

最后,并不是所有的特色文化资源都具备产业化的价值。文化产品需要市场,有市场的文化产品才具备产业化的价值。有些文化资源具有保护和传承的价值,但并不是大众所需要的文化产品;有些文化资源具有一些"特点",但是并不具备"特色"。在发展特色文化产业时,需要厘清文化资源与市场价值之间的关系。如果强行开发一些不具备市场价值的文化产业,那么结果往往是事倍功半,最终也只是劳民伤财。

因此,西北地区在发展特色文化产业时,需要打破这一误区,合理地开发和利用有价值和前景的文化资源,不能盲目开发。不合理地开发文化资源,不仅不能取得良好的经济效益,而且还会对文化资源造成破坏。

2. 有区域文化品牌就有市场

在文化产业快速发展的同时,文化品牌的重要性也渐渐被人们所重视,因此发展特色文化产业的一项重要内容就是建设具有影响力的区域文化品牌。

但是区域文化品牌与产业品牌具有一定的区别。产业品牌往往是一个产业发展到一定的规模,在市场的反映下形成的具有较大竞争力的品牌,往往能带动产业走向集群化的发展道路;而区域文化品牌是一个地区自有的,例如敦煌文化就是甘肃地区的一个区域文化品牌,在文化产业发展之前就已经具有很高的知名度;丝绸之路是西北地区的一个重要的文化品牌。有了这些具有很强影响力的文化品牌,并不意味着与之相关的文化产业就有市场。文化产业要有市场,必须依靠提供优质的服务来获取。一些地区在政府的主导下建设起了区域文化品牌,但是没有适应市场发展的建设主体来运营,导致了资源的浪费;没有优质的服务和有创意的文化产品来支撑,对文化消费者缺乏吸引力。时常可以看到一些知名景区外有很多小贩兜售各种假冒伪劣的"文化产品"，如假文玩、假玉石等，他们借助品牌的影响力，钻了缺乏管理的空子，欺骗消费者，使得很多游客高价购买后上当受骗。

这些情况导致了区域文化品牌的"空壳化"，实际上消费了品牌，却无法获得经济效益，反而有损于区域文化品牌。建设区域文化品牌是无可厚非的，而且是必须要加强建设的，但是建成之后要加强管理，交给懂市场运营的主体来经营，提供优质的产品和服务，不断扩大品牌影响力，而不是过度消费品牌。

3. 小微文化主体不是发展主力

在特色文化产业发展过程中，文化龙头企业和文化骨干企业的作用是无可比拟的，他们有着专业的团队、充足的资金、先进的技术，在创意研发、渠道建设、品牌培育和市场推广等方面都具有强大的优势。正是因为这些"大企业"具有充足的实力，所以他们可以获得政府更多的资金、政策、项目等的支持。但是仅仅重视和支持"大企业"的发展，而忽视了小微文化主体的发展，显然不是明智之举。盲目引进大型文化龙头企业不仅有不小的风险，而且不一定能取得很好的效果，而小微文化主体在某些方面具有无法取代的优势。

小微文化主体在当地特色文化产业建设上的作用不容忽视，有时反而比那些"大企业"更具优势。首先，这些小微文化主体基本上都是本土经营者，他们是土生土长的，对当地的文化资源有着更深刻和更全面的理解，可以生动诠释这些特色文化资源的内涵，这都是那些龙头企业无法比拟的。其次，小微企业主体更具有责任心。外来的龙头企业只是来开发利用当地特色文化资源，将其转变为经济效益的，为了获得收益，往往会造成资源的破坏；而小微文化主体以此为生，为了保护他们赖以生存的基础，他们不会容忍破坏文化资源的行为。最后，这些小微文化主体所经营的文化产品是区域文化品牌的内容，要做大做强区域文化品牌，离不开这些小微文化主体的支持。①

---

① 参见马健：《特色文化产业发展的误区与应对》，《中国文化报》2015 年 9 月 5 日。

因此,要打破这些认识上的误区,认清西北地区文化资源的特色所在,深刻把握地区特色文化产业发展的主要制约因素,加强对有市场前景、有产业开发前景的特色文化资源的开发、保护、运用与推广等,最终实现"文化资源"的"产业化"发展,加强区域文化品牌的内容建设,促使小微文化主体与龙头文化企业协调配套发展,将民族特色文化发展成为具有实力的民族特色文化产业。

(二)注重自主创新,加强对外文化交流与合作

在文化产业较发达国家被格外重视,其科技成果不仅促进了文化产业的发展,而且融入到文化产业中,最大限度地满足了消费者日益增长的物质文化需求,从而保持文化产品的创新品质,使其更具感染力和影响力,以便能够更好地适应国内、国际市场需求。

科技创新在我国经济社会发展中也发挥着关键的支撑作用,是提高资源利用效率的主要途径。我国政府也在大力投资建设科技创新项目。在党和国家大政方针的指导下,西北地区发展特色文化产业,就必须摆脱传统落后的生产方式,明确文化产业发展的基本方向,科学地将科技创新、自主创新与民族特色文化产品、民族特色文化产业发展有机地融合为一体,为文化产业的发展打造先进平台。要改革文化体制、鼓励创新,围绕"民族特色",不断创新民族文化产业内容和发展模式,打造民族特色文化"精品工程""惠民工程"等。要立足于西北地区丰富的文化资源优势,不断加强特色文化集约化、数字化建设,形成属于自己的特色文化产业集群,建成一批具有集聚效应、具有民族特色的文化产业园区、文化产业城等,进一步推动技术内容与市场需求、市场营销的有效对接,推动"文化+""互联网+"等新模式不断发展,更好地实现民族文化的自主创新。

要不断加强对外交流合作,丰富文化产品的形式与内涵。文化产业是当今世界经济增长的重要动力,是一个国家文化竞争力的重要基础。在全球化

趋势的影响下,任何产业要想获得长足发展,就必须融入到这个趋势之中。文化产业与其他产业具有天然的耦合关系,其关联性和渗透性是其发展的特点。"闭门造车""孤芳自赏"必定会被时代所淘汰。作为知识密集型的文化产业,文化产业获得发展的过程就是不断丰富自身的过程,这离不开与其他地区的文化进行交流,也离不开产业间的合作。加强对外交流合作,促进文化交融、产业融合,可以为西北地区的发展注入新活力,从而走出一条具有中国特色的民族文化建设之路。

(三)建设有效的人才培养模式,做好人才储备

从文化产业较发达国家的发展经验看,无论是本土培养的人才,还是国外引进的人才,都为文化产业充分发展提供了强劲的智力支持。可以说,没有充分的智力支持,这些国家的文化产业难以获得长足的发展。

从上述各国文化产业的模式来看,文化产业的发展得益于详细的人才培养计划和健全的人才培养机制,政府非常重视对文化产业管理、生产运营、创意发展等人才的培养。可以说,人才队伍的素质在一定程度上决定了文化产业发展的前景。

当前我国对文化产业人才的培养仍处于起步阶段,文化产业相关专业人才培养机构数量有限、质量尚待提高,尤其是在西北一些民族地区,文化人才匮乏、结构不合理、教育水平不高、人才流失严重、政策机制不健全等问题,已经成为制约民族特色文化产业发展的主要瓶颈,这就亟须国家加大对民族文化产业人才的培养力度,在政策创新、机制改革、人才培养等方面给予全方位的支持和鼓励。各地的高校要根据民族地区文化发展的现实需求,设立相关的专业,加大对文化产业人才的培养力度,在保障人才质量的同时,也要保障培养的人才顺利就业,这样才能吸引更多的人报考和从事文化产业相关的专业。不断强化民族文化产业人才引进及激励机制建设,以开放的态度加强国内各地区以及国际人才的交流与合作,不断提升西北地区产业人才队伍的专

业素质,以人才来推动文化产业的高质量发展。

(四)拓宽融资渠道,为文化产业的发展提供资金支持

文化产业是一项投资大、见效慢、但前景广阔的行业,其发展需要大量的资金支持,如果没有完善的融资渠道,文化产业的发展必定会受到制约。借鉴世界其他国家先进的投融资渠道,为西北地区文化产业的发展提供资金支持。

1. 积极争取政府的资金支持,加快推进质量基础设施建设

西北地区在发展文化产业的过程中,需要大量资金的投入,这与西北地区薄弱的基础设施密切相关。在配套基础设施建设方面耗资巨大,不是某个地方政府单独就能完成的,如果没有政府资金的支持,必定难以建设;在文化产业建设项目上,也需要积极争取国家项目资金的支持,以补充文化产业发展欠缺的资金;在一些关键性的、涉及国家和民族利益的特殊文化产业方面,更是需要以政府资金为主体,进行投资建设,保障文化安全。

2. 完善金融机构信贷管理体制,提高金融服务的灵活性

文化产业的主体不仅有大型龙头企业,也有小微企业或个体,针对不同企业的实际情况,多层次划分信用评级等级,多渠道员工考核激励,多种类信贷审批制度。以文化企业的版权、知识产权、专利等无形的资产作抵押,进行贷款,为文化企业的发展提供资金支持。

3. 健全金融服务配套政策与机制,推动信贷资金进入文化产业

在互联网快速发展的今天,各种闲置资金在各大线上支付平台汇集,线上基金如今如火如荼,发展势头迅猛。政府在健全金融服务体系的基础上,可以引入担保扶持基金、贷款贴息基金、贷款风险补偿基金和风险投资引导基金,积极争取信贷资金向文化产业方面汇集,提高各方面对文化产业支持的积

极性。

4. 利用多层次资本市场体系,拓宽文化产业的融资渠道

投资文化产业风险过高,导致了其在银行贷款的难度较大。积极培育和引进风险投资解决这一问题;一些已经成熟的大型文化企业,可以扶持其上市融资;中小文化企业可以通过创业板融资;文化企业可以利用如企业债券、短期融资券等融资工具,解决企业融资难、渠道单一、总量不足的问题。

(五)转变政府职能,发挥市场机制作用

1. 切实转变政府职能

政府要由管理型政府向服务型政府转变,需要以政策支持为主,以资金支持为辅。加大对文化产业发展的政策支持力度,进一步完善宏观调控机制,调节民族地区文化市场的供需关系,大力支持公益性文化产业发展;要有健全的法律法规体系,制定完善的民族地区文化产业发展战略、发展规划和产业政策等,从而加强对民族文化企业的政策引导;优化民族地区文化人才培养机制,激发创新意识,促进业态创新,为民族文化产业链注入新动力;坚持文化主管部门主管主责,完善督查、监察文化市场管理机制,规范市场秩序,营造良好的市场环境。

2. 充分发挥市场机制的作用

文化产业的发展应以市场力量为主,重视并发挥市场机制的作用。同时,以政府宏观调控为辅,更好地发挥政府作用。要发挥市场竞争机制,建立现代文化企业制度,扩大市场规模,激活文化企业的生命力和创造力。要了解不同类型少数民族文化产业的融资需求,建立健全文化产业投融资机制,改革文化企业投资管理模式,充分利用经济杠杆和政策引导,在加大政府支持力度的同

时,构建民族地区文化产业发展的多元化融资渠道,营造良好的营商环境,为西北地区特色文化产业的发展提供充足的资金支持,为民族文化产业的规模化发展、集约化发展提供有力保障。

参 考 文 献

[1]王玉玲、施琪:《破解乡村特色文化产业的发展困境》,《人民论坛》2022年第4期。

[2]沈丽丹、李本乾:《提升文化产业竞争力的政策路径》,《上海交通大学学报(哲学社会科学版)》2020年第4期。

[3]程相宾:《"一带一路"背景下民族文化产业创新与高质量发展研究》,《黑龙江民族丛刊》2021年第1期。

[4]方永恒、张娇:《藏羌彝走廊文化产业空间特征及影响因素研究》,《西安建筑科技大学学报(自然科学版)》2022年第1期。

[5]王建华:《人类学视野下的青海特色文化产业发展研究》,《青海民族大学学报(社会科学版)》2020年第2期。

[6]冯茜:《文化产业集聚程度对文化产业发展效率的空间溢出效应》,《西安财经大学学报》2021年第4期。

[7]黄韫慧、贺达:《中国文化产业政策演进与"十四五"优化策略》,《南京社会科学》2022年第1期。

[8]王兴泉:《甘肃文化产业高质量发展的战略使命与产业内涵》,《兰州学刊》2020年第12期。

[9]赵嫚、王如忠:《中国文化产业和旅游产业融合发展动力机制与发展评价》,《生态经济》2022年第2期。

[10]张胜冰、宋文婷:《论文化产业发展中的有为政府和有效市场》,《山东大学学报(哲学社会科学版)》2022年第2期。

[11]白思、惠宁:《互联网对文化产业发展的门槛效应研究》,《统计与决策》2021

年第 3 期。

[12]林淞:《文化产业融合的复合式路径选择》,《南通大学学报(社会科学版)》
2021 年第 5 期。

[13]郑琼洁、成一贤:《文化产业的数字生态与高质量发展路径》,《南京社会科
学》2022 年第 1 期。

[14]车树林、王琼:《数字经济时代文化产业高质量发展的动力变革与路径选
择》,《学术交流》2022 年第 1 期。

[15]刘晓玲、郭金忠、彭子芫:《新疆文化产业波及效应与关联性分析》,《新疆社
会科学》2021 年第 4 期。

[16]陆建栖、任文龙:《数字经济推动文化产业高质量发展的机制与路径——基于
省级面板数据的实证检验》,《南京社会科学》2022 年第 5 期。

[17]马胜清:《文化产业与旅游产业融合机理及经济效应》.《社会科学家》2021 年
第 5 期。

[18]解学芳:《智能技术与制度协同下的现代文化产业体系构建》,《人民论坛》
2022 年第 5 期。

[19]周刚志、王星星:《"文化强国"目标下的文化产业政策导向与选择》,《湖南大
学学报(社会科学版)》2022 年第 1 期。

[20]周锦、夏仿禹:《数字经济下传统艺术的文化产业价值链创新研究》,《艺术百
家》2022 年第 1 期。

[21]王钰倩、窦沛琳:《共同富裕背景下文化产业发展对居民消费影响效应实证研
究》,《商业经济研究》2022 年第 7 期。

[22]范玉刚:《文化产业在构建新发展格局中的创新文化功能》,《深圳大学学报
(人文社会科学版)》2022 年第 2 期。

[23]李游:《由 2020 年度国家文化产业发展项目库看文化产业发展趋势》,《出版
发行研究》2022 年第 3 期。

[24]王怀勇、张丁月:《双循环新发展格局下文化产业促进的法治问题》,《河南师
范大学学报(哲学社会科学版)》2022 年第 4 期。

[25]宋婉怡、方永恒:《基于企业异质性的藏羌彝走廊文化产业空间集聚分布特征
研究》,《中国软科学》2021 年第 S1 期。

[26]李锦宏、肖林:《文化产业高质量发展的区际比较与动态演进》,《统计与决
策》2022 年第 4 期。

[27]赵凯强、范周:《中国文化产业"十四五"时期的几个转型》,《出版广角》2022

第 3 期。

［28］韦俊峰、陆保一、史鹏飞：《现代旅游文化产业体系的内涵、特征与使命任务》，《学术探索》2022 年第 4 期。

［29］张爱红、郭梓锋：《现代化视阈下中国文化产业的变迁及其动力分析》，《当代世界社会主义问题》2021 年第 4 期。

［30］余钧、戚德祥：《新形势下文化产业双循环发展的战略思考》，《科技与出版》2022 年第 2 期。

［31］肖昕、韩永锐：《从制造到创造——中国文化产业发展必由之路》，《民族艺术研究》2022 年第 2 期。

［32］郑自立：《文化产业数字化的动力机制、主要挑战和政策选择研究》，《当代经济管理》2022 年第 8 期。

［33］柯平、邹金汇、孙晓宁：《启动新一轮文化产业转型升级的战略——针对〈关于推进实施国家文化数字化战略的意见〉的分析与启示》，《情报理论与实践》2022 年第 7 期。

［34］董文静、王昌森、张震：《中国文化产业与旅游产业耦合发展的时空演化及空间关联格局》，《西南民族大学学报（人文社会科学版）》2022 年第 3 期。

［35］解学芳、陈思函：《"5G+AI"技术群赋能数字文化产业：行业升维与高质量跃迁》，《出版广角》2021 年第 3 期。

［36］张伟、吴晶琦：《数字文化产业新业态及发展趋势》，《深圳大学学报（人文社会科学版）》2022 年第 1 期。

［37］黄蕊、李雪威、朱丽娇：《文化产业数字化赋能的理论机制与效果测度》，《经济问题》2021 年第 12 期。

［38］徐紫东、刘怡君：《数字经济背景下文化产业链的构建与创新研究》，《价格理论与实践》2021 年第 11 期。

［39］孙英：《5G+文化：文化产业如何占领制高点》，《人民论坛》2020 年第 29 期。

［40］罗兰：《数字文化产业高质量发展的现状、重点与对策》，《电视研究》2022 年第 2 期。

［41］刘乃千、孔朝蓬：《人工智能对传统文化产业迭代升级的影响》，《云南社会科学》2022 年第 3 期。

［42］葛文洁、霍艳芳：《新文科背景下"档案+红色文化产业"升级发展路径探析》，《档案与建设》2022 年第 2 期。

［43］王璐、王誉、陈旭东：《增值税优惠对我国文化产业创新激励效应研究》，《会

计之友》2022 年第 6 期。

[44]邹建琴、明庆忠、刘安乐:《现代旅游文化产业体系的构建逻辑与路径研究》,《学术探索》2022 年第 4 期。

[45]刘春晓:《音乐文化产业的相关概念阐释与理论探究》,《南京艺术学院学报(音乐与表演)》2022 年第 1 期。

[46]赵中华、林彬:《粤港澳大湾区中医药与文化产业融合发展的策略研究》,《中国卫生事业管理》2022 年第 2 期。

[47]魏和清、周庆岸、李颖:《文化产业高质量发展水平测度与障碍因素分析》,《统计与决策》2022 年第 13 期。

[48]李凤亮:《文化产业学科与理论体系建构的新探索——〈文化产业发生论〉评介》,《山东社会科学》2022 年第 3 期。

[49]卢青:《文化传播视域下黄河流域陶瓷文化产业发展路径研究——以河南陶瓷文化产业发展为例》,《新闻爱好者》2022 年第 3 期。

[50]王茹:《"双循环"下文化产业与商贸流通产业的耦合路径》,《商业经济研究》2022 年第 2 期。

责任编辑:王若曦　李之美

图书在版编目(CIP)数据

西北地区特色文化产业发展研究/吕文涓 著. —北京:人民出版社,2022.9
ISBN 978－7－01－025051－9

Ⅰ.①西…　Ⅱ.①吕…　Ⅲ.①地方文化-文化产业-产业发展-研究-
　西北地区　Ⅳ.①G127.4

中国版本图书馆 CIP 数据核字(2022)第 166509 号

西北地区特色文化产业发展研究

XIBEI DIQU TESE WENHUA CHANYE FAZHAN YANJIU

吕文涓　著

人民出版社 出版发行
(100706　北京市东城区隆福寺街 99 号)

中煤(北京)印务有限公司印刷　新华书店经销

2022 年 9 月第 1 版　2022 年 9 月北京第 1 次印刷
开本:710 毫米×1000 毫米 1/16　印张:19.25
字数:240 千字

ISBN 978－7－01－025051－9　定价:68.00 元

邮购地址 100706　北京市东城区隆福寺街 99 号
人民东方图书销售中心　电话 (010)65250042　65289539